지식의

착각

왜 우리는 스스로
똑똑하다고 생각하는가

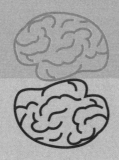

지식의 착각

스티븐 슬로먼, 필립 페른백 지음
문희경 옮김

세종

차례

THE KNOWLEDGE ILLUSION

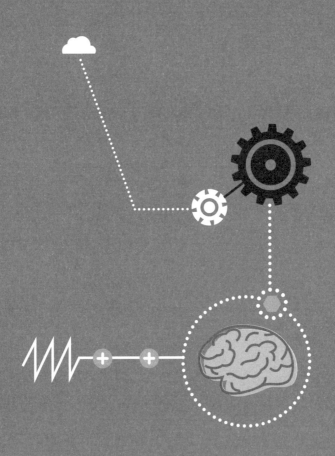

Why We Never Think Alone

introduction

무지와 지식 공동체

병사 세 명이 1미터 두께의 콘크리트로 둘러싸인 참호 속에 앉아서 고향 이야기를 나누던 중이었다. 이들의 대화는 서서히 느려지다 끊겼다. 콘크리트 벽이 흔들리고 바닥이 푸딩처럼 출렁였다. 세 사람의 머리 위 3만 피트 상공에서는 B-36 전투폭격기가 연기에 휩싸여 조종사들이 기침을 하고 경고등 수십 개가 번쩍이며 경고음을 울렸다. 거기서 동쪽으로 130킬로미터 떨어진 지점에서 항해 중이던 일본의 저인망 어선 "제5후쿠류마루제5럭키 드래곤" 선원들은 갑판으로 몰려나와 공포와 경외의 눈길로 수평선을 바라보았다. 배 이름과 달리 선원들의 운은 좋지 않았다.

1954년 3월 1일, 이들은 모두 태평양 멀리 떨어진 곳에서 인류 역사상 최대 규모의 폭발을 지켜보았다. "슈림프shrimp"라는 별명이 붙은 암호명 "캐슬 브라보Castle Bravo"1 작전의 열핵융합 폭탄 실험이었다. 이후 상황은 처참하게 돌아갔다. 적도 근처 비키니 환초의 참호에 있던 병사들은 전에도 핵폭발을 경험해봐서 폭발 후 45초쯤 뒤에 충격파가 지나가리라 예상했다. 그런데 대지가 흔들렸다. 뭔가 단단히 잘못된 것이다. B-36 전투폭격기에 탄 병사들은 낙진 구름에서 샘플을 채취해 방사능을 측정하는 임무를 띠고 비행하던 중 폭파 열기에 휩싸였다. 그나마 이들은 제5후쿠류마루 선원들에 비하면 운이 좋은 편이었다.

폭발 두 시간 후 떠내려온 낙진 구름은 몇 시간 동안 선원들에게 방사능 잔해를 뿌렸다. 선원들은 당장 급성 방사능 피폭 증상을 보였고(잇몸 출혈, 메스꺼움, 화상) 그중 한 명은 며칠 후 도쿄에 있는 한 병원에서 숨졌다. 사실 미 해군은 폭탄을 터트리기 전에 어선들을 위험지대 밖으로 내보냈다. 제5후쿠류마루도 위험지대 바깥에 있었다. 몇 시간 후 낙진 구름이 롱겔라프Rongelap와 우티리크Utirik 환초로 떠내려가 섬 주민들에게 방사능을 뿌리면서 더 끔찍한 참극이 시작되었다. 주민들의 삶은 완전히 달라졌다. 많은 사람이 급성 방사능 질환을 일으켰고 주민들은 사흘 뒤 다른 섬으로 대피했다. 3년 후 고향으로 돌아간 사람들이 있었지만 암 발병률이 치솟아서 다시 섬을 떠나야 했다. 아이들이 최악의 피해를 입었다. 섬 주민들은 지금도 고향 땅으로 돌아갈 날을 기다린다.

재앙의 원인은 폭발의 위력이 예상보다 훨씬 강력했다는 데 있었다. 핵

폭탄의 위력은 TNT(trinitrotoluene, 톨루엔에 질산과 황산의 혼합물을 작용시켜 얻는 화합물로 폭약 제조에 널리 쓰인다-역주)를 기준으로 측정한다. 1945년에 미국이 히로시마[2]에 투하한 원자폭탄 "리틀보이Little Boy"는 TNT 16킬로 톤의 위력으로 폭발했다. 도시 하나를 통째로 날리고 인구 10만 명을 살상할 정도의 위력이었다. 슈림프를 만든 과학자들은 폭발력을 6메가톤 정도, 곧 리틀보이의 약 300배로 예상했다. 그런데 실제로 슈림프는 리틀보이의 1000배에 달하는 15메가톤으로 폭발했다. 과학자들도 폭발력이 대단할 것이라고는 예상했다. 그러나 예상은 세 배나 빗나갔다.

이런 오류가 발생한 이유는 슈림프의 주요 성분 중 하나인 리튬-7의 성질을 잘못 이해한 탓이었다. 캐슬 브라보 이전에 리튬-7은 비교적 비활성 물질로 알려졌다. 하지만 실제로 리튬-7은 중성자와 충돌하면 강력한 반응을 일으켜 불안정한 수소 동위원소로 자연 붕괴하고, 다른 수소 원자들과 융합해 중성자를 더 많이 생성하면서 가공할 양의 에너지를 발산한다. 설상가상으로 이 작전에서 바람의 양상을 평가한 전문가들은 높은 고도에서 동풍이 불어 낙진 구름을 사람들이 거주하는 환초로 떠밀 것이라고는 예상하지 못했다.

슈림프 사건에는 인간에 대한 본질적인 역설이 담겼다. 인간은 천재적이면서 서툴고, 명석하면서 어리석다. 인간은 신을 거역하는 위업을 이루었다. 1911년에 원자핵을 발견한 지 불과 40년 만에 메가톤급 핵무기를 개발했다. 불을 다스리고 민주주의 사회를 구성하고 달 위에 서고 유전자 조작

토마토를 만들었다. 동시에 인간은 자만심과 무모함에 젖은 일면도 보여준다. 인간은 실수를 저지르고 비합리적이며 무지할 때도 많다. 사실 인간이 열핵폭탄을 만드는 능력을 갖춘 것은 대단한 일이다. 실제로 열핵폭탄을 만들어낸 (그리고 폭탄이 어떻게 터지는지 제대로 이해하지도 못하고 터트린) 것도 놀랍다. 또 삶에 편의를 제공하는 사회적·경제적 제도를 발전시켰으면서 이것이 어떻게 작동하는지에 관해서는 모호한 정도로 이해하고 마는 것도 놀랍다. 그런데도 인간 사회는 기막히게 굴러간다. 섬 주민들에게 방사능을 뿌리지만 않는다면 말이다.

인간은 왜 기발한 독창성으로 우리를 놀라게 하면서도 어이없는 무지로 실망을 안길까? 인간은 어떻게 잘 알지도 못하면서 엄청난 위업을 달성했을까? 이것이 바로 우리가 이 책에서 답하려는 질문이다.

〰️●─●─ 집단 행위로서의 생각하기

인지과학은 1950년대에 인간의 마음이 일으키는 작용, 곧 우주에서 가장 놀라운 현상을 이해하려는 노력으로부터 출현했다. 우리는 어떻게 생각할 수 있을까? 우리의 머릿속에서 어떤 일이 벌어지기에 도구를 사용해 식사하는 단순한 행위부터 지각 있는 존재로서 수학 문제를 풀고, 언젠가는 죽는다는 사실을 이해하고, 고결하며 (때로는) 이타적인 행동을 할까? 기계도 동물도 이런 일은 하지 못한다.

우리 저자들은 오랫동안 마음을 연구하는 데 골몰해왔다. 스티븐은 인지과학 교수로서 25년 넘게 이 주제를 연구했다. 필립은 인지과학으로 박사학위를 받고 마케팅 교수로서 인간이 결정을 내리는 과정을 이해하는 연구를 한다. 그간 우리가 지켜본 바 인지과학의 역사는 인간의 마음이 어떻게 놀라운 일을 해낼 수 있는지를 설명하는 방향으로 발전하지 않았다. 그보다는 개인이 무엇을 할 수 없는지(우리의 한계가 무엇인지)를 설명하는 데 주력했다.

인지과학이 들춰낸 더욱 어두운 이면은 인간의 역량이 보이는 대로가 아니며 사람들이 일하는 방식과 가능한 일에는 상당한 제약이 존재한다는 사실이다. 개인이 처리할 수 있는 정보의 양은 극히 적다(그래서 누군가를 소개받았을 때 이름을 듣고 바로 잊어버리는 것이다). 우리에게는 어떤 행동이 얼마나 위험한지 판단하는 정도의 기본적인 능력조차 없고 이런 능력을 학습할 수 있는지도 확실하지 않다. 따라서 사람들은 (우리 저자들 중 한 명도) 비행기가 가장 안전한 교통수단인데도 비행기를 두려워하는 비합리적인 사고를 한다. 무엇보다도 개인의 지식은 너무나 얕아서 복잡한 세계를 피상적으로만 이해할 뿐이라는 사실을 모른다. 곧 자기가 아는 것이 얼마나 적은지 모르는 것이다. 이런 사람들은 지나친 자신감으로 잘 알지도 못하는 일에서 자기가 옳다고 확신한다.

이 책에서는 심리학, 컴퓨터과학, 로봇공학, 진화론, 정치학, 교육학을 두

루 살펴보면서 마음이 어떻게 작동하고 마음의 용도는 무엇인지 알아볼 것이다. 우리가 이 질문의 답을 찾는 동안 인간의 생각이 얼마나 얄팍하고 동시에 얼마나 강력한지 드러나리라 생각한다.

인간의 마음은 방대한 양의 정보를 저장하도록 설계된 컴퓨터와 다르다. 마음은 문제를 유연하게 해결하면서 가장 쓸모 있는 정보만 추출해서 새로운 상황에서 결정을 내리도록 진화했다. 결과적으로 개인은 세계에 관해 아주 미미한 양의 정보만 머릿속에 저장한다. 이런 의미에서 인간은 벌과 같고 사회는 벌집과 같다. 지성은 개인의 머릿속이 아니라 집단의 정신에 깃든다. 개인은 인간으로서 살아가기 위해 머릿속에 저장된 지식만이 아니라 다른 곳에 저장된, 이를테면 몸과 환경에 그리고 가장 중요하게는 타인에게 저장된 지식에 의존한다. 지식을 한데 모으면 아주 인상적인 생각이 탄생한다. 이런 생각은 공동체의 산물이지 어느 한 개인의 성과가 아니다.

캐슬 브라보 핵실험은 벌집 마음의 극단적인 사례다. 이 실험은 직접적인 관계자 1만여 명뿐 아니라 자금을 댄 정치인, 병영과 실험실을 건설한 하청업체를 비롯해 간접적이지만 꼭 필요한 역할을 수행한 수많은 사람이 협력해서 진행한 매우 복잡한 프로젝트였다. 폭탄의 다양한 성분을 담당한 과학자 수백 명, 기후 조사를 담당한 전문가 수십 명, 방사성 원소를 다룰 때의 부작용을 연구한 의료진 들이 있었다. 통신을 암호화하고 비키니 환초 부근의 러시아 잠수함에 비밀이 누출되지 않도록 보안을 담당한 방첩부대도 있었다. 사람들의 식사를 책임진 조리사도 있고, 청소를 담당한 청소부도 있고, 화장실이 막히지 않게 관리한 배관공도 있었다. 누구 하나 이 작전을 온전히 이해하는 데 필요한 지식의 1000분의 1도 갖추지 못했다. 하지만 협업의 능력, 곧 마음을 한데 모아서 복잡한 프로젝트를 함께 추진하는 능력을 지녔다면 불가능해 보이는 일도 이루어낼 수 있다.

밝은 면을 보자면 그렇다는 것이다. 캐슬 브라보 작전의 그림자 속에는 핵무기 경쟁과 냉전이 존재한다. 우리가 주목하려는 주제는 이 사건의 이면에 도사린 자만심이다. 잘 알지도 못하면서 15메가톤짜리 폭탄을 감히 터트릴 생각을 한 그 의지 말이다.

⋙━●━●━ 무지와 착각

우리가 일상에서 접하는 대부분의 물건은 아주 단순해 보이지만 알고 나면 복잡하다. 자동차나 컴퓨터 혹은 항공 교통 관제 시스템이 복잡하다는 데 놀랄 사람은 없을 것이다. 그렇다면 변기는 어떤가?

세상에는 사치품도 있고, 유용한 물건도 있고, 요긴한 물건도 있고, 없어서는 안 되는 물건도 있다. 수세식 변기는 없어서는 안 되는 물건이다. 용변을 볼 때는 반드시 변기가 필요하다. 선진국에는 집집마다 적어도 하나씩은 변기가 있고, 법적으로는 식당에서도 화장실을 갖추어야 하며, (고맙게도) 주유소와 스타벅스에서도 변기를 쓸 수 있다. 변기는 아주 기능적이고 단순하다. 누구나 변기가 어떻게 작동하는지 안다. 아니, 대다수는 안다고 믿는다. 과연 그럴까?

변기 물을 내릴 때 안에서 무슨 일이 일어나는지 설명해보라. 변기가 작동하는 원리를 이해하는가? 가만히 생각해보면 잘 모른다는 결론에 이를 것이다.

변기는 기본 설계가 수백 년 동안 변하지 않은 단순한 장치다. (널리 알려진 것처럼 토머스 크래퍼Thomas Crapper가 수세식 변기를 발명한 것이 아니다. 그는 단지 변기 설계를 개선하고 팔아 부자가 된 사람이다.) 북미에서 가장 인기 있는 수세식 변기는 사이펀식이다. 이 변기의 핵심 장치는 탱크와 볼bowl과 트랩이다. 트랩은 주로 S 자나 U 자 형이고 볼의 위치가 배출구보다 높다. 물이 배출구로 내려가 하수구로 흘러간다. 처음에는 탱크에 물이 가득 차 있다.

변기 물을 내리면 탱크에 들어 있던 물이 바로 볼로 내려와 수면이 트랩의 가장 높은 부분보다 더 높이 올라간다. 그러면 트랩에서 공기가 빠져나가고 물이 가득 찬다. 트랩에 물이 차자마자 마법 같은 일이 벌어진다. 사이펀 효과가 일어나서 볼의 물을 빨아들여 트랩을 통해 배수구로 내보내는 것이다. 이런 사이펀 작용을 응용해서 자동차 연료 탱크에 호스 한쪽 끝을 넣고 반대편 쪽을 빨아들여 휘발유를 훔칠 수도 있다. 사이펀 작용은 볼의 수면이 트랩에서 첫 번째로 휘어진 부분보다 낮아질 때 멈추고 이때 다시 공기가 들어온다. 사이펀 작용으로 볼의 물이 빠져나가면 탱크에 다시 물이 차서 다음번에 사용될 때를 기다린다. 사람은 최소한의 동작만

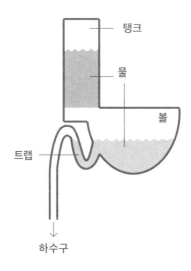

탱크

물

볼

트랩

↓
하수구

해도 되는 아주 근사한 절차다. 단순한가? 한 단락으로 설명할 만큼 단순하지만 모두가 이해할 만큼 단순하지는 않다. 이제 여러분도 이 과정을 아는 소수가 되었다.

변기를 온전히 이해하려면 장치의 원리를 간단히 기술하는 수준 이상의 지식이 필요하다. 우선 도자기와 금속과 플라스틱을 알아야 변기가 어떻게 제작되는지 이해할 수 있으며, 화학을 알아야 변기를 어떻게 밀봉해서 욕실 바닥에 물이 새지 않게 설치하는지 이해할 수 있고, 인간의 신체 구조를 알아야 변기의 크기와 모양을 이해할 수 있다. 변기를 완벽히 이해하려면 경제학 지식을 갖추어서 변기 가격이 어떻게 책정되는지와 어떤 구성품을 선택해서 변기를 제작할지도 알아야 한다. 구성품의 품질은 소비자의 수요와 소비자가 얼마나 지불할지에 달렸다. 또 심리학을 알아야 소비자가 어떤 색상을 선호하고 어떤 색상은 왜 기피하는지 이해할 수 있다.

누구도 어느 한 가지 물건의 모든 측면을 속속들이 이해하지는 못한다. 아주 단순한 물건이라도 제대로 이해하려면 만들어지고 사용되기까지 어지럽게 얽힌 그물망 같은 과정을 읽어야 한다. 박테리아, 나무, 허리케인, 사랑, 생식처럼 자연에서 발생하는 아주 복잡한 현상은 두말할 것도 없다. 이런 일은 어떻게 생길까? 사람들은 사랑처럼 혼란스러운 문제는 고사하고 커피 메이커가 어떻게 작동하는지, 풀을 바르면 종이가 어떤 이유로 붙는지, 카메라 초점을 맞추는 원리는 무엇인지조차 제대로 설명하지 못한다.

사람들이 무지하다고 말하려는 것이 아니다. 사람들은 스스로 생각하는 것보다 무지하다고 말하려는 것이다. 누구나 어느 정도는 이해의 착각Illusion of Understanding에 빠진다. 어떤 것이 어떻게 작동하는지 잘 모르면서 안다고 착각하는 것이다.

누군가는 이렇게 생각할 수도 있다. "여러 가지 물건들이 어떻게 작동하는지 일일이 알지는 못해도 착각 속에 살지는 않습니다. 전 과학자도 아니고 기술자도 아닙니다. 이런 것까지 다 알아야 할 필요는 없습니다. 꼭 알아야 할 것만 알아서 올바른 결정을 내리면 됩니다." 그렇다면 당신은 어떤 분야를 잘 아는가? 역사? 정치? 경제? 전공 분야를 아주 상세히 제대로 이해하는가?

일본은 1941년 12월 7일에 진주만을 공격했다. 세계전쟁이 발발했고 일본은 독일의 동맹국이었으며 미국은 아직 참전하지 않았지만 어느 편에 설지 명백한 상황이었다. 영웅적인 연합군 편을 들지 악의 축 곁에 서지는 않을 터였다. 우리는 진주만 공습에 관한 여러 가지 사실을 알기에 왠지 이 사건을 이해하는 것만 같다. 그런데 일본이 공격을 감행한 이유, 특히 하와이의 해군기지를 공격한 이유에 관해서 당신은 얼마나 아는가? 실제로 무슨 일이 일어났고 왜 일어났는지 설명할 수 있는가?

사실 미국과 일본은 진주만 공습을 즈음해서 전쟁을 일으킬 참이었다. 일본은 1931년에 만주를 침공하고 1937년에 중국 난징에서 대학살을 자행했으며 1940년에는 프랑스령 인도차이나를 침공했다. 미 해군이 하와이에 주둔한 것도 일본의 침공을 저지하기 위해서였다. 프랭클린 루스벨트 Franklin D. Roosevelt 대통령은 1941년에 샌디에이고에 주둔하던 태평양 함대를 하와이로 이동시켰다. 따라서 일본의 공습이 아주 충격적인 사건은 아니었다. 갤럽 조사의 기록에 의하면 진주만 공습이 발발하기 일주일 전에 이미 미국인의 52퍼센트가 일본과의 전쟁을 예상했다.

따라서 진주만 공습은 유럽 전쟁의 여파라기보다는 오래전부터 지속된 동남아시아 지역의 갈등에서 기인한 것이다. 히틀러가 1939년에 전격전 blitzkrieg 을 일으키고 폴란드를 침공하지 않았어도 일어났을 가능성이 높다. 진주만 공습이 2차 세계대전 중 유럽의 상황에 영향을 미친 것은 맞지만 유럽의 상황에서 직접 영향을 받아 일어난 사건은 아니다.

역사는 이런 종류의 사건으로 점철되어 있다. 깨끗이 이해한 것 같지만 실제 역사적 맥락을 알고 보면 우리의 생각과 다른 사건들 말이다. 복잡한 사실은 시간의 안개 속으로 사라지고 누군가의 손에서 단순하고 이해하기 쉽게 만들어져 각종 이익집단에 유리한 신화로 재구성된다.

진주만 공습을 자세히 연구한 사람이라면 우리의 설명에 문제가 있으며 다른 방식으로도 설명이 가능하다고 말할 것이다. 하지만 이런 사례는 예외적이다. 누구도 수많은 사건을 연구할 시간이 없으므로 어쩔 수 없다. 장담컨대 누구든 깊이 파고든 일부 영역을 제외하고는 일상을 움직이는 기제만이 아니라, 어떤 사건이 어떻게 시작되어 전개되고 한 가지 사건이 다른 사건으로 어떤 과정을 거쳐 이어지는지를 결정하는 기제에 관한 지식은 비교적 얄팍할 것이다. 하지만 실제로 무엇을 아는지 알아보려고 노력하기 전에는 자신의 지식이 얼마나 얕은지 알아채지 못한다.

누구도 모든 것을 이해할 수 없다. 또한 정신이 온전한 사람이라면 모든 것을 다 이해하려고 시도하지 않을 것이다. 인간은 모호하고 분석되지 않는 추상적인 지식에 의존해 살아간다. 물론 세세한 부분을 좋아해서 그런 이야기를 한참 동안 나누고 싶어 하는 사람들도 있다. 또 누구에게나 자기만의 전문 분야나 아주 상세히 아는 분야가 있다. 그러나 웬만한 주제에서는 추상적인 정보의 조각들을 연결할 뿐이다. 그저 이해한다는 막연한 느낌만 있을 뿐 그 주제를 분석할 수준은 못 된다. 사실 지식은 대체로 수많은 연상, 그러니까 구체적인 이야기로 분해되지 않는 대상이나 사람 사이의 고차원적 연결에 지나지 않는다.

그렇다면 우리는 왜 무지의 깊이를 이해하지 못할까? 우리는 왜 실제와 다르게 세상을 심오하게 이해하고 모든 것을 이해하는 체계적인 지식망을 갖췄다고 여길까? 우리는 왜 이해의 착각 속에 살아갈까?

〰〰-●-●- 생각의 목적

이런 착각이 우리가 생각하는 방식에서 어떤 중요한 역할을 하는지 제대로 이해하려면 우선 우리가 왜 생각하는지 알아봐야 한다. 생각은 몇 가지 기능을 수행하도록 진화했을 것이다. 생각은 세계를 표상하는 기능을 수행한다. 세계의 존재 방식에 상응하는 모형을 머릿속에 구축하는 과정이다. 생각은 다른 사람과 언어로 소통하게 해주기도 한다. 혹은 문제 해결이나 의사 결정의 기능을 수행할 수도 있다. 어쩌면 생각은 도구를 만들거나 미래의 짝에게 과시하기 위한 목적으로 진화했을 수도 있다.

모든 가정이 가능하지만 생각은 분명 이보다 더 큰 목적, 이런 모든 가정을 아우르는 공통의 목적을 위해 진화했을 것이다. 이를테면 생각은 행위를 위해 존재한다. 생각은 효과적으로 행동하는 능력을 기르도록 진화했다. 생각은 또한 목표 달성에 필요한 행위를 여러모로 더 잘하게끔 진화했다. 인간은 생각할 줄 알기에 행위의 결과를 예측하고 다르게 행동한다면 세상이 어떻게 달라질지 상상하면서 여러 행위 중에서 하나를 고르기도 한다.

인간이 이런 목적으로 생각한다고 추정하는 이유는 행위가 생각보다 먼저 일어나기 때문이다. 원시적인 유기체도 행위한다. 진화 초기에 출현한 단세포 생물도 먹고 움직이고 번식했다. 행위가 발생한 것이다. 세상에 행위를 가하고 세상을 변화시켰다. 진화의 과정에서는 생존에 가장 유용한 행위를 하는 생물이 선택받았다. 가장 효과적으로 행동하는 생물이 복잡한 세상의 변화무쌍한 조건에도 잘 적응한 것이다. 지나가는 동물의 피를 빨아먹고 사는 생물이라면 눈앞에 스치는 모든 동물에게 달라붙을 수 있어야 한다. 만약 그 스치는 대상이 바람에 날려 떨어지는 나뭇잎이 아니라 맛있는 쥐나 새인지 알아본다면 더 유리하다.

주어진 환경에서 지금 하는 행위가 적절한지 아닌지 파악하는 최고의 도구는 정보를 처리하는 정신 능력이다. 시각계는 정보를 정교하게 처리해줘와 나뭇잎을 구별해준다. 그밖의 정신 과정도 적절한 행위를 선택할 때 중요한 역할을 한다. 기억은 과거의 비슷한 조건에서 어떤 행위가 가장 효과적이었는지 떠올리는 데 도움이 되고, 추론은 새로운 조건에서 어떤 상황이 벌어질지 예측하는 데 도움이 된다. 폭넓게 사고할수록 행위의 효과도 커진다. 따라서 생각은 행위를 확장한다.

생각이 어떻게 작동하는지 이해하기란 그리 간단하지 않다. 우리는 행위를 위한 생각에 어떻게 개입할까? 기억과 추론으로 목표를 추구하려면 어떤 정신 기능이 필요할까? 앞으로 살펴보겠지만 사람들은 세상이 작동하는 방식, 곧 인과관계를 추론하는 데 뛰어나다. 행위의 결과를 예측하려면 원인이 어떻게 결과를 끌어내는지 추론해야 하고, 어떤 일이 왜 일어났는지 파악하려면 어떤 원인이 결과를 일으켰는지 추론해야 한다. 마음은 이런 일을 하도록 설계되었다. 물리적 대상을 생각하든 사회 제도를 생각하든 다른 사람을 생각하든 애완견을 생각하든 (무엇을 생각하든) 행위나 여타의 원인이 어떻게 결과로 이어지는지 이해하는 데 몰두한다. 우리는 공을 차면 공이 날아가지만 개를 차면 개가 아파한다는 것을 안다. 생각의 과정과 언어와 정서는 모두 합리적으로 행동하도록 도와주는 일상적인 추론과 관계가 있다.

따라서 인간이 무지하다는 것은 더욱 의외의 사실이다. 최선의 행위를 선택할 때 인과관계가 그토록 결정적인 역할을 한다면 개인은 왜 세계의 작동 원리를 자세히 알아보지 않을까? 생각은 필요한 정보만 능숙하게 추려내고 나머지를 버리기 때문이다. 인간의 음성 인식 기관은 어떤 문장을 들으면 그 말의 요지와 의미를 추출하고 구체적인 단어는 잊어버리는 방식으로 작동한다. 복잡한 인과 체계를 만나도 중요한 골자만 파악하고 세세한 부분은 잊어버린다. 어떤 물건이 어떻게 작동하는지에 관심이 있다면 가끔 커피 메이커 같은 오래된 기기를 열어보면 된다. 부품 하나하나의 모양과 색깔과 위치는 기억나지 않을 것이다. 그보다는 중요한 부품을 찾아보고 서로 어떻게 연결되는지 파악해서 물이 어떻게 데워지는지와 같은 중요한 문제의 답을 찾으면 된다. 커피 메이커의 내부를 들여다보는 데 딱히 흥미가 없는 보통 사람이라면 그것이 어떻게 작동하는지 잘 모른다. 인과관계에 대한 이해는 꼭 알아야 할 문제, 이를테면 어떤 일을 처리할 방법에 국한된다(운이 좋으면 그 방법에 통달한다).

마음은 모든 대상이나 상황을 구체적으로 이해하도록 설계되지 않았다. 우리는 경험으로 배워 새로운 대상과 상황으로 일반화한다. 새로운 상황에 대처할 때는 세상이 작동하는 원리의 심오한 규칙성만 이해하면 된다. 피상적이고 구체적인 부분까지 알 필요는 없다.

⋀⋁⋀●─●─ 지식 공동체

머릿속에 저장된 한정된 지식과 추론 능력에만 의존한다면 만족스럽게 생각하기 어렵다. 인류가 성공한 비결은 도처에 지식이 널린 세계에 살기 때문이다. 지식은 우리가 만든 물건에도 있고 우리의 몸과 일터에도 있으며 다른 사람들에게도 있다. 우리는 지식 공동체 안에서 산다.

우리는 남들의 머릿속에 든 방대한 지식에 접근할 수 있다. 우리 주위에는 저마다 작은 전문 분야를 가진 친구와 가족이 있다. 전문가들에게 연락할 수도 있다. 가령 벌써 몇 번째인지 모를 만큼 고장이 잦은 식기세척기를 말끔하게 고치고 싶다면 그런 일에 도가 튼 전문가를 찾아보면 된다. 텔레비전에는 교수 등의 전문가들이 나와 어떤 사건을 세세하게 설명해준다. 필요하다면 책을 참고할 수도 있고 언제든 손끝으로 클릭만 하면 어마어마한 정보를 쏟아내는 인터넷도 있다.

지식은 물건 자체에도 있다. 가끔 우리는 장치나 자전거를 살펴보고 어떻게 작동하는지 파악해서 직접 수리할 때도 있지 않은가? (이런 일이 더 자주 있으면 얼마나 좋을까!) 기타가 어떻게 소리를 내는지 몰라도 직접 쳐보면서 관찰하면 기타의 원리를 터득할 수 있다. 따라서 기타에 관한 지식은 기타 안에 있다. 어떤 도시를 발견하려면 직접 그 도시를 여행하는 방법이 가장 좋다. 도시가 어떻게 굴러가는지, 흥미로운 장소는 어디인지, 어떤 위치에서 무엇이 보이는지에 관한 지식은 그 도시에 담겼다.

오늘날에는 과거 어느 때보다 풍부한 지식에 접근할 수 있다. 텔레비전을 보면서 물건이 만들어진 원리와 우주의 탄생에 대해 배울 뿐 아니라 검색 엔진에 몇 글자를 입력하면 위키피디아Wikipedia나 인터넷의 여러 사이트에서 거의 모든 질문에 관한 답이 나온다.

한편 자기 머리 밖에 있는 지식에 접근하는 능력은 현대인의 삶에만 존재하는 것이 아니다. 인지과학에서 "인지 노동의 분배"[3]라고 부르는 현상은 언제나 존재했다. 문명이 발생했을 때부터 인류는 집단에서 각자의 독특한 전문성을 길렀다. 개인은 농사, 의료, 제조, 항해, 음악, 구술, 요리, 사냥, 전투 그밖에도 여러 전문 분야를 담당하는 전문가가 되었다. 한 사람이 몇 가지 기술을 통달할 수는 있지만 모든 기술을 섭렵할 수는 없다. 정확히 말하자면 어느 한 기술의 모든 측면을 통달했다고 볼 수도 없다. 요리사는 모든 요리를 혼자 다 하지 못한다. 인상적인 연주를 들려주는 음악가는 있어도 모든 악기나 모든 장르의 음악을 다 연주하는 사람은 없다. 무슨 일이든 다 해내는 사람은 존재한 적이 없다.

그래서 인간은 협력한다. 협력은 사회 구성원이 누리는 중요한 혜택으로 기술과 지식을 쉽게 공유하도록 돕는다. 우리가 자기 머릿속에 든 정보와 남의 머릿속에 든 정보를 구별하지 못하는 것도 어찌 보면 놀랄 일이 아니다. 우리가 주로 (어쩌면 항상) 여러 가지와 관련된 일을 하면서 살아가기 때문이다. 설거지를 할 때 우리는 세제 만드는 방법을 알아낸 사람과 수도꼭지에서 따뜻한 물이 나오게 하는 방법을 찾은 사람에게 고마워한다. 그들이 없었다면 그릇을 어떻게 씻어야 할지 갈피를 잡지 못했을 것이다.

기술과 지식이 공유되는 과정은 생각보다 복잡하다. 인간은 조립라인의 부품처럼 한 프로젝트에 개별적으로 기여하지 않는다. 그보다는 집단으로 일하고 타인의 존재를 인식하며 남들이 무엇을 이루려고 하는지 이해한다. 우리는 함께 집중하고 공동의 목표를 추구한다. 인지과학의 언어로 말하자면 우리는 지향성intentionality을 공유한다. 다른 동물에게는 찾아볼 수 없는 형태의 협력이다. 우리는 실제로 남들과 마음의 공간을 나누기 좋아한다. 그중 하나가 놀이다.

두개골은 뇌의 경계를 정하지만 지식의 경계까지 정해주지는 않는다. 마음은 뇌를 넘어서 육체와 환경과 다른 사람들까지 포괄하므로 마음의 과학을 뇌 과학으로 축소해서는 안 된다. 인지과학은 신경과학과 다르다.

지식을 표현하는 것은 원래 어렵지만 모르는 것을 인정하면서 지식을 표현하기란 더욱 어렵다. 지식 공동체에 참여하려면—다시 말해서 우리가 가진 지식의 일부만 머릿속에 담는 세계에 참여하려면—기억에 저장되지 않아도 활용할 수 있는 정보가 무엇인지 알아야 한다. 무엇을 활용할 수 있는지 아는 것은 대단한 일이다. 머릿속 지식과 외부 지식 사이에 경계가 명확하지 않아야 한다. 마음은 외부의 정보를 머릿속 정보와 연속선상에 있는 것으로 취급하도록 설계되어 있어야 한다. 인간은 스스로 얼마나 모르는지 과소평가하면서도 놀랍도록 잘 살아간다. 이것은 진화의 가장 큰 성과 중 하나다.

지금까지 지식의 착각이 어디서 기원하는지 이해하는 데 필요한 배경을 알아보았다. 생각의 특징은 지식이 머릿속에 있든 외부에 있든 어디에 있든 자유자재로 끌어다 쓴다는 점이다. 우리가 지식의 착각 속에 사는 이유는 머릿속 지식과 외부 지식 사이에 명확한 선을 긋지 못하기 때문이다. 애초에 뚜렷한 경계가 없어서 선을 긋지 못하는 것이다. 그래서 스스로 무엇을 모르는지 모를 때가 많다.

ᴡᴡ━●━●━ 이것이 왜 중요한가?

마음을 이렇게 이해하면 복잡한 문제에 접근할 때 더 나은 방법을 찾을 수 있다. 이해의 한계를 자각하면 겸손해져서 타인의 생각과 사고방식을 열린 마음으로 수용할 수 있다. 재무 문제에서 잘못된 결정을 피할 방법을 배울 수 있다. 정치제도를 개선할 수 있다. 전문가에게 얼마나 의지할 수 있는지, 유권자가 의사 결정권을 얼마나 가져야 하는지 판단하는 데도 도움이 된다.

이 책을 쓰는 현재 미국의 정치권은 극심한 양극화로 분열됐다. 진보와 보수가 서로의 견해에 혐오를 드러내고, 민주당과 공화당은 공통점이나 타협점을 찾지 못한다. 의회는 온건한 법안조차 통과시키지 못하고, 상원에서는 상대편 당 출신이라는 이유만으로 사법부와 행정부의 주요 인사 지명을 방해한다.

정치권이 이처럼 교착상태에 빠진 이유는 정치인이든 유권자든 스스로 얼마나 이해가 부족한지 모르기 때문이다. 공청회를 열어야 할 만큼의 중요한 사안이라면 그만큼 복잡한 문제이므로 일반인이 이해하기 어렵다. 신문 기사 한두 꼭지 읽는 정도로는 한참 모자라다. 사회적 쟁점에서는 복합적인 원인과 예측 불허의 결과가 뒤얽힌다. 어느 한쪽의 입장을 제대로 알려면 전문적이고 깊은 수준으로 파악해야 한다. 하지만 가끔은 전문 지식조차 충분하지 않을 때도 있다. 이를테면 경찰과 소수민족의 갈등은 공포나 인종차별 혹은 두 가지 문제로 간단히 해석되지 않는다. 갈등은 공포와 인종차별뿐 아니라 개인적인 경험과 기대, 구체적인 상황의 역동, 잘못된 훈련과 오해에서 비롯된다. 매우 복잡한 문제다. 모두가 이런 복잡성을 이해한다면 사회의 분열은 줄어들 것이다.

사람들은 흔히 사회적 쟁점의 복잡성을 파악하려고 노력하기보다는 독단적인 주장을 그대로 받아들인다. 개인의 지식이 타인의 지식과 복잡하게 얽히므로 개인의 신념과 태도는 공동체의 가치관에 따라 정해진다. 공동체가 동의하는 의견에 반박하지 못하고 그 주장의 장점을 평가하려고도 하지 않는다. 집단이 대신 생각하도록 허용하는 것이다. 지식 공동체의 특성을 알면 무엇이 우리의 신념과 가치관을 결정하는지 좀 더 현실적으로 이해할 수 있다.

그렇다면 이런 이해를 바탕으로 개인이 결정하는 과정도 개선될 것이다. 사람들은 누구나 결정 내리기를 어려워한다. 노후 자금을 미리 마련하지 못하고 거짓된 유혹에 넘어가기도 한다. 이 책에서는 지식 공동체를 활용하여 공동체의 안녕을 강화하는 방향으로 우리의 타고난 한계를 어떻게 극복할 것인지 살펴볼 것이다.

지식 공동체의 특성을 이해하면 우리가 세계를 보는 관점에 숨은 편견이 드러난다. 우리는 영웅을 좋아한다. 개인의 힘과 재능과 아름다운 외모를 칭송한다. 영화나 책에서는 슈퍼맨처럼 홀로 지구를 구하는 인물을 우상화한다. 텔레비전 드라마에는 명석하지만 제대로 인정받지 못하는 형사가 사건을 해결하고 예리한 통찰력으로 절정의 순간에 범인을 잡는다. 이처럼 사람들은 개인에게 획기적인 돌파구를 찾는 능력이 있다고 믿는다. 마리 퀴리^{Marie Curie} 혼자 연구해서 방사능을 발견한 것으로, 뉴턴^{Sir Isaac}

Newton 혼자 실험실에 틀어박혀서 운동 법칙을 발견한 줄 안다. 12세기와 13세기에 몽골족을 통일한 것을 모두 칭기즈 칸 Chingiz Khan 의 업적으로 여기고, 예수 시대에 로마에서 자행된 모든 악행은 본디오 빌라도 Pontius Pilate 한 사람의 소행으로 치부한다.

현실 세계에서는 누구도 진공상태에서 행동하지 않는다. 형사는 회의에 참석해 집단으로 생각한다. 과학자에게는 실험실에서 함께 연구하며 중요한 개념을 찾아내는 제자들도 있고 유사한 연구와 개념에 몰두하는 학계의 동료 연구자와 친구 들도 있다. 이들이 없다면 어떤 연구자든 한 발짝도 나아가지 못한다. 심지어는 다른 주제나 분야의 연구에 매진해 끌어낸 결과와 개념으로 학문적 기반을 다져주는 과학자들도 있다. 지식이 개인의 머릿속에 들어 있는 것이 아니라 공동체에서 공유된다는 사실을 이해하면 영웅의 의미도 달라진다. 개인이 아니라 집단에 주목하게 된다.

지식의 착각은 사회 발전과 과학 기술의 미래에도 중요한 의미를 갖는다. 기술의 체계는 날로 복잡해져 개인이 어떤 기술을 온전히 이해하는 것이 불가능해졌다. 항공기가 좋은 예다. 비행은 조종사와 항공기 자동 제어 장치가 협업한 결과다. 항공기 운항에 관한 지식은 조종사와 계기판과 시스템 설계자의 조합이다. 지식이 물 흐르듯 공유되므로 조종사는 이해의 빈틈을 인지하지 못한다. 그래서 오히려 재앙이 임박한 사실을 알아채지 못할 수 있다. 우리는 이미 불행한 결과를 여러 차례 목도했다. 우리 자신을 더 잘 파악하면 튼튼한 보호 장비를 갖출 수 있다. 지식의 착각은 우리

시대의 가장 혁신적인 기술인 인터넷을 바라보는 방식에도 영향을 미친다. 인터넷이 일상에 스며들면서 지식 공동체가 그 어느 때보다 풍성해지고 접근성도 용이해졌다.

지식의 착각에는 다른 함의도 있다. 인간은 서로를 공동체로 생각해서 팀으로 움직이는 경향을 보인다. 다시 말해서 개인의 역할은 각자의 정신 능력보다 함께 일하는 능력에 더 많이 좌우된다. 개인의 지능은 과대평가되었다. 인간은 남들과 함께 생각할 때 가장 많이 배운다. 모든 단계의 교육에서 가장 바람직한 교수법은 학생들이 집단으로 배우도록 이끌어주는 것이다. 교육학에서 이것은 새로운 제안이 아니지만 아직 교실 현장에는 널리 적용되지 않았다.

우리는 여러분이 이 책을 읽고 인간의 마음을 더욱 폭넓게 이해하고 개인의 지식과 생각이 주위 사물과 사람 들에게 얼마나 의존하는지 이해하기를 바란다. 우리의 머릿속에서 일어나는 현상은 물론 대단한 것이지만 다른 곳에서 일어나는 현상에 긴밀히 의존한다.

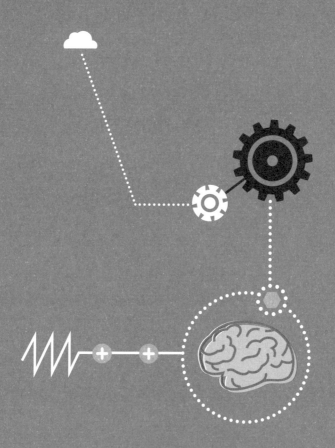

THE   KNOWLEDGE   ILLUSION

Why We Never Think Alone

chapter. ONE

우리는 무엇을 아는가?

　믿기 어렵지만 핵전쟁은 착각에 의해 간단히 발발할 수 있다. 앨빈 그레이브스Alvin Graves는 1950년대 초 미군의 폭파 실험을 주도한 책임자로서 앞서 소개한 캐슬 브라보 작전을 실시하라고 명령한 장본인이다. 그 당시 세계에서 그레이브스만큼 방사능의 위험을 잘 아는 사람은 없었을 것이다. 그레이브스는 캐슬 브라보 작전에 앞서 8년 전 뉴멕시코주 로스앨러모스의 핵 실험실에 근무했던 여덟 명의 연구자 중 한 사람이다. 그때 다른 연구자 루이스 슬로틴Louis Slotin[1]은 위대한 물리학자 리처드 파인만Richard Feynman이 "용의 꼬리 간질이기"라고 이름 붙인 까다로운 조작을 수행했다. 슬로틴은 핵폭탄에 사용되는 방사능 물질 플루토늄plutonium이 어떻게 작용하는지 실험으로 알아보았다. 플루토늄의 핵을 둘러싼 베릴륨^{beryllium}의 두 반구 사이에 있는 틈을 막는 실험이었다. 반구가 서로 가까워질수록 플루토늄에서 나오는 중성자가 베릴륨에 반사되어 중성자가 더 많이 나온다. 매우 위험한 실험이었다. 두 반구가 지나치게 가까워지면 연쇄반응이 일어나서 방사능이 폭발할 수 있었다. 그런데 노련하고 유능한 물리학자 슬로틴은 어이없게도 일자 드라이버로 반구 사이를 떨어뜨리려고 했다. 결국 드라이버가 미끄러지고 반구가 충돌해서 실험실의 물리학자 여덟 명이 방사능에 위험한 수준으로 피폭되었다. 가장 심하게 피폭당한 슬로틴은 9일 후 의무실에서 사망했다. 나머지 연구자들은 초기 방사선 질환에서 회복했지만 몇몇은 이른 나이에 암을 비롯해 이 사고와 관계있을 것으로 추정되는 질환으로 사망했다.

명석한 인재들이 왜 이런 어처구니없는 실수를 저질렀을까?

사고는 물론 예고 없이 일어난다. 누구나 손가락을 칼에 베거나 자동차 문을 닫다가 남의 손을 찧어본 경험이 있을 것이다. 그래도 사람들은 저명한 물리학자가 일자 드라이버로 치명적인 방사능 피폭을 막으려 하지는 않으리라 기대할 것이다. 슬로틴의 동료 연구자에 따르면 플루토늄 실험에는 그보다 훨씬 안전한 방법이 있고 슬로틴도 그것을 알았다고 한다. 이를테면 반구 하나를 고정시키고 다른 반구를 아래에서 들어 올리는 방법도 있었다. 그러면 어느 쪽이든 미끄러져 위치를 벗어나도 중력에 의해 반구들이 안전하게 떨어질 터였다.

슬로틴은 왜 그렇게 무모했을까? 아마 누구나 경험하는 착각에 빠졌을 것이다. 무엇이 어떻게 작용하는지 모르면서 잘 안다고 착각했으리라. 그 당시 동료 물리학자들의 당혹감은 물이 새는 수도꼭지를 고치려다가 욕실에 홍수가 나거나 딸의 수학 숙제를 도와주다가 이차방정식에서 막힐 때의 당혹감과 다르지 않았을 것이다. 어떤 상황인지 안다는 자신감은 대개 상황이 끝날 때보다 시작될 때 더 크다.

어쩌다 한번 일어나는 사고였을까? 착각이 좀 더 체계적으로 나타난 상황이었을까? 사람들은 어떤 것이 어떻게 작동하는지 아는 정도를 과대평가하는 편일까? 우리의 지식은 생각보다 피상적일까? 이것은 코넬 대학교에 오래 몸담았다가 1998년에 예일 대학교로 옮긴 인지심리학자 프랭크 케일(Frank Keil, 설명 깊이의 착각을 처음 발견한 연구자 중 한 사람-역주)이 매달린 질문이다. 케일은 코넬에서 사람들이 어떤 것이 어떻게 작용하는지에 관해 어떻게 생각하는지 연구하는 데 몰두했다. 그 결과 사람들의 생각이 얼마나 피상적이고 불완전한지는 알아냈지만 난관에 부딪혔다. 사람들이 스스로 안다고 믿는 정도에 비해 실제로 얼마나 아는지를 과학적으로 입증할 방법을 찾지 못한 것이다. 케일이 시도한 방법은 시간이 너무 오래 걸리거나 점수를 매기기 어렵거나 피험자들이 답을 꾸며내기 쉬웠다. 그러다 문득 좋은 방법이 떠올랐다. "설명 깊이의 착각IoED, Illusion of Explanatory Depth"이라는 방법으로 기존 방법의 여러 가지 문제로부터 자유로운 것이었다. "어느 날 아침, 코네티컷주 길포드의 우리 집에서 샤워기를 틀어놓고 한참서 있는 동안 IoED 패러다임의 거의 모든 내용이 마구 샘솟던 기억이 또렷하다. 나는 연구실로 달려가서 동료 리온 로젠블리트^{Leon Rozenblit}를 붙잡았고, 우리는 세세한 부분을 그리기 시작했다."[2]

이렇게 해서 무지를 연구하는 방법론이 탄생했다. 사람들에게 어떤 것을 간단히 설명하게 하고 그 설명이 스스로 평가하는 이해의 수준에 어떤 영향을 미치는지 알아보는 방법이었다. 로젠블리트와 케일은 실험 참가자들에게 아래와 같은 질문을 주었다.

1. 1부터 7까지 점수를 기준으로 당신은 지퍼가 작동하는 방식을 얼마나 이해하는가?
2. 지퍼는 어떻게 작동하는가? 지퍼가 작동하는 과정의 모든 단계를 최대한 자세히 기술하라.

로젠블리트와 케일의 참가자들처럼 지퍼 공장에서 일하는 사람이 아니라면 두 번째 질문에는 거의 대답하지 못할 것이다. 보통 사람들은 지퍼가 어떻게 작동하는지 잘 모른다. 아래의 질문에 답해보자.

3. 이제 1부터 7까지 점수를 기준으로 지퍼가 작동하는 방식을 얼마나 이해하는지 평가하라.

이번에는 사람들이 전보다 겸손한 자세를 보이면서 점수를 낮춘다. 대다수 사람은 지퍼가 어떻게 작동하는지 설명하고 나면 스스로 얼마나 모르는지 깨닫고 점수를 1점이나 2점쯤 깎는다.

이런 종류의 실험은 사람들이 착각 속에 산다는 사실을 보여준다. 참가자들은 스스로 인정하듯이 지퍼가 작동하는 방식을 실제보다 더 많이 안다고 착각했다. 두 번째 단계에서 지식 점수를 낮게 준 것은 사실상 "내가 아는 것이 생각보다 적다"고 고백하는 것이다. 이렇게 간단한 방법으로 사람들의 착각을 깨트릴 수 있다는 것이 놀랍다. 그냥 설명해보라고만 하면 된다. 지퍼에만 해당되는 이야기가 아니다. 로젠블리트와 케일은 속도계와 피아노 건반, 수세식 변기, 실린더 자물쇠, 헬리콥터, 쿼츠 시계(수정 발전식 시계), 재봉틀을 주제로 한 실험에서도 동일한 결과를 얻었다. 실험 참가자들은 모두 착각을 드러냈다. 예일 대학교의 대학원생이든 일류대와 주립대의 학부생이든 매한가지였다. 우리는 다른 아이비리그 대학과 대형 주립대와 인터넷에서 무작위로 선정한 미국인 표본에서도 이런 식의 착각을 여러 차례 발견했다. 나아가 사람들이 일상에서 쓰는 물건뿐 아니라 모든 것에 착각을 일으킨다는 사실도 발견했다. 사람들은 세금 정책이나 외교 문제와 같은 정치적 사안을 비롯해 유전자 조작 식품이나 기후변화와 같은 과학계의 뜨거운 논쟁은 물론 자신의 재정 상태에 대한 이해 수준까지 과대평가하는 경향이 있다. 우리는 심리 현상을 오래 연구했지만 이해의 착각만큼 명확한 현상을 만나기란 어려운 일이다.

이런 실험에서 나타나는 현상에 대한 한 가지 해석으로, 무언가를 설명하려고 시도하는 사이 "지식"의 의미를 해석하는 방식에 변화가 일어난 것으로도 볼 수 있다. 지식에 점수를 매기라는 주문을 첫 번째 단계와 두 번째 단계에서 다르게 받아들일 수 있다는 뜻이다. 첫 번째 단계에서는 "나는 지퍼를 얼마나 제대로 이해하는가?"로 해석할 수 있다. 그다음으로 지퍼가 어떻게 작동하는지 직접 설명해보고 실제로 명료하게 표현할 수 있는 지식이 얼마나 되는지 평가한다. 따라서 두 번째 질문을 받으면 "지퍼에 관해서 내가 말로 표현할 수 있는 지식은 얼마나 되는가?"로 해석할 수 있다. 하지만 이런 해석은 일리가 없어 보인다. 로젠블리트와 케일이 지식에 관해 물을 때 제시한 지문은 매우 신중히 정리된 명료한 문장이기 때문이다.

두 연구자는 참가자들에게 질문의 답을 점수 기준(1점에서 7점)으로 정확히 표현하라고 지시했다. 참가자들은 지퍼의 작동 방식을 설명하기 전과 후에 각각 다른 질문에 답했지만 설명할 말을 찾으면서 자기에 관해 알게 되었다는 것은 여전히 사실이다. 명료하게 설명할 수 있는 지식이 생각보다 적다는 점을 깨달은 것이다. <u>이것이</u> 설명 깊이의 착각이 보여주는 핵심이다. 무언가를 설명해보기 전에는 그것을 깊이 이해한다고 느끼지만 설명해본 뒤에는 생각이 달라진다. "지식"의 의미를 다르게 정의해서 점수를 낮춘다고 해도 참가자들이 스스로 생각했던 것보다 훨씬 조금 안다는 사실은 예상치 못한 진실이다. 로젠블리트와 케일은 이렇게 말한다. "참가자들

은 처음에 생각한 것보다 얼마나 조금 아는지 깨닫고 매우 놀라워하면서 새로이 겸손한 자세를 보였다."[3]

설명 깊이의 착각을 명확히 드러내는 예로 사람들이 자전거에 관해 무엇을 아는지 물어봤던 실험을 들 수 있다.[4] 리버풀 대학교의 심리학자 레베카 로슨Rebecca Lawson은 심리학과 학생들에게 자전거 프레임의 몇 가지 부분과 체인과 페달을 생략한 그림을 보여주었다. 그리고 학생들에게 생략된 부분을 채워 넣으라고 주문했다. 여러분도 한번 해보시라. 프레임에서 어느 부분이 빠졌는가? 체인과 페달은 어디에 들어가는가?

의외로 어려운 질문이다. 로슨의 연구에서는 학생들 중 절반 정도가 그림을 정확히 완성하지 못했다(다음 쪽에 몇 가지 예시가 있다). 정답 그림 하나와 오답 그림 세 개를 보여주고 정답을 고르라고 해도 결과는 별반 나아지지 않았다. 앞바퀴와 뒷바퀴에 체인이 감겨 굴러가는 것이 불가능한 형태의 그림을 선택한 학생도 많았다. 프로 사이클 선수들도 이렇게 쉬운 문제를 제대로 풀지 못하는 경우가 꽤 있었다. 낯익은 물건, 늘 접하고 이해하

기 쉬운 방식으로 작동하는 물건에 대한 우리의 이해는 놀랍도록 개략적
이고 깊이가 얕다.

∿●━●━ 우리는 얼마나 많이 아는가?

우리가 아는 정도를 과대평가한다는 말은 곧 우리가 생각보다 무지하다
는 뜻이다. 그렇다면 얼마나 무지할까? 얼마나 아는지 추정하는 것이 가능
할까? 토머스 랜다우어Thomas Landauer는 이 질문에 답하려 했다.

인지과학의 선구자인 랜다우어는 하버드, 다트머스, 스탠퍼드, 프린스턴
대학교에서 학문적 입지를 다지고 벨연구소에서 25년 동안 자신의 통찰을

실험했다. 랜다우어는 인지학자들이 인간의 마음을 일종의 컴퓨터로 이해하던 1960년대에 연구를 시작했다. 인지과학은 현대의 컴퓨터와 같은 길을 걸어왔다. 존 폰 노이만John von Neumann과 앨런 튜링Alan Mathison Turing 같은 위대한 수학자들이 오늘날과 같은 계산computing의 토대를 다지는 사이 인간의 마음이 계산 방식으로 작동하는지 묻는 질문이 대두되었다. 컴퓨터의 운영체제는 몇 가지 규칙에 따라 디지털 메모리로 판독하고read 작성하는write 중앙 프로세서에 의해 작동한다. 초기의 인지학자들은 인간의 마음도 이런 식으로 작동한다고 이해했다. 컴퓨터는 인지과학이라는 분야가 돌아가는 방식을 아우르는 은유로 기능했다. 그들은 생각을 인간의 뇌에서 작동하는 컴퓨터 프로그램으로 보았다. 앨런 튜링이 명성을 얻은 것도 이런 개념을 논리적 극단까지 밀어붙이려 했기 때문이다. 인간이 컴퓨터와 같은 방식으로 작동한다면 인간이 할 수 있는 일을 컴퓨터 프로그래밍으로도 가능하게 만들어야 한다. 튜링은 이 개념에서 영감을 얻어 그의 대표적인 논문 〈계산 기기와 지능Computing Machinery and Intelligence〉에서 "기계가 생각할 수 있는가?"[5]라는 물음에 답했다.

1980년대에 랜다우어는 컴퓨터의 메모리 크기를 측정하는 척도로 인간이 지닌 기억의 크기를 추정하고자 했다.[6] 이 책을 쓰는 현재 노트북 장기 저장 장치의 용량은 250 혹은 500기가바이트 정도다. 랜다우어는 몇 가지 획기적인 방법으로 인간이 지식을 얼마나 많이 보유했는지 측정했다. 예를 들어 성인의 평균 어휘량을 측정해서 그만큼의 정보를 저장하는 데 몇 바이트가 필요한지 계산하는 식이었다. 그런 다음 계산 결과를 기준으로 보통 성인이 가진 지식의 크기를 추정했다. 랜다우어의 결과는 0.5기가바이트였다.

랜다우어는 전혀 다른 방식으로도 접근했다. 그 당시 심리학자들은 주로 참가자에게 그림, 단어(실제 존재하는 단어나 무의미한 단어), 문장을 보여주거나 음악을 짧게 들려주고 나서 몇 분이나 몇 주 후에 참가자의 기억을 검사하는 실험을 했다. 참가자에게 원래 자료를 재현하도록 요청하는 것이다. 매우 어려운 검사다. 여러분은 방금 들었거나 몇 주 전에 들은 악절을 당장 떠올릴 수 있는가? 그러나 랜다우어는 그리 어렵지 않은 과제로 다양한 실험을 했다. 실험에서는 주로 인식 능력을 검사했다. 이를테면 참가자가 새로 나온 항목(그림이나 단어나 악절)과 앞서 본 항목을 구별할 수 있는지 알아보았다. 어떤 실험에서는 참가자에게 몇 가지 항목을 보여주고 앞서 본 항목을 고르게 했다. 매우 섬세한 기억 검사다. 기억력이 많이 떨어졌을 때도 잘 고를 수 있다. 랜다우어는 사람들이 얼마나 기억하는지 추정하기 위해 검사 항목을 접한 경험이 있는 집단과 없는 집단 사이의 인식 수행에 어떤 차이가 나타나는지 알아보았다. 그 차이가 가장 순수한 기억의 측정치다.

랜다우어가 찾아낸 기발한 방법은 참가자가 처음 자료를 학습하는 데 들인 시간을 기준으로 기억의 측정치(두 집단 사이에 나타나는 인식 수행의 차이)를 구분하는 방법이었다. 그래서 참가자가 나중에 기억할 정보를 습득하는 속도를 알아냈다. 더불어 참가자가 망각한다는 점을 감안하는 방법도 찾아냈다. 랜다우어는 실험의 세부 절차나 학습 자료의 유형과 무관하게 거의 같은 속도로 정보를 습득한다는 흥미로운 결과를 얻었다. 사람들은 시각 자료든 언어 자료든 음악 자료든 거의 같은 속도로 학습했다.[7]

그다음으로 랜다우어는 인간이 70년 정도 살면서 같은 속도로 학습했을 때 정보를 얼마나 보유하는지 계산했다. 그가 활용한 모든 방법에서 거의 같은 결과가 도출되었다. 결과는 1기가바이트였다. 랜다우어는 이것이 정답이라고 주장하지 않았다. 다만 이 답과 열 배 차이가 나더라도, 이를테면 사람이 1기가바이트보다 열 배 더 저장하거나 열 배 덜 저장하더라도 그 수치는 보잘것없다. 컴퓨터의 저장 용량에 비하면 아주 미미한 양이다. 인간은 지식 저장소가 아니라는 뜻이다.

어찌 보면 놀라운 결과다. 세상에는 알아야 할 것이 많고 웬만한 성인이라면 아는 것이 많기 마련이다. 사람들은 대책 없이 혼란에 빠지지 않는다. 폭넓은 주제를 둘러싸고 대화를 나누기도 한다. 퀴즈쇼 〈제퍼디Jeopardy〉[8]를 보면서 당장 정답 몇 개는 알아맞힌다. 누구나 적어도 한 가지 이상의 언어를 말한다. 물론 우리가 아는 수준은 가방에 든 작은 기계 장치에 담을 수 있는 정보량의 극히 일부에 지나지 않지만 말이다.

하지만 인간의 마음이 컴퓨터처럼 작동한다고 믿는다면 충격적인 결과일 것이다. 우리가 소통하는 세상의 복잡성을 고려하면 마음이 정보를 부호화하고 메모리를 보유하도록 설계된 기계와 같다는 모형은 여지없이 깨

진다. 어차피 세상의 정보는 무한하기 때문에 다량의 정보를 기억하도록
설계되었어도 소용없다.

인지과학에서는 더 이상 인간의 마음을 컴퓨터에 비유하는 개념을 진지
하게 받아들이지 않는다. 물론 이 개념을 위한 자리는 있다. 이 개념이 적
용되는 측면도 있다. 시간을 두고 신중하게 생각할 때─직관적으로 생각
하는 것과 반대로 차근차근 숙고할 때─쓰는 생각의 방식에 관한 일부 모
형은 컴퓨터 프로그램과 유사하다. 하지만 오늘날의 인지학자들은 주로 인
간이 컴퓨터와 얼마나 다른지를 지적한다. 심사숙고는 인간이 생각할 때
거치는 과정의 극히 일부에 지나지 않는다. 인지는 주로 의식의 표면 바로
아래서 일어나는 직관으로 이루어진다. 방대한 양의 정보가 동시에 처리된
다. 예를 들어 단어를 생각할 때 한 번에 하나씩 순차적으로 떠오르지 않
는다. 전체 어휘─마음의 사전─를 동시에 떠올리고 대개는 우리가 찾는
단어가 맨 위로 떠오른다. 폰 노이만과 튜링이 컴퓨터 과학과 인지과학의
초창기에 상정한 계산 유형과는 다르다.[9]

더 중요한 사실은 인간은 컴퓨터가 아니므로 정보를 읽고 메모리에 기
록하는 중앙처리장치에 의존해서 사고하지 않는다는 점이다. 앞으로 자세
히 알아보겠지만 인간은 자신의 육체와 주변 세계와 타인의 마음에 의존
한다. 환경에 관해 알아야 할 모든 정보를 머릿속에 저장할 방법은 없다.

세상이 얼마나 복잡한지 알아보려면 복잡성의 여러 가지 근원을 찾아
야 한다. 인간이 만든 몇몇 물건은 설계부터 복잡하다. 도요타에 따르면

자동차 부품은 약 3만 개다.[10] 그러나 자동차 설계가 복잡한 이유는 부품 수가 많아서가 아니라 부품 설계 방식 그리고 부품과 부품을 연결하는 방식의 가짓수가 많아서다. 자동차 설계자가 신경 쓰는 문제는 외양, 동력, 연비, 운전, 장거리 주행, 크기, 안전성 등이 있다. 의외로 자동차 설계의 핵심은 진동을 예측하고 측정하는 과정이다. 이것이 자동차의 소음과 흔들리는 정도를 결정하기 때문이다. 대개는 부품을 교체해서 진동 문제를 해결한다. 요즘은 자동차가 매우 정교해서 10대 청소년들이 보닛을 열고 렌치로 이것저것 건드리는 것이 불가능하다. 자동차를 수리하거나 정비하려면 훈련도 오래 받아야 하고 전자 장비도 많이 구비해야 한다. 요즘 아이들도 아마추어 땜장이가 이해할 수 있을 만큼 단순한 엔진이 장착된 구식 자동차를 만지면서 기름때를 묻혀봐야 하지만, 사실 전문 정비공들도 더 이상 자동차를 수리하지 못한다고 불평한다. 그저 컴퓨터가 시키는 대로 부품을 교체할 뿐이라는 것이다.

항공기부터 시계 라디오까지 현대 기술로 만들어진 물건은 다들 사정이 비슷하다. 오늘날의 항공기는 너무나 정교해서 누구도 완벽하게 이해하지 못한다. 각자 맡은 부분을 이해할 뿐이다. 항공 역학 전문가도 있고 내비게이션 전문가도 있다. 프링글스 통에 든 감자칩처럼 승객들을 이코노미석에 차곡차곡 채워 넣도록 좌석의 인체공학을 연구하는 사람도 있다. 시계 라디오와 커피 머신 같은 현대의 가전제품은 매우 정밀해서 고장이 나면 그냥 내다버리고 새로 사야 한다.

인간이 만든 물건의 복잡성은 자연계의 복잡성에 비하면 아무것도 아니다. 바위와 광물을 자세히 들여다보면 생각보다 훨씬 복잡하다. 과학자들도 아직 블랙홀이 어떻게 작용하는지, 얼음은 왜 미끄러운지와 같은 자연현상을 제대로 이해하지 못한다. 정말로 심각한 복잡성을 맛보고 싶다면 생물학 교재를 펼쳐보라. 암세포와 같은 미세한 유기체조차 어떤 세포인지, 종류는 얼마나 다양한지, 증식과 소멸의 원인은 무엇인지, 비非암성 세포와는 어떻게 다른지 이해하려면 수많은 과학자와 의사 들이 힘을 합쳐야 한다. 과학과 의학이 이 질문에 답할 수 있다면 인류는 "암"이라는 질병의 저주를 풀 것이다.[11]

다세포 생물은 몇 배로 복잡하다. 극단적인 예로 신경계를 보자. 바다민달팽이에게도 뉴런neuron, 신경세포이 1만 8000개 정도 있다. 진화를 기준으로 볼 때 초파리와 바닷가재는 둘 다 상당히 똑똑하다. 이들은 10만 개에 달하는 뉴런으로 정보를 처리한다. 꿀벌은 뉴런이 100만 개 정도다. 물론 포유류는 차원이 다르게 복잡하다. 쥐의 뉴런은 2억 개, 고양이는 10억 개 정도로 추정되며 인간의 뉴런은 1000억 개에 달한다. 가장 최근에 진화한 뇌의 일부로, 인간과 동물을 구별해주는 복잡한 대뇌피질에는 약 200억 개의 뉴런이 있다. 뇌에서는 정말로 많은 일이 일어난다.

뇌세포 수가 아무리 많아도 우리가 살면서 접하는 모든 것을 세세하게 기억할 만큼 충분하지는 않다. 세상은 매우 복잡하다. 얄궂게도 뇌 역시 매우 복잡하다. 뇌처럼 큰 조직을 연구할 때는 세세한 부분까지 이해할 수 있으리라고 기대하기 어렵다. 그러나 신경과학 분야는 지난 20년간 뉴런이 어떻게 작동하는지 설명하고 더 나아가 수백만 개의 뉴런으로 이루어진 뇌의 커다란 기능 단위를 설명하는 연구에서 장족의 발전을 이루었다. 신경과학은 수많은 조직을 밝혀냈고, 인지신경과학은 뇌 조직이 다양한 기능과 어떻게 연결되는지 찾아내는 데 주력했다. 가장 많은 성과가 알려진 기능은 시각일 것이다. 과학자들은 빛이 눈에 들어오는 방식, 빛이 변환되어 뇌를 활성화시키는 방식, 활성화 상태가 후두엽의 어디에서 세계의 의미 있는 속성(운동, 방향, 색깔)으로 분석되는지를 알아냈다. 더 나아가 뇌의 활성화 상태가 여기서 다시 어디로 가서 사물을 식별하고(측두엽) 공간에서 사물의 위치를 파악하게 해주는지(두정엽)도 알아냈다.

하지만 신경과학자들도 뇌가 복잡한 개체의 어떤 측면에 반응하고 실제로 어떻게 계산하는지에 관해서는 거의 알지 못한다. 과학자들은 여전히 선천적인 것과 학습된 것이 무엇인지, 우리가 무엇을 얼마나 빨리 잊어버리는지, 의식의 본질은 무엇이고 의식이 존재하는 이유는 무엇인지, 감정은 무엇이고 어느 정도 통제할 수 있는지, 인간(아기를 포함하여)이 타인의 의도를 어떻게 파악하는지를 알아내려 한다. 뇌의 복잡성을 온전히 이해하는 것은 오늘날에도 쉽지 않은 일이다.

과학자들이 이해하려는 또 하나의 복잡한 체계가 바로 날씨다. 기상학자들은 일기예보 분야에서 대단한 발전을 이루었다.[12] 이제 기상이변이 일어나기 며칠 전에 상황을 예측할 수 있다. 10년이나 20년 전만 해도 지금처럼 예측하지 못했다. 단기 예측이라는 분야가 지금처럼 발전한 이유는 방대한 양의 자료를 활용할 수 있을 뿐 아니라 기상 모형이 향상되고 계산 속도가 빨라졌기 때문이다. 엄청난 발전이다. 날씨는-뇌처럼-매우 복잡한 체계라서 유동적인 부분도 많고 여러 부분의 복잡한 상호작용에 의해 결정되는 결과의 수도 어마어마하다. 현재 위치의 오늘 날씨는 최근에 햇빛이 얼마나 비췄는지, 그 지역이 해발 몇 미터에 위치하는지, 산과 얼마나 가까운지, 열을 보존하거나 흡수하는 다량의 물이 근처에 있는지, 인근에 허리케인과 뇌우 같은 기상이변이 발생했는지, 주변의 기압 분포가 어떤지에 따라 결정된다.[13]

이런 다양한 힘을 기상 예측으로 통합하기란 결코 쉽지 않다. 실제로 기상학자들은 다음번 토네이도가 어디에 상륙할지와 같은 구체적인 기상 현상은 아직 예측하지 못한다. 게다가 장기간의 기상 예측은 아직 요원하다(어쩌면 불가능할 수도 있다). 앞으로 며칠간의 일기예보는 믿을 수 있어도 (당신이 빗나간 예보를 눈감아준다면) 몇 주간의 날씨가 어떨지 예측하는 것은 아직 기대할 수 없다. 장기간의 기후변화를 어느 정도 짐작한다고 해도 단기간의 구체적인 기상이변을 예측하는 것에는 도움이 되지 않는다. 기후변화로 인해 기상이변이 더 잦을 것이라는 사실은 알지만 정확히 어디에서 어떤 현상이 일어날지 예측하기는 어렵다.

우리가 이해하려는 몇몇 현상은 무한히 복잡하다. 이론적으로도 이해되지 않는다. 예를 들어 오랜만에 동창회에 나가면서 옛 연인이 참석할지 예측한다고 해보자. 당사자와는 연락이 끊겨서 소식을 못 들은 지 오래다. 동창회의 전체 참석률을 기준으로 예측할 수는 있다. 친구들을 통해 옛 연인의 참석 가능성을 짐작할 수도 있다. 나아가 옛 연인이 다른 친구들과 얼마나 잘 어울렸는지 혹은 옛 연인이 학창 시절을 얼마나 그리워하는지를 기준으로 예측할 수도 있다. 그러나 옛 연인이 동창회에 참석할 만큼 가까이 사는지, 동창회에 참석할 만큼 여유로운지, 아직 살아 있기나 한지 따위의 구체적인 사실을 기준으로 예측하는 것은 불가능하다. 옛 연인이 결혼을 했을 수도 있고 이혼을 했을 수도 있다. 돌봐야 할 자녀가 하나나 둘이나 여덟일 수도 있고, 이제껏 살면서 몇 가지 직업을 전전했을 수도 있으며, 감옥에 들어앉았을 수도 있다. 그 사람이 택했을 삶의 궤도는 무한하다. 도무지 알 길이 없다.

군사 전략가들은 이런 상황에 익숙하다. 적의 공격에 대비해 많은 계획을 세워두어도 다른 어딘가에서 일격을 당할 수 있다. 예상 가능한 방향이 있지만(육로나 해로) 예상 밖의 방향도 많다(땅굴이나 성문 밖의 목마). 적이 공격 지점을 알리고 싶어 하지 않는다면 예상 밖의 방향으로 치고 들어올 가능성이 높다.[14]

때로는 예상 밖의 현상뿐 아니라 명확히 표현할 수 없어서 걱정해야 하는지조차 알 수 없는 현상까지 예측해야 한다. 도널드 럼즈펠드Donald Rumsfeld는 제럴드 포드Gerald Ford와 조지 W. 부시George W. Bush 두 대통령 밑에서 국방부 장관을 역임했다. 그가 명성을 얻은 이유는 알지 못하는 것의 다양한 유형을 구분한 덕이었다.

알려진 앎이 있다. 안다는 것을 안다는 뜻이다. 알려진 무지가 있다. 모른다는 것을 안다는 뜻이다. 그러나 알려지지 않은 무지도 있다. 모른다는 것을 모른다는 뜻이다.

알려진 앎은 감당할 수 있다. 어려울 수는 있지만 적어도 무엇에 대비해야 하는지는 분명하다. 예를 들어 언제 어디서 시작될지는 모르지만 적이 공격할 것이라는 사실을 안다면 군대는 예비군에 통지하고 무기를 준비하는 등 가능한 한 모든 기동력을 발휘할 수 있다. 2001년 초에 미국 경찰 당국은 뉴욕 세계무역센터가 중동 테러리스트들의 표적임을 알았다. 어쨌든 1993년에 이미 한 번 폭격을 당해서 여섯 명이 사망하고 천여 명이 부상당한 역사가 있었기 때문이다. 세계무역센터가 표적이라는 사실을 깨달은 경찰은 보안 요원을 증원하고 차량 장벽을 설치하는 식으로 보안을 강화했다.

하지만 실질적인 문제는 알려지지 않은 무지에서 발생했다. 무엇에 대비해야 할지 모르는데 어떻게 대비하겠는가? 2001년 9월에 주요 항공사의 항공기가 미사일이 되어 세계무역센터 건물로 돌진할 것이라고 상상이나 할 수 있었을까? 그날의 공격으로 미국인들의 안보 의식은 달라졌고, 중동 지역에서는 아프가니스탄, 이라크, 시리아 전쟁부터 새로운 전투 방식과 새로운 테러리스트 조직에 이르기까지 대재앙과 같은 사건이 연쇄적으로 벌어졌다.

알려지지 않은 무지는 군사 전략가들에게만 골치 아픈 문제가 아니다. 누구나 이런 상황에 대처해야 한다. 어떤 대재앙으로 주식시장이 갑자기 폭락할지는 알 길이 없다. 따라서 주식 거래는 알려지지 않은 무지 때문에 태생적인 위험을 안고 있다. 2011년에 일본의 주식시장 상황을 알려주는 니케이Nikkei 지수는 대규모 지진과 쓰나미로 일본의 일부 지역이 초토화된 이후 1.7퍼센트 하락했다. 가족이 비극적인 사건을 당하거나 뜻밖의 행운을 맞이하면(뒷마당에서 보물을 발견하는 행운) 알려지지 않은 무지로 한 가족의 삶이 완전히 역전된다. 아무리 많이 알아도 알려지지 않은 무지를 예측할 수는 없다. 알려지지 않은 무지의 상황은 언제든 벌어진다.

우리가 알아야 하는 많은 일은 엄청난 복잡성을 가졌다. 수학에서는 이런 속성을 가진 현상을 프랙털fractal, 차원분열도형이라고 한다. 숲이 수많은 나무로 이루어지듯이 나무는 수많은 가지로 이루어지고, 가지는 수많은 잎으로 이루어진다. 나뭇잎에는 혈관처럼 뻗어나간 모세관의 복잡한 양상이 새겨져 있다. 고성능 현미경으로 모세관을 들여다보면 복잡한 세포 구조가 발견된다. 프랙털은 우리 눈에 보이는 모든 차원에서 복잡성을 드러낸다. 자연계의 많은 것이 프랙털 양상을 띤다. 대표적인 사례가 해안선이다. 비행기를 타고 3만 피트 상공에서 영국의 해안선을 내려다보면 육지와 바다를 가르는 들쭉날쭉한 경계선이 보인다. 가까이 다가가도 들쭉날쭉한 경계선이 보인다. 해변에서 바닷가의 돌멩이를 확대경으로 들여다봐도 역시 들쭉날쭉한 경계선이 보인다. 사물을 가까이 들여다볼수록 질문이 더 많이 생긴다. 이해할 것은 계속 늘어나기만 한다.

단순하고 일상적인 물건에도 다양한 측면이 있고 각 측면은 프랙털 같은 복잡성을 띤다. 머리핀을 온전히 이해한다는 말은 머리카락을 고정하거나 장식하는 용도 외에도 머리핀의 모든 면을 이해한다는 뜻이다. 이를테면 머리핀을 이루는 다양한 물질, 각 물질의 출처, 각 물질이 머리핀을 만들 때 쓰인 방식, 머리핀이 팔리는 장소, 머리핀을 사는 사람까지 모두 이해한다는 의미다. 이런 질문의 정답을 알려면 다른 수많은 질문의 답도 알아야 한다. 머리핀을 누가 사는지 알려면 헤어스타일을 분석해야 하고 그러려면 패션과 기본적인 사회구조를 알아야 한다. 컴퓨터 과학자들은 이처럼 끊임없이 늘어나는 정보의 요구를 조합적 폭발combinatorial explosion이라고 부른다. 완벽하게 이해하려고 노력할수록 이해해야 할 것이 점점 늘어난다. 완전한 이해를 얻기 위해서는 이해해야 하는 모든 것의 조합이 급속도로 불어나 폭발하지 않고 감당할 수 있는 정도를 넘는다.

카오스 이론chaos theory은 세상의 복잡성이 감당할 수 없을 만큼 크다는 사실을 보여주는 또 하나의 수학 도구다. 카오스 체계에서는 어떤 과정이 시작될 때의 미미한 차이가 어마어마한 차이로 벌어진다. 중국에서 나비가 날갯짓을 하면 미국에 허리케인이 일어날 수 있다는 유명한 비유를 들어봤을 것이다. 절벽에서 떨어지면 추락 속도가 가속화되듯이 카오스 체계에서는 아주 작은 차이가 엄청나게 증폭된다. 스티븐 제이 굴드^{Stephen Jay} Gould는 카오스가 어떻게 역사학에 복잡성을 끌어들이는지 설명했다. "특별하지 않은 사소한 우연에서 시작하지만 돌이켜보면 불가피해 보이는 결과가 봇물처럼 터진다. 초반에 아주 살짝만 건드려도 다른 고랑이 생기고 역사는 다른 길로 흘러가 원래의 경로에서 끊임없이 갈라진다. 최종 결과는 크게 달라도 초기의 작은 변화는 지극히 사소해 보인다."[15] 역사적 사건들을 돌이켜보면 불가피해 보인다는 굴드의 견해는 인간의 무지에 대한 심오한 통찰이다. 우리는 어떤 일이 벌어지는 원인을 이해하지 못한다.

〰⟶●─●─ 착각의 유혹

앞서 보았듯이 사람들은 놀랍도록 무지하고 스스로 생각하는 것보다 더 무지하다. 또 세상은 우리가 생각하는 것보다 훨씬 더 복잡하다. 우리가 이토록 무지한데도 세상의 복잡성에 압도당하지 않는 이유는 무엇일까? 우리는 어떻게 알아야 할 것의 극히 일부만 알면서 많이 아는 것처럼 말하고 스스로를 진지한 사람으로 여길까?

우리가 거짓으로 살아가기 때문이다. 우리는 세상이 어떻게 굴러가는지 잘 안다고 여기고 사물이 어떻게 작동하는지 모르면서도 안다고 믿으며 복잡성을 무시한다. 우리의 의견은 우리의 지식으로 정당화되며 우리의 행동은 정당한 신념을 기반으로 한다고 스스로에게 말한다. 이것은 이해의 착각이다.

아이들은 자꾸 "왜"라고 묻는다. 그러면 어른들은 결국 "원래 그런 거야"라고 대꾸하면서 대화의 맥을 끊는다. 아이들은 자기도 모르게 사물의 복잡성을 이해하고, 더욱 심오한 차원을 설명하면 할수록 질문이 늘어난다는 것도 이해한다. 설명 깊이의 착각은 어른이 되면서 세상이 얼마나 복잡한지 잊어버리고 질문을 그만두면서부터 시작된다. 그리고 탐색을 그만뒀다는 사실을 자각하지 못한 채 결국 사물이 어떻게 작용하는지 깊이 이해한다고 착각하는 것이다.

우리는 한층 더 심오한 질문의 답을 찾을 것이다. 복잡성을 어떻게 감당하는지 묻는 대신 복잡성을 어떻게 다룰지 물을 것이다. 인간이 이렇게 무지한데도 인류는 어떻게 엄청난 위업을 이루었을까? 결국에는 인지 노동의 분배에 성공했기 때문이다. 하지만 우리가 어떻게 공동체와 지식을 공유하는지 이해하려면 우선 개인이 어떻게 생각하는지부터 알아야 한다.

chapter. TWO

우리는 왜 생각하는가?

기억력이 좋아지고 싶은가? 완벽한 기억력을 원하는가? 과연 뛰어난 기억력을 바라지 않는 사람이 있는가?

아르헨티나 문학의 거장 호르헤 루이스 보르헤스Jorge Luis Borges는 〈기억의 천재 푸네스Funes the Memorious〉라는 단편소설에서 이 질문을 고찰한다. 푸네스는 우루과이의 프라이 벤토스라는 변경 도시에 사는 청년이다. 그에게는 살면서 겪은 일을 모두 기억하는 놀라운 능력이 있다.

우리는 한눈에 테이블 위의 유리잔 세 개를 지각한다. 그런데 푸네스는 포도덩굴의 모든 잎사귀와 덩굴손과 포도를 지각한다. 그는 1882년 4월 30일 새벽녘 남쪽 하늘에 뜬 구름의 모양을 기억한다. 그리고 그 모양을 전에 딱 한 번 본 스페인어 표지 책의 얼룩덜룩한 얼룩과 비교하고 케브라초 폭동 전야에 네그루강에서 노를 저어 일어난 포말의 윤곽과 비교했다. 그저 단순한 기억만이 아니라 하나하나의 시각적 이미지와 함께 근육 감각, 열 감각 따위도 떠올렸다. 푸네스는 꿈과 비몽사몽간의 기억을 모두 재구성할 수 있었다. 하루를 통째로 다시 떠올린 적도 두어 번쯤 있다. 전혀 막힘없이 떠올리긴 했지만 그럴 때마다 하루가 온전히 들어갔다.[1]

마치 초능력처럼 들린다. 위대한 슈퍼 히어로가 늘 그렇듯 푸네스가 이런 능력을 가진 데도 사연이 있다. 물론 방사능 거미에게 물리거나 감마선을 쬐었다는 근사한 사연은 아니다. 푸네스에게 이런 특이한 기억력이 생긴 것은 말에서 떨어져 머리를 부딪치는 사고를 당하고부터였다.

보르헤스는 환상적인 이야기와 일상적인 상황을 직조하는 솜씨로 유명한 작가이고, 푸네스 이야기는 보르헤스의 손에서 탄생한 창작물로만 여겨졌다. 그런데 2006년에 UC 어바인과 서던캘리포니아 대학교의 엘리자베스 파커Elizabeth Parker, 래리 케이힐Larry Cahill, 제임스 맥고James McGaugh가 AJ라는 환자의 사례를 발표했다.[2] AJ는 푸네스와 매우 비슷하다. AJ는 자기가 경험한 일을 모두 기억한다. 언제 어디서 무엇을 먹고 누구를 만났는지 세세한 부분까지 전부 기억한다.

AJ는 맥고에게 보낸 이메일에서 자신의 경험을 이렇게 설명했다.

저는 서른네 살입니다. 열한 살 때부터 지나간 일을 단순히 기억하는 것이 아니라 고스란히 떠올리는 믿기 힘든 능력을 가졌습니다. 첫 기억은 아기 침대에 누워 있던 기억이지만(1967년경) 1974년부터 오늘까지는 날마다 무슨 요일이고 그날 제가 무엇을 했는지 말할 수 있습니다. 특히 중요한 사건이 일어난 날이라면······ 그날 무슨 일이 있었는지 말할 수 있습니다. 미리 달력을 보는 것도 아니고 24년 동안 쓴 일기를 들춰보는 것도 아닙니다. 텔레비전에서 (또는 다른 어디서든) 날짜가 나오면 저절로 그 날짜로 돌아가서 제가 그날 어디에 있었고 무엇을 했으며 무슨 요일이었는지 따위를 떠올립니다.

이런 상태를 과잉기억증후군hyperthymesia, 곧 과도한 자서전적 기억이라고 한다. 극소수의 사람에게만 나타나는 매우 드문 증상이다.

사람들은 열쇠를 어디에 뒀는지 잘 잊어버리므로 AJ의 능력이 기적처럼 보일 것이다. 하지만 그렇게 감탄할 필요는 없다. 컴퓨터를 이용하면 저장은 비교적 간단히 해결되는 문제다. 인간은 컴퓨터를 발명하자마자 방대한 정보를 효율적으로 저장하는 법부터 배우기 시작했고, 컴퓨터의 저장 용량은 기하급수적으로 증가했다. 이 책을 쓰는 지금도 아마존에서는 1테라바이트짜리 휴대용 저장 기기가 100달러도 안 되는 가격에 팔린다.[3] 껌 한 통 크기의 장치에 이 책 200만 권 또는 노래 20만 곡 혹은 사진 31만 장을 담을 수 있다.

컴퓨터에 이렇게 방대한 양의 정보를 저장할 수 있다면 인간의 뇌에도 그만큼의 정보를 저장할 수 있지 않을까? 과잉기억증후군이 존재한다는 사실로 미루어보면 사람의 뇌는 세세한 정보까지 저장할 능력이 충분하다고 추정된다. 그런데 왜 우리에게는 이런 능력이 없을까?

뇌는 컴퓨터 공학자가 설계한 것이 아니기 때문이다. 뇌는 구체적인 문제를 해결하기 위해 진화했고, 세세한 부분을 기억하는 능력은 진화의 과업을 달성하는 데 별 도움이 되지 않았다. 보르헤스는 이런 특성을 이해했다. 푸네스가 한껏 고양되어 자신의 능력을 설명하면서 경탄했던 표현이 나중에 어떻게 달라지는지 살펴보자.

"태초부터 살다간 그 어떤 인간이 가졌을 기억보다 더 많은 기억이 오직 내게만 있다. (……) 내 꿈은 당신네의 깨어 있는 시간과 같다."

아래에서는 무미건조하게 말한다.

"내 기억은요, 선생, 쓰레기 더미 같습니다."

AJ도 그녀의 "초능력"을 대단한 것으로 여기지 않는다. AJ는 과잉기억증후군을 지독히 부담스러운 증상으로 설명한다.

멈추지도 않고 조절할 수도 없고 아주 지치는 일이에요. 저를 인간 달력이라고 부르는 사람도 있고 겁먹고 피하는 사람도 있지만 제게 이런 "재능"이 있는 것을 안 사람들에게서 돌아오는 반응은 하나예요. 경탄이요. 그러고는 이런저런 날짜를 마구 물으면서 저를 쩔쩔매게 만들려고 해요. 그런데 아직 쩔쩔맨 적은 없어요. 남들은 이런 능력이 재능인 줄 알지만 제게는 한낱 짐이에요. 매일같이 제 일생이 머릿속에 떠올라 미칠 지경이에요!

이런 증상을 겪는 사람이 AJ만은 아니다. 2013년 내셔널 퍼블릭 라디오 NPR에서는 과잉기억증후군 진단을 받은 환자가 55명이고 대부분 우울증을 앓는다고 보도했다.[4]

모든 것을 기억하는 능력이 아주 근사한 재능이 아닐 수 있는 이유를 이해하기 위해 다시 처음으로 돌아가서 우리가 왜 생각하는지 알아보자. 생각은 어떤 문제를 해결하기 위해 진화했을까?

〰️●─●─ 뇌의 용도는 무엇인가?

거의 모든 동물에게는 뇌가 있다. 뉴런은 동물이 다른 생물체로부터 갈라져서 진화한 초기의 적응 형태 중 하나다. 뇌가 온전히 만들어지지 않은 동물에게도 신경계, 곧 정보를 처리하기 위해 작동하는 뉴런 네트워크가 있다. 반면에 식물은 뇌가 없다. 정보를 처리하기 위해 네트워크를 조직하는 세포로 진화한 식물은 없다.

식물과 동물은 여러 가지 면에서 다르지만 동물에게는 정교하게 행동할 능력이 있다는 점에서 식물과 근본적으로 다르다. 말 그대로 동물은 환경에 정교하게 반응할 줄 안다. 식물도 신기할 만큼 복잡하고 흥미롭지만(일본삿갓나물Paris japonica의 게놈은 인간보다 50배나 크다)[5] 정교한 행동을 하지는 못한다. 그래서 나무를 베거나 꽃을 뽑는 것이 어렵지 않은 것이다. 식물은 아무런 반응도 하지 않기 때문이다. 식물은 정교한 행동이 필요하지 않은 진화의 틈새를 파고들었다. 물론 식물의 가장 중요한 적응 형태는 광합성이다. 동물도 가만히 서서 햇빛을 받는 것으로 영양분을 섭취할 수 있었다면 삶이 크게 달라졌을 것이다.

일부 식물은 기초적인 행동을 할 수 있다. 많은 식물이 해를 향해 잎을 돌리고, 일부 식물은 다른 물체에 달라붙어 그것을 지지대로 삼으며, 건드리면 움츠러드는 식물도 있다. "동물처럼" 움직이는 듯 보이는 식물로 흔히 등장하는 예가 육식성의 파리지옥풀Venus flytrap이다.[6] 파리지옥풀은 특정한 필수영양소가 결핍된 토양에서 자란다. 그 영양소를 흡수하기 위해 곤충을 잡아먹는 기능이 발달했다. 파리지옥풀의 사냥법은 자연의 놀라운 과업이다. 귓불 모양의 잎사귀 두 개가 즙을 분비해서 벌레를 유인한 뒤 덮어버린다. 방아쇠 역할을 하는 잎 표면의 털이 자극받는 순간 잎을 덮는 동작이 시작된다. 일련의 기계적 반응과 화학적 반응이 일어나서 귓불 모양의 잎이 닫히고 소화효소가 분비된다.

이런 포식 행위의 기계적인 속성에서 파리지옥풀이 그리 똑똑하지 않다는 것이 드러난다. 진화 과정에서 파리지옥풀은 심각한 오류를 범하지 않기 위한 몇 가지 통제 기능을 발달시켰다. 예를 들어 잎이 닫히려면 방아쇠 털이 짧은 시간 내에 두 번 자극받아야 한다. 그래야 잎 표면으로 기어들어 온 것이 곤충인지 빗방울인지 부스러기인지 구별할 수 있기 때문이다. 그래도 쉽게 속아 넘어간다.

파리지옥풀을 일종의 정보처리 장치로 생각해보자. 환경에서 자극이 전달돼 잎을 닫으라거나 닫지 말라고 말해주는 신호로 변환된다. 신호는 복잡한 기계적 과정에 의해 발생한다. 정보처리가 파리지옥풀 자체의 역학에서 발생한다는 점에 주목하자. 이런 방식을 재배치하거나 변경해서 정보를 다르게 처리하는 것은 어렵다. 파리지옥풀은 잎을 닫는 시기에 관한 괜찮은 규칙을 만들었다. 그러나 진화하면서 규칙을 좀 더 정교하게 발전시킬 방법은 찾아내지 못했다.

앞에서 거의 모든 동물에게 뇌가 있다고 말했다. 예외는 해면이다. 해면이 움직이지 못하는 유일한 동물인 것도 우연이 아니다. 해면은 바다 밑바닥에 고정된 채로 바닷물에서 영양소를 섭취하고 불필요한 물질을 흘려보낸다. 그리 흥미로운 생명체는 아니다(해면은 상관하지 않을지 모르지만).

뉴런과 신경계가 발달하기 시작하면서 동물의 행동은 폭발적으로 복잡해졌다. 이것이 가능했던 이유는 뉴런이 진화 과정에서 갈수록 복잡해지는 정보처리 알고리즘을 설정하는 데 쓰이는 유연한 시스템의 구성 요소가 되어주었기 때문이다.

단순한 형태의 동물인 해파리를 예로 들어보자. 해파리는 동물의 세계에서 신경계가 가장 단순하고 뇌도 없는 종이다. 뉴런이 800개 정도밖에 없지만 파리지옥풀에 비하면 행동이 매우 정교하다. 바닷물 염도에 반응하고 먹잇감에 촉수를 쏘아서 기초적인 사냥을 하며 잡은 먹이를 촉수에서 입으로 가져가고 포식자를 피하기 위한 속임수도 쓸 줄 안다.[7] 그래도 해파리의 능력을 과장하지는 말자. 주로 물에 떠다닐 뿐이다.

뇌의 용량이 조금 더 커지면 마법 같은 일이 벌어진다. 뉴런이 수천 개인 동물은 날거나 움직이는 등의 복잡한 행동을 한다. 뉴런이 수백만 개가 되면 미로를 찾고 새끼들을 위해 보금자리를 만드는 쥐와 같은 동물이 등장한다. 뉴런이 수십억 개에 이르면 교향악과 우주선을 만들 수 있는 인간이 출현한다.

⚡●─●─ 알아채는 뇌

5월과 6월에 보름달이 뜨는 사이, 뉴잉글랜드 해변에 가본 사람이라면 진풍경을 목격했을 것이다. 바로 투구게Limulus polyphemus가 짝짓기를 하는 광경이다. 투구게는 1년 내내 바다에서 살다가 짝짓기를 하고 알을 낳기 위해 수천 마리씩 무리지어 뭍으로 올라온다. 2012년에 자원봉사자들이

델라웨어만 해변에서 하룻밤 사이에 투구게의 짝짓기를 15만 7016회 확인했다.[8]

투구게는 4억 5000만 년에 걸쳐 같은 춤을 추었다. 지구상에 현생인류가 출현한 기간의 2250배에 달하는 기간이다. 투구게가 이렇게 오래 생존한 이유는 무엇일까? 투구게의 능력은 무엇이고 뇌에서 어떤 작용이 일어나기에 이런 능력을 얻었을까?

생리학자 홀던 하틀라인Haldan Hartline은 이 질문을 파고든 연구로 1967년에 노벨상을 받았다. 때로는 평범해 보이는 주변 환경에서 가장 놀라운 과학적 사실이 발견된다. 하틀라인은 미국 동부 해안에서 멀지 않은 펜실베이니아 대학교에 재직 중이었다. 이 덕분에 5월과 6월에 보름달이 뜨는 시기 동안 해변으로 나가 다양한 투구게 표본을 채집해서 연구실로 가져올 수 있었다.

투구게의 뇌는 단순한 편이다. 과학자들은 투구게의 뇌에서 무슨 일이 벌어지는지 명확히 확인했다. 1장에서 보았듯이 뇌는 이해하기 어려운 구조물이다. 인간의 뇌 기능은 대부분 몹시 복잡해서 여전히 풀리지 않는 수수께끼다. 투구게의 뇌는 이보다 단순하기 때문에 뇌 생리학의 훌륭한 연구 대상이고, 이제껏 자연에서 가장 많은 비밀이 밝혀진 신경세나. 투구게의 뇌에는 몇 가지 기능이 있지만 가장 중요한 기능은 시지각visual perception이다. 하틀라인이 주목한 연구 주제이기도 하다.

투구게의 갑각 양쪽에는 겹눈이 하나씩 있다. 눈은 낱눈이라고도 부르는 약 800개의 광감각 세포로 이루어졌다. 빛이 들어오면 낱눈에서 뇌로 빛의 강도를 반영하는 신호를 보낸다. 그러면 투구게의 시각계는 눈으로 들어오는 빛의 강도에 따라 지도를 그린다.

하틀라인의 주요한 발견은 투구게의 뇌에 그려진 지도가 환경에서 들어온 빛의 완벽한 상이 아니라는 점이다.[9] 완벽하다기보다는 빛 강도에 관한 정보가 체계적으로 변화한다. 눈의 한 영역에서 강렬한 신호가 들어오면 부근의 다른 영역에서 들어오는 신호가 약해진다. 이것을 측면억제lateral inhibition라고 한다. 측면억제의 중요한 효과는 시각 입력 정보에 명암을 만들어주는 것이다. 어두운 영역을 배경으로 밝은 영역이 부각된다. 빛이 바래 명암 대비가 사라진 오래된 그림이나 영상을 리마스터링하는 데 쓰이는 신호 처리 알고리즘과 크게 다르지 않은 효과다. 투구게의 경우 측면억제 효과로 빛의 강도에 관한 지도에서 강도가 강한 영역이 주위의 영역에 비해 증폭된다.

하틀라인의 연구는 여러 가지 새로운 질문을 제기했지만 가장 중요한 질문은 투구게가 왜 이런 기능을 발달시켰냐 하는 것이다. 시각 입력의 명암 대비를 부각시키는 능력이 진화에 무슨 도움이 될까?

1982년에 하틀라인의 제자 로버트 발로Robert Barlow가 이끈 연구팀에서 이 질문의 답을 찾기 위한 실험을 실시했다.[10] 진화에서 짝짓기보다 중요한 것은 없다. 발로의 연구에 따르면 투구게의 시각계에서 측면억제는 짝을 찾는 데 중요한 역할을 한다. 연구팀은 모양과 색깔이 제각각인 시멘트 케이스를 만들어 짝짓기 시기에 해변에 내어놓았다. 파리지옥풀처럼 수컷 투구게도 그리 똑똑하지 않았다. 수컷들은 시멘트 케이스와 짝짓기를 하려고 줄기차게 시도했다. 엄밀히 말하면 투구게들은 모양 그리고 모래밭과 대비되는 명암이 암컷과 가장 비슷한 시멘트 케이스에 몰려들어 짝짓기를 시도했다. 즉 수컷 투구게들은 시각으로 짝을 찾고 시각의 도움으로 암컷 투구게와 가장 닮은 대상을 찾아낸다는 뜻이다.

해변으로 기어 올라오는 수컷 투구게를 상상해보라. 녀석의 지상 최대 목표는 최대한 빨리 암컷을 찾는 것이다. 그전까지 투구게는 이런 해변을 본 적이 없다. 게다가 해가 뜨거나 구름이 낄 수도 있고 해초나 유목으로 시야가 가려지는 등 상황이 나빠질 수도 있다. 다른 수컷들도 모두 동일한 목표를 향해 기어 올라오고 설상가상으로 수컷의 수가 암컷보다 압도적으로 많다. 짝짓기하지 않은 암컷을 재빨리 발견하는 것이 번식의 성공과 실패를 가른다. 이제 측면억제 효과가 빛을 발하기 시작한다. 명암 대비가 향상되면서 매혹적이고 어두운 암컷의 껍질이 주위의 어지러운 배경 위로 두드러진다. 이 능력이 가장 뛰어난 수컷이 짝짓기에 성공할 가능성도 가장 높다.

투구게의 눈은 환경에서 들어오는 정보를 처리해 짝을 찾을 가능성을 조금 높여준다. 덕분에 해가 뜨지 않든 해초가 널렸든 환경의 조건에 속아 넘어갈 가능성이 줄어든다. 수컷 투구게는 어떻게든 암컷을 볼 수 있다. 그래도 아주 단순한 속성에 반응하므로 색칠한 시멘트 케이스에 곧잘 속는다. 암컷처럼 생긴 것은 무엇이든 실제 암컷이 아니어도 동일한 속성을 갖는 것이다.

뇌가 커지고 복잡해질수록 뇌에서 일어나는 현상이 환경의 현상에서 더 멀어진다. 쉬운 예로 얼굴 인식을 들어보자. 사람들은 얼굴을 매우 정교하게 인식한다. 알고 보면 이것은 무척 어려운 정보처리 과제다. 사람들의 생김새는 거기서 거기다. 키와 몸집이 비슷하고 눈 두 개, 코 하나, 입 하나가 거의 비슷한 위치에 붙었다. 그런데도 사람들은 조금씩 다른 무수한 얼굴을 구별한다. 더욱이 같은 얼굴을 다양한 조건에서 인식하는 것은 유독 어려운 과제다. 어떤 얼굴은 볼 때마다 다른 방향이거나, 화장을 했거나, 털이 없다가 있거나, 빛이 살짝 다른 위치에서 비쳐서 새로운 그림자를 드리운다. 따라서 뇌가 눈으로 들어오는 감각 입력 정보만으로 얼굴을 인식하려고 하면 실패한다.

얼마 전에 대니 드비토Danny DeVito(영화배우이자 작가, 프로듀서로 여러 영화에서 희극적인 역할을 많이 맡았다-역주)의 고등학교 졸업 앨범에서 그의 사진을 보았다(의외로 잘생겼다).[11] 그 사진의 놀라운 점은 누가 봐도 대니 드비토의 사진이라는 것이다. 대니 드비토의 졸업 사진을 최근 사진과 나란히 놓고 보면 시각적으로는 두 인물 사이의 비슷한 점을 찾기 어렵다. 하지만 우리는 둘 다 같은 사람이라는 것을 안다. 어떻게 된 일일까?

뇌가 얼굴을 지각하는 체계는 무척 정교하다.[12] 그래서 어느 쪽으로 본 얼굴에나 있는 공통점, 곧 한 사람의 얼굴을 다른 사람과 구별해주는 속성을 찾을 수 있다. 대니 드비토의 얼굴에 흉터 같은 남다른 특징이 있었다면 알아보기가 더 쉬웠을 것이다. 웬만한 크기의 흉터는 조명이나 화장과 무관하게 모든 각도에서 잘 보인다. 하지만 대니 드비토에게는 흉터가 없으므로 우리의 얼굴 지각 체계는 대니 드비토를 대니 드비토로 보이게 만드는 추상적인 속성에 기댄다. 예를 들어 이목구비의 상대적인 위치는 얼굴을 지각하는 데 쓰이는 중요한 요소다. 우리는 눈과 눈 사이의 거리 혹은 입과 코와 눈의 상대적 위치가 조금만 달라도 같은 사람이 아니라는 것을 알아챈다.[13]

얼굴 지각에 관한 사실은 다른 모든 지각에도 해당된다. 똑똑해지려면 지각되는 정보의 홍수에서 깊이 있는 정보를 뽑아내는 능력이 중요하다. 크고 정교한 뇌를 가진 동물일수록 주위의 빛과 소리와 냄새에만 반응하는 것이 아니라 세계의 깊고 추상적인 속성에 반응한다. 새로운 상황에서도 놀랍도록 미묘하고 복잡한 유사점과 차이점을 감지하기 때문에 처음 겪는 상황에서도 능숙하게 행동한다.

깊고 추상적인 정보가 유용한 이유는 복잡한 가능성이 나열된 가운데 관심 있는 대상을 발견하도록 돕기 때문이다. 가령 우리는 추상적인 정보로 귀에 익은 선율을 인지한다. 브람스의 자장가를 들어본 적이 있다면 어떤 조調나 악기로 연주하든 몇 군데 실수가 있더라도 무슨 곡인지 알아듣는다. 과거에 그 선율을 들었던 구체적인 사건을 기억하기 때문은 아니다. 좀 더 추상적인 무엇이 작용한 것이다. 우리는 항상 추상적인 정보에 의존해서 무엇을 인식하면서도 그러는 줄은 의식하지 못한다.

∿ ◆ ◆ 푸네스의 저주

뛰어난 통찰력을 가졌던 보르헤스는 마음이 가장 잘하는 작업인 추상화와 모든 것을 기억하는 능력이 충돌한다는 점을 간파했다. 푸네스는 그의 마음을 쓰레기 더미 같다고 말한다. 마음에 쓰레기가 가득 차서 네 발 달리고 털 난 짐승은 모두 동물이라고 일반화하지 못한다.

그에게는 일반적이고 플라톤적인 개념을 이해하는 능력이 거의 없다는 사실을 잊지 말자. 그는 "개"라는 통칭이 크기와 모양이 제각각인 수많은 개체를 아우른다는 개념을 제대로 이해하지 못할 뿐 아니라, 3시 14분의 개(측면에서 본)가 3시 15분의 개(정면에서 본)와 이름이 같다는 사실에 괴로워했다.

대다수 사람이 과잉기억증후군이 아닌 이유는 이것이 성공적인 진화를 가로막기 때문이다. 마음은 가장 유용한 대상을 선별하고 나머지는 잊어버리는 방식으로 행동을 선택하느라 여념이 없다. 모든 것을 기억하면 더욱 깊은 원리에 집중해서 새로운 상황이 과거의 상황과 어떻게 비슷하고 어떤 행동이 효과적인지 알아채는 데 방해가 될 뿐이다.

마음이 무엇을 위해 적응하는지에 관한 이론은 충분히 나왔다. 에드거 라이스 버로스Edgar Rice Burroughs는 추론 능력(그리고 면도하는 능력)으로 타잔과 다른 유인원을 구별했다. 마음이 언어를 사용하도록 진화했다는 이론도 있고 사회적 소통, 사냥, 수렵, 채집, 항해, 변화하는 환경에 적응하도록 진화했다는 이론도 있다. 우리는 이런 이론에 반박하지 않는다. 사실 마음은 이런 것보다 일반적인 무엇, 모두를 포괄하는 무엇을 수행하도록 진화했으므로 모두 맞는 말이다. 한마디로 마음은 효과적으로 행동하는 능력을 갖추는 방향으로 진화했다. 생각하는 존재는 단기적으로든 장기적으로든 이익이 되는 행동을 선택할 가능성이 높으므로 다른 경쟁자들보다 오래 살아남을 가능성 또한 높다. 이것은 우리가 생각의 형태를 어떻게 이해해야 하는지에 관해 논의할 때 중요한 의미를 갖는다.

뇌는 복잡해질수록 환경에서 발견되는 깊고 추상적인 단서에 잘 반응하고 그로 인해 새로운 상황에 더욱 잘 적응한다. 지식의 착각을 이해하는 과정에서 중요한 사실은 바로 이것이다. 세부 정보를 기억하는 능력은 유능하게 행동할 때 불필요한 경우가 많다. 사실 인간에게 필요한 것은 큰 그림뿐이다. 과잉기억증후군 환자와 기억의 천재 푸네스처럼 세세한 정보를 모두 저장하는 능력은 방해만 된다.

인간이 만약 효과적인 행동을 선택하는 능력이 아니라 다른 능력이 유리한 환경에서 진화했다면 마음은 지금과 다른 논리를 따를 것이다. 가령 인간이 확률 게임에 보상을 걸고 도박하는 세계에서 진화했다면 마음은 확률 분포와 통계 법칙을 완벽하게 추론해냈을 것이다. 또한 인간이 연역적 추론으로 보상받는 세계에서 진화했다면 누구나 〈스타트렉Startrek〉 (1966)의 스파크처럼 능숙하게 연역적 결론을 도출했을 것이다. 그러나 대다수는 어느 쪽에도 능숙하지 않다. 우리는 행동의 논리가 지배하는 세계에서 진화했고, 이런 유형의 사고는 우리를 인간답게 만들어주는 중요한 요인이다. 다음 장에서는 행동의 논리가 무엇이고 다른 유형의 논리와 어떻게 다른지 자세히 알아보겠다.

chapter. THREE

우리는 어떻게 생각하는가?

우리 저자들 중 하나인 스티브에게는 캐시라는 개가 있다. 캐시와 주인 사이에는 공통점이 많다. 그중 하나가 음식에 대한 태도다. 식사 시간이 가까워지면 둘 다 배가 고파 죽을 지경이 된다. 캐시는 저녁 시간이 다가오면 밥그릇 옆에서 먹이를 기다린다. 좋은 전략은 아니다. 어쨌든 그곳은 거의 매일 저녁 먹이가 나오는 자리고 누군가 캐시를 보면 먹이를 준다. 문제는 아무도 주방에 들어오지 않을 때다. 캐시가 밥그릇 옆에 있는 것을 누구도 못 본다면 캐시의 식사 시간을 기억하는 사람이 나올 때까지 밥을 얻어먹지 못한다.

캐시의 주인은 캐시보다는 조금 똑똑하다. 음식이 나오는 장소로 가지 않고 음식을 주는 사람에게 간다. 스티브는 식사 시간이 다가오면 식사 준비를 맡은 아내 옆에서 얼쩡거린다. 결국 스티브의 아내는 남편을 떼어놓기 위해 식사를 준비하기 시작한다. 주방에 누가 있든 없든 통하는 방법이다. 아내만 있다면 언제든 밥을 얻어먹을 수 있다. 그래도 완벽한 방법은 아니다. 아내가 멀리 외출했거나 스티브의 의존적인 행동에 짜증을 낸다면 통하지 않는다.

캐시는 머릿속으로 식사와 밥그릇의 위치를 연결하고 그에 따라 행동한다. 하지만 캐시의 주인은 좀 더 복잡하게 행동한다. 스티브는 음식을 먹게 해주는 원인(아내)을 찾아서 상대에게 집중하는 전략을 짠다. 캐시는 결과(음식이 담긴 밥그릇)를 목표로 삼은 탓에 가끔 굶을 때도 있다. 결과보다 원인에 집중하는 방법이 많은 문제를 해결하기 위한 효과적인 전략이다. 어떤 병의 증상이 나타난다면 증상(결과)보다는 질병(원인)을 치료하는 편이 낫다. 사회 전체가 굶주리기를 바라지 않는다면 사람들에게 음식을 주기보다 스스로 먹고살 방법을 마련해주는 것이 더 큰 효과를 낸다.

어쩌면 우리가 캐시에게 지나치게 깐깐하게 구는지도 모른다. 심리학은 수십 년 동안 러시아의 생리학자 이반 파블로프Ivan Pavlov의 뒤를 따랐다. 19세기 후반 파블로프는 유명한 실험을 통해 동물이 종소리를 음식 같은 임의의 자극과 연결한다는 사실을 보여주었다.[1] 파블로프는 개들이 먹이가 입에 들어가기도 전에 침 흘리는 것을 발견했다(인간도 그렇다). 그래서 침샘 분비량(쉽게 말해 개가 침을 얼마나 흘리는지)으로 개가 먹이를 얼마나 기대하는지 측정했다. 파블로프는 종을 울리고 나서 규칙적으로 개에게 먹이를 주었다. 그러자 나중에 개는 종소리만 듣고도 침을 흘렸다. 파블로프는 개가 소리와 먹이를 연결해서 종소리가 먹이에 대한 반응과 유사한 반응을 유발했다고 주장했다. 종소리는 임의의 자극이었다. 개가 지각할 수만 있다면 어떤 소리든 상관없다. 그러나 먹이는 임의의 자극이 아니었다. 파블로프가 자극으로 먹이를 선택한 이유는 개가 원하는 자극이기 때문이다. 다만 파블로프는 개의 기억에 종소리에 대한 사전 연상은 없을 것이라고 가정했다. 따라서 두 가지의 연결은 임의적이었다. 과학계는 파블로프를 신뢰했다. 그는 1904년에 노벨상을 수상했고, 파블로프의 연상이론은 20세기 전반에 심리학을 지배한 행동주의 학파의 초석이 되었다.

1950년대에 심리학자 존 가르시아John Garcia는 임의의 연상을 학습할 수 있다는 주장에서 허점을 찾기 시작했다.[2] 가르시아는 쥐에게 여러 가지 짝 자극을 주었다. 첫 번째 단계에서는 시끄러운 소음을 들려주고 번쩍거리는 불빛을 보여주고 이상한 단맛이 나는 물을 주었다. 그다음 단계에서는 전기 충격을 주거나 (화학약품을 탄 물을 주어) 복통을 일으켰다. 쥐는 시끄러운 소음과 번쩍이는 불빛을 전기 충격과 연결하고 단맛이 나는 물과 복통을 연결하는 법을 간단히 학습했다. 그러나 다른 연상은 학습하지 못했다. 이를테면 시끄럽고 번쩍이는 불빛과 복통을 연결하거나 단맛 나는 물과 전기 충격을 연결하지는 못했다.

번쩍이는 불빛을 일으키는 기제는 전기 충격을 일으키는 기제와 같다.

마찬가지로 첨가제—단맛이 난다고 해도—가 든 물을 마시는 것은 복통의 원인이다. 이런 짝 연결에는 모두 인과관계가 있다. 서로 엇갈리게 연결하면 인과관계가 성립하지 않는다. 단맛 나는 물이 전기 충격을 일으키거나 번쩍이는 불빛이 복통을 일으키는 과정을 생각하기는 어렵다. 쥐는 인과관계가 성립되는 연상은 학습할 수 있지만 임의의 연상은 학습하지 못했다. 가르시아의 연구는 쥐가 태생적으로 임의의 연결이 아니라 인과적으로 의미 있는 연결을 학습할 수 있다고 밝혔다. 쥐조차도 단순한 인과관계를 추론하는 능력으로 병의 원인을 탐색하는 것이다.

쥐가 인과관계를 파악할 줄 알고 단순한 연상에만 의지해 행동을 결정하지 않는다면 개도 마찬가지일 것이다. 파블로프의 연상은 임의로 연결된 자극의 짝이 아니라 인과관계가 성립할 가능성이 있는 짝에서만 발생한다. 그러니 캐시의 인지 능력을 얕본 것에 미안한 마음이 든다. 우리는 인과관계를 알아채는 개의 능력을 높이 산다. 그리고 인과관계를 파악하는 인간의 인지 능력은 더 높이 산다.

⚡─●─●─ 인간의 추론은 인과관계를 따른다

인간은 지구상에서 인과관계를 추론하는 능력이 가장 뛰어난 존재다. 우리는 성냥을 거친 표면에 긋거나, 비가 오는데 우산 없이 나가거나, 예민

한 동료에게 괜한 말을 건네면 무슨 일이 벌어질지 쉽게 예측한다. 모두 인과적 추론이 필요한 상황이다. 각 상황에서 우리는 어떤 상태의 세계를 상상하고 그 상태를 변화시키는 메커니즘의 작용을 상상한다. 첫 번째 상황에서는 성냥과 거친 표면을 떠올리고, 성냥을 거친 표면에 대고 긋는 메커니즘을 떠올린다. 우리는 이런 메커니즘을 충분히 이해하므로 불꽃이 생기고 불꽃이 일어 성냥의 인화성 물질에 불이 붙는다는 것을 안다. 두 번째 상황에서는 우리가 안에 있고 밖에 비가 온다고 상상한다. 그다음 우리에게 떨어지는 물방울로 이루어진 메커니즘을 상상한다. 그리고 이 메커니즘을 충분히 이해하므로 옷과 머리에 물방울의 일부가 스며들고 나머지는 살갗으로 떨어진다는 것을 안다. 한마디로 몸이 젖을 것을 예측한다. 인과관계에 관한 지식—메커니즘이 어떻게 작동하는지에 관한 지식—이 있는 우리에게 예측하는 과정은 단순해 보이지만 사실 무수한 절차에 익숙해져야 가능하다. 가령 성냥을 거친 표면에 긋고, 빗물에 젖은 차가운 몸을 묵직한 담요로 덮고, 아이에게 소리를 지르고, 전자 제품의 전원 버튼을 누르고, 야구공으로 창문을 깨고, 식물에 물을 주고, 자동차의 액셀러레이터를 밟는 따위의 다양한 메커니즘에 익숙해져야 한다. 실제로 우리는 결과를 일으키는 방대한 양의 메커니즘에 익숙하다.

단지 익숙하기만 한 것이 아니다. 메커니즘이 **어떻게** 작동하는지 이해한다. 성냥이나 성냥을 그을 표면이 젖었거나 성냥을 너무 살짝 긋거나 너무 세게 그으면 불꽃이 일지 않는 것을 안다. 비옷을 입거나 빗물이 몸에 닿자마자 마를 정도로 비가 오는 둥 마는 둥 하면 빗속에서도 몸이 젖지 않는 것을 안다. 우리는 익숙한 메커니즘마다 그 메커니즘이 어떻게 작동하는지 충분히 이해한다. 따라서 무엇이 맞아떨어져 어떤 메커니즘으로 예상되는 결과가 나오고(아이는 상대가 장난이 아니라 진짜로 화가 나서 고함을 지른다고 지각할 때만 운다), 무엇이 틀려 예상되는 결과가 나오지 않는지 안다(아이에게 소리가 들리지 않을 만큼 멀리서 고함을 지르면 아이는 울지 않는다).

그런데 우리가 자연스럽게 받아들이지 못하는 추론 유형이 있다. 가령 8743의 세제곱근을 구하기는 어렵다. 양자역학을 추론하는 것도 어렵다. 다음번에 네바다주 리노에서 도박할 때의 승률을 예측하는 것도 어렵다. 리노가 로스앤젤레스의 동쪽인지 서쪽인지 알아내는 것은 더 어렵다(찾아보면 의외의 답을 얻을 것이다). 모든 것을 잘할 수는 없다. 우리는 세상이 어떻게 작동하는지를 추론하는 능력이 뛰어나다. 인간은 인과관계를 추론하는 능력을 타고났고, 공교롭게도 쥐 역시 우리와 마찬가지다. 우리가 세상을 돌아다니며 살아가도록 진화한 동물이라면 어떤 능력이 더 쓸모 있을까?

앞 장에서 생각의 목적은 현재 상황에서 가장 효과적인 행위를 선택하는 것이라고 보았다. 그러려면 모든 상황에 항상 존재하는 심오한 속성을 이해해야 한다. 인간이 다른 동물과 구별되는 이유는 이런 심오하고 불변하는 속성을 파악할 수 있어서다. 어떤 사람이 뇌진탕을 일으켰는지 전염병에 걸렸는지를 구분하거나 지금이 자동차 타이어에 공기를 주입할 때인지를 알아채려면 인간만의 고유한 재능이 있어야 한다.

지금까지는 비교적 단순한 예를 살펴보았다. 우리는 사람들이 전쟁의 결과나 어떤 기관의 새로운 건강 계획 효과를 예측하는 능력 또는 변기가 어떻게 작동하는지 이해하는 능력이 뛰어나다고 말하지 않았다. 인간은 다른 유형의 추론보다 인과관계 추론에 뛰어나지만 설명 깊이의 착각에서도 나타나듯 한 개인의 추론 능력에는 한계가 있다.

인과관계 추론은 인과적 메커니즘에 대한 지식으로 변화를 이해하려는 시도다. 인과관계 메커니즘에 따라 원인에서 결과가 도출되는 과정을 추론하면 앞으로 무슨 일이 벌어질지 추측하는 데 도움이 된다. 이제부터는 사람들이 인과관계로 추론하려는 성향을 증명하는 증거를 소개하겠다. 아래의 문제를 살펴보자.

어느 로비스트가 의원에게 이렇게 말했다. "제 법안을 지지해주시면 1년간 자금을 모금하지 않으셔도 됩니다." 이후 몇 달간 의회에서 이 법안에 대한 설전이 오가는 사이 해당 의원은 약속대로 법안을 강력히 지지했다. 자, 이 의원은 한 해 동안 자금 모금에 시간을 얼마나 투자했을까?

어려운 문제가 아니다. 의원은 모금하러 돌아다니지 않고 로비스트의 돈으로 느긋하게 고급 스카치위스키를 홀짝이고 시가를 피웠을 가능성이 높다. 이 문제가 어렵지 않은 이유는 인간이 추론하는 기계이기 때문이다. 우리는 직접 듣지도 않고 보지도 않은 온갖 일들을 추론한다. 로비스트의 사례는 긍정 논법modus ponens이라는 논리 양식이다.[3] 추상적으로는 아래의 형식을 취한다.

A라면 B다.

A다.

그러므로 B다.

누가 여기에 반박할 수 있겠는가? A가 B를 암시하는 상황에서 A가 존재한다면 B도 존재한다. 같은 말을 두 번 하는 것처럼 들리기까지 한다. 그렇다고 옳다는 뜻은 전혀 아니다. 이 사례의 의원은 법안은 지지하면서도 자금을 제공하겠다는 로비스트의 제안은 받아들이지 않았을 수도 있다. 또 로비스트가 거짓말을 했을 수도 있다. 긍정 논법 같은 논리 양식은 추상적으로는 당연해 보이지만 구체적으로 들어가면 인과관계를 고려해야 하므로 생각보다 당연해 보이지 않을 수 있다.

많은 논리 양식이 전혀 당연해 보이지 않고 논리적이지 않은 일부 주장은 논리적으로 보인다. 아래의 예를 보자.

내 속옷이 파란색이면 양말은 분명 초록색이다.

양말이 실제로 초록색이다.

그러므로 내 속옷은 파란색이다.

타당한 추론일까? 대다수 사람이 타당하다고 생각하지만 교과서에서 배운 가장 기본적인 논리(명제 논리)의 관점으로 보면 전혀 타당하지 않다.

이것을 후건 긍정의 오류fallacy of affirming the consequent라고 한다.

이번에는 어떤 진술이 참인지 거짓인지만이 아니라 원인과 결과에 관한 주장을 살펴보자.

나는 하수도에 빠지면 샤워를 해야 한다.
나는 샤워를 했다.
그러므로 나는 하수도에 빠졌다.

이런 논리에 속는 사람은 드물다. 샤워를 했다는 사실에는 하수구에 빠졌다는 의미가 없다. 샤워를 한 이유에는 여러 가지가 있다. 첫 번째 진술에는 인과관계가 있다. 하수도에 빠지는 것은 샤워라는 행동의 원인이다. 인과관계로 추론할 때는 모든 상황을 고려해야 한다. 그러려면 진지하고 복잡한 정신 작용이 일어나야 한다. 하수도에 빠지는 것이 샤워를 하는 원인이 될 수 있지만 그 역은 성립하지 않는다는 점을 이해해야 한다. 다른 이유로 샤워할 가능성을 고려하고 그 이유의 타당성을 평가해야 한다. 그리고 통찰을 질문의 답으로 변환해야 한다. 이 모든 과정이 단 몇 초 만에 일어난다. 인간은 이처럼 인과관계를 추론하는 능력을 타고났다.

인간은 컴퓨터와 같은 원리로 작동하는 논리적 장치가 아니다. 우리는 항상 추론하지만 명제 논리가 아닌 인과 논리에 기반을 둔다.

인간이 (파블로프의 믿음처럼) 연상으로만 사고하지 않듯이 논리적 연역으로만 추론하는 것도 아니다. 인간은 세상의 작동 원리를 추론하는 방식으로 추론한다. 원인에서 결과가 나오는 과정, 결과를 무효화하거나 가로막는 요인, 원인이 영향을 미치기 위해 필요한 요인을 생각한다. 어떤 진술이 참인지 거짓인지 가려주는 **명제 논리로 사고하기보다는 사건**이 실제로 어떻게 일어나서 어떤 과정을 거쳐 결과에 이르는지에 관한 지식을 통합하는 **인과 논리**로 사고하는 것이다.

우리는 인과적 추론 능력 덕분에 현실의 갖가지 문제를 해결한다. 깊은 골짜기나 강 위에 다리를 놓는 것은 인과관계 추론의 결과다. 교량 설계자는 안전한 다리를 만들기 위해 자동차나 트럭처럼 무거운 차량을 견딜 수 있는 중량 지지 메커니즘을 추론해야 한다. 탈것에 바퀴를 달아 이동하게 만들려면 다른 유형의 인과관계 메커니즘을 추론해야 한다. 다리나 바퀴를 고안하는 능력은 실제로 다리와 바퀴를 만드는 데 필요하다. 그 덕분에 인류는 영토를 확장하고, 포식자를 피하고, 부족한 자원을 두고 싸우는 진화의 경쟁에서 살아남았다.

먼 미래를 내다보는 능력도 일종의 인과관계 추론이다. 장기간에 걸쳐 세계의 상태에 영향을 미치는 메커니즘을 생각하는 능력이다. 장기적인 계획을 세우려면 인생의 몇 년을 학습에 쓰겠다는 동기가 있어야 한다. 학습은 여러 해가 지난 뒤에야 가치를 드러내는 기술을 익히는 과정이다. 카약을 만드는 정교한 기술을 학습하려면 몇 년씩 걸린다. 하지만 카약을 타는 사회에서 언젠가 카약 건조 기술이 필요할 것이라는 점을 이해하지 못한다면 아무도 카약 만드는 법을 배우는 데 시간을 투자하지 않을 것이다. 사실 이런 기술을 학습해야 지금 카약을 만드는 세대가 마지막 노를 저은 뒤에도 사회가 지속되고 발전한다. 시간을 들여 유용한 기법이나 기술을 학습하는 노력은 사회적 변화를 지배하는 인과관계 메커니즘을 추론해서 먼 미래를 내다볼 때만 의미가 있다.

인간은 물리적 대상이나 사회적 변화에 대처할 때만이 아니라 심리적 문제에 부딪힐 때도 인과관계 분석력이 뛰어나다.[4] 누군가—배우자라고 하자—당신에게 갑자기 말을 하지 않는다고 가정해보자. 당신에게는 이제 해결할 문제가 생겼다. 인과관계를 생각해서 문제를 발견하고 해결책을 찾아야 한다.

문제를 확인하려면 인간의 반응과 정서의 인과관계부터 추론해야 한다. 누군가가 당신을 부정적으로 대하는 이유는 무엇인가? 당신이 그 사람에게 모욕감을 주었나? 그 사람이 예전에 잘못한 어떤 일을 당신이 상기시켰나? 당신이 그 사람의 도덕성을 공격했나? 물리적 대상과 마찬가지로 인과관계를 세심히 분석해야 한다. 인간의 생각과 동기를 이해하고, 생각과 동기에서 행동으로 넘어가는 과정을 이해해야 한다. 당신이 어떤 사람을 화나게 만든 이유를 알아보려면 그 사람이 어떻게 생각하는지 알아야 한다. 예를 들어 그 사람은 당신의 과거에 대해 무엇을 아는가? 그 사람이 중시하는 도덕적 가치는 무엇인가? 그 사람의 욕구는 무엇인가? 그 사람이 민감하게 받아들이는 문제는 무엇인가? 그 사람이 당신에게 갑자기 말하지 않는 것으로 얻으려는 것은 무엇인가? 한마디로 그 사람이 보이는 행동 이면의 의도를 찾아내 그 사람이 얻으려는 결과를 알아내야 한다. 이것들은 우리가 모든 사회적 만남에서 수행하는 인과관계 분석이고 대다수 사람이 과도하게 잘하는 것이다.

문제를 해결하려면 어떻게 해야 할지 알아볼 때도 인과관계를 추론해야 한다. 다양한 행위는 어떤 결과로 이어지는가? 상대를 위로하면 기분은 풀어줄 수 있어도 자신의 죄책감을 인정하는 것처럼 보여서 상대에게 관계의 우위를 넘겨줄 수도 있다. 그렇다고 맞서 싸우면 우위는 지킬지 모르지만 관계가 끝나버리거나 적어도 한동안은 불편할 수 있다. 나의 행동이 타인에게 미치는 영향을 예측하는 것은 어려울 때도 있지만 이것은 사람들이 늘 하는 일이고 대개는 잘 해낸다. 간단한 일을 정중히 부탁하면 보통 승낙이 떨어지고 농담을 건네면 너그러운 미소가 돌아온다(경험상 그렇다). 사람들은 물리적 대상뿐 아니라 인간의 행동을 분석하고 예측하는 인과관계 추론에 능하다.

⋙━◈━◈━ 순서대로 추론하기와 거꾸로 추론하기

인과관계 추론은 인식의 기본으로 마음의 기능 대부분을 차지한다. 하지만 인과관계 추론의 모든 측면이 똑같이 쉬운 것은 아니다. 순서대로 추론하기는 원인에서 결과로 이어지는 과정을 생각하는 방법이다. 우리는 순서대로 추론해서 미래를 예측한다. 곧 오늘의 사건이 내일의 사건을 유발하는 과정을 예측하는 것이다. 나아가 세상이 어떻게 작동하는지도 파악한다. 예를 들어 버튼 몇 개를 누르면 새로 산 시계에서 알람을 설정하는 방법을 알아낼 수 있다. 앞서 소개한 <u>긍정 논법</u> 사례는 순서대로 추론하기를 따른다. 앞에서 우리는 여러분에게 순서대로 추론하기를 통해 어느 의원의 행동을 보고 의원이 기금 모금 활동에 시간을 낼지 추론하라고 했다.

반면에 거꾸로 추론하기는 결과에서 원인을 유추하는 방법이다.[5] 의사는 이 방법으로 증상의 원인을 진단하고, 정비공은 자동차에서 고장의 원인을 찾아낸다. 인과관계를 거꾸로 추론하는 방법에서는 대개 설명을 통해 어떤 일이 벌어진 과정을 파악한다. 순서대로 추론하는 방법이 결과에서 원인을 진단하는 것보다 수월하다. 예를 들어 소화기 궤양이 있는 사람이 복통을 일으킬 것이라고 예측하는 편이 쉽지, 복통을 앓는 사람에게 소화기 궤양이 의심된다고 진단을 내리기는 어렵다. 거꾸로 추론하기는 순서대로 추론하기보다 시간도 오래 걸린다. 결과에서 원인을 추론하는 것은 어렵기는 해도 인간을 특별하게 만들어주는 능력이다. 물론 인간 이외의 다른 유기체에게도 이미 일어난 사건의 원인을 알아내는 능력이 있거나 관심이 있는지는 알 수 없다.

순서대로 추론하려면 머릿속으로 시연해야 한다. 내가 당신에게 오믈렛을 만드는 데 얼마나 걸릴 것 같으냐고 물으면 당신은 머릿속으로 오믈렛이 완성되기까지의 과정을 상상하고 각 단계에서 시간이 얼마나 걸리는지 추정해서 모두 더할 수 있다. 러시아와 전쟁을 일으키면 어떤 결과가 나올지 예측할 때는 대륙 간 탄도 미사일이 날아가고 레이더망에 포착되어 다시 다른 대륙 간 탄도 미사일이 발사되는 과정을 머릿속에 그릴 수 있다. 그러나 결과에서 원인을 추론해 진단하는 것은 쉽지 않다. 러시아와의 전쟁이 발발한 후 전쟁이 일어난 원인을 파악하려 한다면 여러 원인을 추려내고 각 원인에서 실제로 벌어진 사건을 예측할 수 있는 정도를 평가할 방법이 필요하다.

역설적으로 우리가 진단보다 예측에 뛰어나다는 점에서 진단으로 추론할 때는 생기지 않던 오류가 예측으로 추론할 때는 생길 수 있다.[6] 가령 당신이 의료계 종사자이고 아래와 같은 요청을 받았다고 해보자.

Y 씨는 우울증 진단을 받은 32세 여성입니다. 이 환자가 무기력 상태를 나타낼 가능성을 알려주십시오.

32세 여성이고 우울증에 걸렸다는 사실 외에는 아무것도 모른다고 할 때 무기력 상태를 나타낼 가능성은 얼마나 될까? 관련 통계 수치를 모른다면(모르는 사람이 많다) 답하기 어려운 질문이다. 하지만 당신이 아는 것이 있다. 이를테면 이 여성이 무기력할 가능성은 다른 의학적 이유가 없다면 조금 낮아진다. 이어서 아래와 같은 사례를 받았다고 해보자.

Y 씨는 우울증 진단을 받은 32세 여성입니다. **정밀 검사에서 무기력 상태를 일으킬 만한 다른 질병이나 정신 질환은 진단받지 않았습니다.** 이 환자가 무기력 상태를 나타날 가능성을 알려주십시오.

이제 적어도 이 환자가 무기력에 빠질 것이라고 예상할 만한 이유는 조금 줄어들었다.

그러나 사람들은 이런 식으로 생각하지 않는다. 대부분 두 번째 질문에서 굵은 글씨로 된 부분을 무시한다. 우리는 하버드 대학교에서 후원하는 워크숍에 참석한 의료인들에게 위의 두 질문을 제시했다. 여러 집단에서 똑같은 답변이 나왔다. 사람들이 굵은 글씨로 된 부분을 무시하는 이유는 대개 원인을 전제로 결과가 나올 가능성을 생각할 때 대안이 될 만한 다른 원인을 고려하지 않기 때문이다. 젊고 우울증에 걸린 여성을 떠올리고 머릿속의 그림을 보면서 그 환자가 무기력에 빠질지 알아볼 뿐이다. 이런 머릿속 그림에는 이 여성이 다른 이유로 기운이 없거나 피곤해하거나 무기력한지를 표시할 공간이 없다.

그런데 놀랍게도 진단 방식의 추론에는 이런 제약이 없다. 우리는 같은 워크숍에서 여러 집단에 아래의 질문을 제시했다.

Y 씨는 무기력 상태를 보이는 32세 여성입니다. 이 환자가 우울증 진단을 받을 가능성을 알려주십시오.

앞의 질문을 뒤집었다. 원인을 전제로 결과의 가능성을 묻지 않고 결과를 전제로 원인의 가능성을 물었다. 두 번째 질문은 아래와 같다.

Y 씨는 무기력 상태를 보이는 32세 여성입니다. **정밀 검사에서 무기력을 일으킬 만한 다른 질병이나 정신질환을 진단받지 않았다고 할 때 이 환자가 우울증을 진단받을 가능성을 알려주십시오.**

굵은 글씨로 된 문장은 Y 씨가 무기력에 빠질 다른 원인이 없다고 설명한다. 다른 원인이 없으니 더욱 수준 높은 판단력을 발휘해야 한다. A는 B의 원인이고 B가 이미 발생했다는 사실을 안다면 그리고 A가 참일 확률이 얼마인지 물을 때 다른 요인이 B를 일으키지 않는다는 사실을 안다면 A가 참일 확률이 높다고 답할 것이다. 사실 모든 사건에 원인이 있다고 믿는다면(대다수 사람이 그렇다) A가 B의 유일한 원인이므로 A는 분명 참이다.

의료 전문가들이 우리에게 답한 결과도 그랬다. 다른 원인이 없다고 밝히면 다른 원인에 대한 언급을 하지 않았을 때보다 Y 씨가 우울증일 확률이 높다고 판단했다. 우리 연구의 참가자들은 결과에서 원인으로 진단하는 방식으로 추론할 때는 다른 원인을 무시하지 않았다.

흔히 원인에서 결과를 추론할 때 대안이 되는 원인을 무시하는 이유는 머릿속으로 시연할 여지가 없을 뿐 아니라 결과에서 원인으로 시간을 거슬러 올라가면서 시연하지 못하기 때문이다.

우리는 진단 추론에 뛰어나지는 않지만 바로 이 능력 덕분에 인간다워진다. 다른 동물도 진단 추론을 한다는 증거는 거의 없다. 동물도 환경에 아주 정교한 방식으로 반응하고 앞서 보았듯이 쥐도 인과관계에 민감하게 반응하지만 결과에서 원인을 추론하는 동물은 없다.[7]

우리의 주장이 틀렸으며 동물도 진단 추론을 한다고 내세우는 가장 강력한 증거는 흔히 예상하는 것과는 달리 침팬지나 보노보(침팬지보다 유전적으로 인간과 더 가까운 동물)나 돌고래(지능이 인간보다 높고 지구를 지배할 기회를 참을성 있게 노리는 것으로 알려진 동물) 등의 동물 실험에서 나오지 않았다. 가장 인상적인 추론 능력을 보여준 동물은 까마귀다.

한 연구에서는 뉴칼레도니아 까마귀 여섯 마리에게 맛있는 고기 조각이 든 투명한 관을 보여주었다. 연구자들은 관에 구멍을 뚫어 고기 조각을 꺼내려면 도구를 이용해서 밀거나 당겨 구멍을 피해 꺼내도록 만들었다. 여섯 마리 중 세 마리는 관에서 고기 조각을 꺼내는 방법을 알아냈을 뿐 아니라 이 문제의 인과관계 메커니즘을 진단하는 방식으로 추론하는 듯 보였다. 까마귀는 다른 위치에 구멍이 난 관에서도 고기 조각을 꺼내 먹었다. 인간 이외의 동물이 실험실에서 보이지 않는 행동이라는 점에서 매우 놀라운 결과다. 침팬지도 못하는 행동이다. 그러나 인간만의 정교하고 추상적인 추론에 비하면 미미한 수준이다. 어떤 까마귀도 아픈 아이에게서 (혹은 아픈 까마귀에게서) 염색체 이상을 진단한 적이 없다. 따라서 인간만이 진정한 진단 추론—결과에서 원인으로 인과관계를 추론하는 방식—을 한

다는 가설은 여전히 깨지지 않는다. 그래도 까마귀가 상당히 인상적인 동물이기는 하다.[8]

⫷⫸─●─●─ 이야기하기

인과관계 분석은 다양한 형식으로 나타난다. 새 커피머신의 작동법을 알려면 인과관계를 분석해야 하고 구멍 난 스웨터를 꿰매거나 무릎 관절염을 치료하는 방법을 알아낼 때도 인과관계를 분석해야 한다. 사회는 인과관계 분석에 관한 정보를 다채로운 방식으로 교환한다. 구매자가 조립해야 하는 가전제품을 판매할 때는 조립 설명서를 끼워주고, 식기세척기를 수리하는 방법에 관한 동영상을 유튜브에 올린다.

인과관계 정보를 공유하는 가장 일반적인 방법은 이야기로 전달하는 방법이다.[9] 어느 가게의 주인이 가게에 와보니 누군가 창문에 모욕적인 낙서를 잔뜩 해놓은 것을 보았다는 유태인의 옛날이야기를 생각해보자. 가게 주인은 창문을 닦았지만 이튿날 또 낙서가 있었다. 주인은 꾀를 냈다. 셋째 날에는 동네 깡패들이 나타나서 낙서를 할 때까지 기다렸다가 그들의 노고에 고맙다는 뜻으로 10달러를 주었다. 그다음 날에는 5달러만 주었다. 이런 식으로 가게의 외관을 훼손하는 대가로 돈을 주되 금액을 서서히 줄여 곧 1달러만 주었다. 그러자 깡패들은 더 이상 나타나지 않았다. 그렇게 적은 돈을 받으면서 뭐 하러 힘들여 가게 주인을 괴롭히겠는가?

　출처가 불분명한 이 이야기에는 인과관계에 관한 교훈이 담겼다. 사람들을 행동하게 만드는 요인은 무엇이고, 사람들의 동기를 바꾸어 원래 의도와 다른 이유로 그 일을 한다고 믿게 만드는 방법에 관한 이야기다.

　인간이 행동하는 동기에 관한 이야기는 많다. 이야기는 세계가 작동하는 방식과 우리의 행동 양식에 대한 깨달음을 전한다. 성서의 한 이야기는 만물의 근본 원리, 곧 세상이 어떻게 만들어졌는지에 관해 말한다. 성서의 많은 이야기는 우리가 하는 행동의 결과를 이야기하고 어떤 행위가 옳고 어떤 행위가 그른지 전한다. 아담과 이브의 이야기는 하나님의 명령이 무엇인지 가르쳐주고 카인과 아벨의 이야기는 형제를 사랑하라고 가르친다. 동화와 도시 전설은 무엇을 피해야 하고 무엇이 위험하며 누구를 믿어야 할지 판단하는 법을 가르쳐준다. 영웅적인 행동에 관한 이야기는 사람들의 놀라운 잠재력을 일깨운다.

　이야기는 연속적으로 일어나는 사건의 인과관계를 이해하는 자연스러운 방법이다. 그래서 이야기는 어디에나 있다. 1940년대의 대표적인 사회심리학 실험을 살펴보자. 프리츠 하이더Fritz Heider와 마리안느 짐멜Marianne Simmel은 사람들에게 화면 위로 원 하나와 삼각형 두 개가 움직이는 단순한 애니메이션을 보여주었다.[10] 그뿐이었다. 소리도 없고 자막도 없었다. 두 개의 도형이 서로 가까이 다가가기도 하고, 하나가 다른 하나 뒤로 숨기도 하고, 하나가 다른 하나를 쫓기도 하고, 서로 싸우는 것처럼 보이기도 했다. 사람들은 예상대로 원과 삼각형 그 이상을 보았다. 사랑에 관한 이야기로 받아들이는 사람도 있었다. 인간은 어디서든 이야기를 발견한다.

좋은 이야기는 실제로 일어나는 사건을 기술하는 데서 끝나지 않는다. 세상이 작동하는 방식에 관해 말해주고 실제로 일어나지 않았거나 아직 일어나지 않은 상황에도 적용된다. 셰익스피어의 맥베스 부인이 던컨 왕을 죽이고 나서 강박적으로 손을 씻으면서 "없어져라, 지긋지긋한 자국아! 없어져!—하나, 둘. 이젠 해치울 때예요—지옥은 캄캄해요!"라고 울부짖을 때 우리는 허구의 한 인물이 느끼는 회한만이 아니라 살인이 인간의 정서에 미치는 여파를 배운다. 그리고 인과적 원리를 배운다. 사람을 죽이면 씻을 수 없는 죄책감에 시달린다는 것이다.

좋은 이야기에는 이 세상만이 아니라 우리가 속할지도 모를 저 세상에도 적용되는 도덕률이 담겼다. 아브라함이 모라이 산에서 아들 이삭을 재물로 바친 사건을 이야기하는 이유는 아브라함 일가에 관한 사실을 하나 더 알리기 위해서가 아니라 어떤 상황에서든 하나님께 충성을 다해야 한다는 교훈을 주기 위해서다.

따라서 이야기를 하려면 인간 이외의 동물은 하지 못하는 일을 해야 한다. 바로 세상의 인과관계 메커니즘을 이해해서 완전한 대안 세계를 구축하는 것이다. 이야기는 무언가가 달라지면 세상이 어떻게 될지 상상하는 데 도움이 된다. 대안 세계를 구축하는 능력은 과학소설에서 가장 명료하게 드러난다. 작가는 독자들이 다른 행성의 생명체, 행복하게 만들어주는 약, 로봇들이 세계를 점령한 대안 세계를 상상하도록 도와준다. 다른 종류의 이야기에도 대안 세계가 있다. 스스로에게 들려주는 이야기에도 대안 세계가 있다. 이를테면 스스로를 록 스타라고 상상해보는 것이다. 세상이 돌아가는 방식에 대한 각자의 이해를 바탕으로 록 스타가 되면 일상이 어떻게 변할지 그려보자. 우선 근사한 호텔에서 지내고 리무진을 타고 다니며 팬들에게 사인을 많이 해줄 것이다. 다른 것에 관해서도 자유롭게 상상의 나래를 펼쳐보라. 대안 세계를 상상하는 능력은 인간다움의 중요한 일부다. 이것을 반사실적 사고counterfactual thought라고 한다. 이 사고를 하기 위해서는 인과관계를 추론하는 능력이 필요하다.

왜 우리는 반사실적 세계를 추론해야 하는 이야기를 할까? 다른 대안적 행위의 과정을 고려할 수 있기 때문이다. 무언가를 바꾸면—헤어스타일을 바꾸거나, 잔디 깎는 기계를 새로 사거나, 집을 팔고 요트를 산다면—어떻게 될지 편안하게 상상할 수 있다. 가설적 행위를 상상할 수 있으므로 실제로 그런 행위를 추구하기도 한다. 새로운 헤어스타일을 상상하지 못하면 실제로 헤어스타일을 바꾸지 않는다(적어도 일부러 바꾸지는 않는다). 기본 인권 선언을 상상하지 못하거나 새로운 진공청소기를 상상하지 못하면 애써 얻으려고 하지도 않는다. 반사실적 사고 능력 덕분에 비범한 행동이든 평범한 행동이든 가능한 것이다.

인류의 가장 위대한 발견들도 반사실적 사고 실험에서 나왔다. 유명한 일화로 갈릴레오는 피사의 사탑에서 무거운 물체 두 개를 떨어뜨려 서로 중량이 달라도 동일한 속도로 떨어진다는 것을 입증했다. 이 일화가 사실인지 아닌지는 의견이 분분하지만 갈릴레오는 이 실험을 실행에 옮기기 오래전부터 어떤 결과가 나올지 이미 알았을 것이다. 갈릴레오는 1592년의 저서 《운동에 관하여De Motu》에서 설명했듯이 두 개의 물체를 줄로 연결해 높은 곳에서 떨어뜨리는 실험을 상상했다. 그는 물리 법칙에 대한 이해를 토대로 물체가 중량과 무관하게 동일한 속도로 떨어질 것이라고 정확히 유추했다.

보통 사람들은 갈릴레오만큼 통찰력이 뛰어나지는 않지만 누구나 일상적으로 그와 비슷한 상상을 한다. 머릿속으로 어떤 상황을 그리면서 인과 원리에 대한 이해를 바탕으로 다양한 행위의 가능한 결과를 추론해 결정을 내린다. 가령 교통 체증이 심할 때는 여러 경로를 상상해서 가능한 한 목적지에 빨리 도착할 수 있는 길을 선택한다. 점심 메뉴를 정할 때는 음식마다 어떤 맛이 날지 상상해서 그 순간 가장 먹고 싶은 것을 생각한다. 이렇게 머릿속으로 시연하는 과정은 곧 우리가 자신에게나 남들에게 들려주는 아주 짧은 이야기인 셈이다. 이런 이야기의 목적은 우리가 선택한 경로의 대안을 인과관계에 따라 고려하는 것이다.

심리학자들은 이야기가 곧 우리의 정체성이라고 말한다.[11] 이야기는 개인의 정체성과 개인이 속한 집단의 정체성을 이룬다. 우리는 과거를 이야기하면서 낭만적인 추억을 떠올린다. 미래를 이야기하면서 예측하고 환상을 품는다. 현재를 이야기하면서 내가 누구인지 생각하고 공상에 잠긴다.

모두 원인을 찾고 결과를 예측하는 방식이다. 우리는 어떻게 지금에 이르렀을까? 우리는 어디로 가는 것일까? 당장 어떤 행동을 취해야 할까?

이야기는 인과관계의 정보와 교훈을 전달하고 경험을 나누어서 공동체의 집단 기억을 이루고 집단의 태도를 설명하며 천명하는 역할을 한다. 한 공동체가 어떤 이야기를 받아들이기로 했다면 그 이야기에 담긴 태도를 수용했다는 뜻이다. 미국인들이 1773년에 보스턴 항구에서 자유의 아들들 Sons of Liberty이 영국의 차 상자를 배 밖으로 내던진 이야기를 할 때는 외세의 강압에 당당히 맞선 이야기가 된다. 반면에 차를 약탈당한 영국인 무역업자 입장에서 이것은 응징해야 마땅한 약탈꾼들에 관한 이야기다. 따라서 이야기는 개인이 아니라 공동체에 속하고 공동체의 신념 체계와 긴밀히 연결된다.

이야기는 공동체의 것일 수 있지만 이야기를 전하려면 개인도 어느 정도의 인지 체계를 갖추어야 한다. 앞서 보았듯이 인과관계를 표상하고 추론하는 인지 체계에는 역량의 한계가 있다. 한 개인이 세계의 복잡성을 모두 이해하기는 어렵다. 따라서 이야기는 사건을 단순화한다. 때로는 지나치게 단순화하기도 한다. 사람들이 16세기 잉글랜드의 왕 헨리 8세에 관해 아는 사실이라고는 식욕이 왕성하고 아내를 여섯 명이나 두었으며 그들 대부분이 살아남지 못했다는 것 정도다. 실제에 근접한 아주 복잡한 이야기는 기억하지도 퍼트리지도 못한다.

그러나 아무리 단순화된 이야기라고 해도 이야기는 결국 세상의 인과관계에 관한 것이다. 따라서 개인은 어떤 이야기를 전하든 그 이야기에 담긴 인과관계를 이해할 정도의 인지 체계를 갖추어야 한다. 주인공과 적대자가 이루려는 목표가 무엇이고, 목표를 이루는 과정에 어떤 난관이 존재하며, 난관을 극복할 방법은 무엇인지 이해하기 위한 인지 체계가 필요하다. 모두 세계를 특정한 방식으로 만들어나가려는 행위자들에 관한 인과적 개념이다. 인간 담화의 가장 자연스러운 형태인 이야기가 이와 똑같은 자원(인과관계 지식)에 기대는 것은 결코 우연이 아니다. 생각은 우리가 더욱 효과적인 행위를 선택할 수 있게 돕는다.

chapter. FOUR

우리는 왜 사실과 다르게 생각하는가?

안젤리나 졸리Angelina Jolie가 주연을 맡은 영화 〈원티드Wanted〉는 2008년 당시 미국에서 1억 3500만 달러의 매출을 올렸다. 영화 속 유능한 스파이 지망생들은 방아쇠를 당기기 직전에 팔을 오른쪽으로 비틀어 총알이 장애물을 피해 나가게 하는 훈련을 받는다. 일반 관객들은 그럴듯한 장면으로 생각할지 몰라도 물리학자들에게는 황당한 장면이다.

문제는 물리학에 대한 이런 순진한 이해가 실제 물리학과는 다르다는 것이다.[1] 물리적 사건에 대한 일반인의 기대는 우리가 만나는 대부분의 상황에서 사물의 움직임을 정확히 예측하는 뉴턴의 운동법칙에 부합하지 않을 수 있다. 총알이 휘는 것이 얼마나 불가능한 현상인지 이해하려면 돌멩이를 끈으로 묶어서 머리에 감고 흔드는 장면을 상상해보라. 아래 그림이 상상하는 데 도움이 될 것이다.

돌멩이가 머리에서 떨어져 나간다면 어느 쪽으로 날아갈까? 대다수 사람은 휘어서 돌아간다고 생각한다(그림 2). 뉴턴의 법칙에 따르면 돌멩이는 직선으로 날아간다(잘하면 당신 형한테 날아갈 수도 있다). 사람들은 항상 사물이 뉴턴의 법칙에 따라 이동할 것이라고 기대하지 않는다. 일상에서 뉴턴의 법칙을 따르는 것으로 보이지 않는 현상을 많이 목격했기 때문이다. (그러니 아이작 뉴턴이 운동법칙을 처음 발견한 것은 굉장한 통찰이다.) 뉴턴의 제1법칙은 운동하는 물체는 같은 속도와 같은 방향으로 계속 운동하려는 성질을 갖는다고 설명한다. 하지만 평소에는 이런 성질이 눈에 띄지 않는다. 바닥에서 벽돌을 미끄러뜨리면 얼마 안 가서 멈춘다. 물리학자들은 이것이 마찰력에 의해 나타나는 현상이라고 정확히 이해한다. 물리학자가 아닌 일반인은 뉴턴과 전혀 다르게 이해한다. 가령 벽돌을 미끄러뜨리면 벽돌에

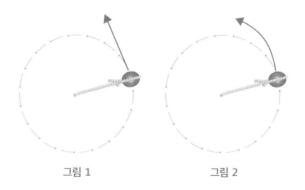

그림 1   그림 2

"추동력"이 가해지고 시간이 가면서 추동력이 소멸한다고 생각한다. 추동력이 완전히 소멸하면 벽돌이 멈춘다고 이해하는 것이다.

뉴턴의 제1법칙에는 끈이 끊어진 뒤 돌멩이가 계속 원형으로 움직이게 하는 힘이 작용하지 않으면 직선으로 날아간다는 의미도 담겼다. 그러나 사람들은 돌멩이가 회전하는 동안 원형의 추동력이 가해지고 이 추동력은 일정한 시간이 지나면 소멸하므로 돌멩이는 원형의 경로로 이동할 것이라고 예상한다. 〈원티드〉 제작진은 휘어지는 총알 장면에서 이와 같은 오류를 범했거나 적어도 관객들이 이런 오류를 범하리라 가정했을 것이다. 할리우드에서 정확성을 기해서는 돈벌이가 되지 않는다. 사람들의 직관을 건드려야 돈을 번다.

인과적 추론은 생각의 기반이 되지만 사람들이 늘 인과적으로 추론하는 것은 아니다. 사람들이 사물의 작동 원리에 관해 생각보다 무지하다는 점은 앞에서도 살펴보았다. 인간은 인과관계의 메커니즘을 추론하도록 설계되었지만 분명히 한계가 있다.

자전거의 브레이크를 조작해본 적이 있는가? 배울 수는 있지만 대다수 사람에게는 능숙해지는 데 몇 년이나 걸릴 것처럼 보이는 일이다. 어떤 물건의 전체 메커니즘을 생각해 여러 가지 조작 방법 중 가장 효율적으로 보이는 것을 택하고 어느 정도나 손볼지 판단하다 보면 웬만큼 합리적인 사람조차 자기 머리에 무슨 문제는 없는지 의구심을 품게 된다. 비슷한 예로 스토브의 시계를 설정하는 방법을 끝내 알아내지 못해서 계속 "12:00"로

깜빡이게 놔두는 사람도 한둘이 아니다. 평범한 사람의 사고방식은 어떤 현상을 이해하도록 설계되지 않았다.

그래서 최고의 다이어트 방법은 무엇이고, 경제는 어떻게 운영해야 하며, 미국 정부가 중동 지역에 어떤 식으로 개입해야 할지와 같은 문제에서 합의를 보지 못하는 것이다. 우리의 삶과 사회구조는 복잡다단하기 때문에 딱 한 가지 올바른 이해 방법을 고를 수는 없다. 생각에는 추측과 어림짐작이 넘쳐난다.

물리적 성질이 얼마나 추론하기 어려운지 보여주는 흥미로운 예로 캘리포니아 대학교 버클리 캠퍼스의 교육학자 안드레아 디세사Andrea diSessa의 연구를 살펴보자.[2] 아래의 동전 그림을 보라. 위쪽 동전을 아래쪽 동전의 가장자리에 대고 빙 돌려서 정확히 아래쪽에 닿게 하면 화살표는 과연 어느 방향을 가리킬까?

대다수 사람은 화살표가 아래쪽을 가리킨다고 생각할 테지만 사실은 위를 가리킨다. 직접 동전을 꺼내서 해보라. 사람들은 일상에서 물체가 돌아가는 모습은 자주 보지만 물체가 둥근 표면을 따라서 돌아가는 모습은 흔히 볼 수 없다. 그래서 그림 속 동전이 움직이는 방식을 제대로 이해하지 못하는 것이다. 물체가 평면을 따라 돌아갈 때는 돌아가는 물체가 표면에서 차지하는 거리에 비례해서 회전한다. 둘레의 절반만큼 회전하면 절반만큼 돌아간다. 따라서 동전이 평면에서 반만 돌아가면 화살표가 아래쪽을 향할 것이다. 그러나 둥근 표면을 따라서 돌아가면 같은 원리가 적용되지 않는다. 그런데도 사람들은 평면에 관해 배운 인과 모형을 잘못 적용한다. 이것이 잘못된 직관의 원인이다.

인과 모형은 사물의 움직임을 이해하는 데만 적용되는 것이 아니다. 사람들은 전기를 설명할 때 일상에서 쉽게 보는 현상, 가령 흐르는 물이나 흐르는 군중에 빗대어 이야기한다.[3] 인과 모형은 또한 사람들이 일상의 기계장치를 이해하는 방식을 결정한다. 예를 들어 감기에 걸린 사람들은 보일러 온도를 올려서 더 빨리 원하는 온도에 맞추려고 한다. 최종 온도에 도달하는 속도가 목표 설정 온도에 따라 달라지는 인지 모형을 채택하기 때문이다. 사람들은 보일러 온도를 더 높게 설정하면 보일러가 더 열심히 돌아갈 것이라고 잘못 이해한다. 어느 실험 참가자가 이런 잘못된 이해에 관해 아래와 같이 설명했다.[4]

실은 아주 단순한 것 같습니다. 제 생각에는, 음, 레버의 위치와 어떤 열 생성 장치가 작동하는 방식 사이에는 일종의 직선적인 관계가 있는 것 같아요. 어, 그러니까 가속 페달을 밟는 것처럼요. 유압식 기계 개념이 있잖아요. 세게 밟으면 엔진에 액체가 더 많이 들어가고 급속 연소가 많이 발생할수록 더 빨리 달리는 방식이요. 여기서는 레버를 더 세게 누르거나, 더 많이 누르거나, 더 많이 비틀면……

시스템에서 열 생성을 위한 전력을 많이 끌어내는 거죠.

이어서 그는 같은 원리로 작동하는 장치를 몇 가지 더 예로 들었다.

믹서기가 생각나네요. 높은 단계로 설정하고 돌리면 빨리 돌아가잖아요……. 자동차도 가속 페달을 세게 밟으면 빨리 나가고……. 수도꼭지를 틀 때는…… 꼭지를 여러 번 돌리면 물이 세게 많이 쏟아져 나와요.

이런 인과 모형은 직관적이다. 일상에서 흔히 접하는 경험이기 때문이다. 사실 어떤 결과에 이르는 메커니즘을 직접 파악할 수 있는 예는 드물다. 우리는 행위를 경험하고 행위의 결과를 경험한다. 시계의 내부를 들여다봐야만 시계가 작동하는 메커니즘을 알 수 있다. 겉에서 부품이 보이면 내부를 확인할 수 있다. 가령 기계식 시계의 덮개가 투명하면 시계가 어떻게 작동하는지 보인다. 그리고 낙엽 긁어모으는 모습을 잘 관찰하면 그것에서도 메커니즘을 발견할 수 있다. 그러나 대개의 메커니즘은 아주 세밀하거나(예컨대 물이 끓게 만드는 분자 변화) 지나치게 추상적이거나(예컨대 빈곤의 경제적 동인) 직접 들여다볼 수 없다(예컨대 심장에서 혈액을 온몸으로 내보내는 과정). 백신이 어떻게 작용하고 식품 유전자를 어떻게 조작하는지는 눈에 보이지 않는다. 그래서 우리는 생략된 부분을 자신의 일천한 경험으로 메우고, 그사이 잘못된 믿음을 형성하는 것이다.

모든 일에서 인과관계를 추론하지 못한다고 자책하는 것은 잘못이다. 모든 상황에서 인과관계를 정확히 추론하려면 무엇이 필요한지 생각해보자. 우선 우주의 원리를 완벽하게 이해하고 사물이 어떻게 변하는지도 완벽하게 알아야 한다. 세상은 복잡하고 사물이 변화하는 방식은 아주 다양하기 때문에 두 가지 지식을 모두 완벽하게 갖추기란 불가능에 가깝다. 한마디로 불완전하고 불확실하고 부정확하다. 현실 세계에서 우리의 지식은 주로 우리가 경험하는 세계의 한 부분에 관한 것이다. 우리는 우리와 무관한 일보다는 우리에게 중요한 일을 더 많이 안다. 프로하키 선수가 되는 방법보다는 각자가 선택한 직업에서 더 발전할 방법을 더 많이 안다(내셔널 하키 리그에서 뛰는 것을 목표로 삼은 사람이 아니라면).

아마도 분자의 위치와 방향과 움직임에 관해서는 잘 알지 못할 것이다. 우리가 그렇게 미세한 차원에서 살지 않기 때문이다. 우리의 지각계와 운동계는 이보다 높은 차원에서 작동하도록 설계되었다. 가령 식물과 동물(특히 다른 인간)과 인공물처럼 우리가 실제로 소통하는 물리적 차원에서 작동한다. 따라서 지식도 이 정도 차원(우리가 사는 차원)의 사물이나 이보다는 조금 높은 차원(공동체와 사회 조직)에 특히 적합하다. 이런 수준의 차원에서 우리의 지식이 조직된 것이다.

따라서 모든 것을 다 알 수는 없다(놀라워라!). 사실 훨씬 적게 안다. 딱 그럭저럭 살아갈 만큼만 안다. 지식에 한계가 있으므로 자연히 사물이 변하는 방식에 대한 이해도 역시 높지 않다. 대다수 사람은 화학자나 물리학자가 아니므로 분자와 원자에 적용되는 인과법칙에 관심이 없다. 따라서 뉴턴의 물리학은 인간이 경험한 바를 설명하기에 충분하다. 물론 미세한 차원(소립자가 어떻게 움직이는지)이나 육안으로 보이지도 않는 차원(가장 넓은 규모의 우주가 어떻게 움직이는지)에서는 정확하지 않을 수 있다. 우리는 물리학자들이 우리의 경험 밖 세계를 설명해준다고 생각하는 양자 효과를 이해하지 못한다. 대다수 사람은(화학자나 물리학자라고 해도 실험복을 벗고 일상으로 돌아갈 때는) 눈에 보이는 사물의 운동에 작용하는 인과법칙이나, 작은 지역에서 여름과 겨울 사이에 체감하는 온도 변화나, 사람들과의 만남 같은 우리의 모든 경험에서 일어나는 더 일반적이고 일상적인 사건에 관한 메커니즘에만 관심을 두면 된다. 우리가 경험하는 작은 범주에서는 얕은 수준의 인과적 추론만으로도 잘 살 수 있다. 모든 것을 알아야 한다면 정신을 차릴 수가 없을 테니 참 다행이다.

사회적 상황도 물리적 대상을 추론할 때와 다르지 않다. 상당히 얄팍하다. 일상에서 마주치는 모든 사람의 의도를 안다면 좋기야 하겠지만 표면적으로만 이해해도 충분하다. 저 앞에 걸어오는 사람들이 나를 그냥 지나칠까? 뭘 물어볼까? 설마 돈을 원할까? 이런 것이 살면서 늘 해야 하는 단순하고 직접적인 추론이다. 중요한 것은 추론의 깊이가 아니라 추론한다는 사실 그 자체다.

심오한 차원에서 추론해야 할 때가 있다. 사기꾼이 미끼로 우리를 유인해 속이려 한다면 상대의 의도를 파악하기 어려울 수 있다. 사랑하는 사람이 우울해하거나 변덕을 부린다면 이유가 무엇인지, 어떻게 대처해야 하는지 알기 위해 상당한 깊이의 감수성과 이해가 필요하다. 이럴 때는 대개 적절히 추론하는 능력이 크게 떨어진다. 사기꾼들이 설치는 이유는 남들이 잘 속기 때문이다. 우리는 항상 속는다. 또 남이 힘들어할 때 진심으로 이해하고 돕는 사람은 드물다. 도와주고 싶어 하면서도 결국에는 남이 나 대신 도와주기를 바랄 때가 많다. 친구와 가족의 도움을 받아 실제로 무슨 일이 벌어졌는지 이해하고 싶어 하고, 전문가들의 도움을 받아 문제를 해결하고 싶어 한다. 다시 말하지만 중요한 사실은 우리가 인과관계 추론에 뛰어나지만 각자의 전문 분야를 벗어나면 피상적으로 추론하는 경향을 띤다는 점이다.

우리 안의 두 가지 인과관계 추론 능력

우리는 항상 어떤 식으로든 인과관계를 추론하면서 살지만 인과적 추론이라고 모두 같지는 않다. 어떤 추론은 빠르다. 쥐가 구역질나는 상태를 불빛이 아니라 음식과 연결하는 것을 보고 생각과 반추 없이 일어나는 추론이라고 생각할 수 있다. 어떤 사람의 손이 아픈 이유는 벽을 세게 쳐서라고 생각하거나 어떤 학생이 기분 좋은 이유가 수학 시험을 잘 봐서라고 생각하는 것처럼 자동으로 신속하게 일어나는 과정이다. 이런 결론에 이르는 과정은 아주 명백하고 신속해서 "추론"이라고 부르기도 어렵다. 순식간에 시작돼 순식간에 끝난다.

한편 다른 유형의 인과적 추론에는 훨씬 많은 생각과 분석이 개입된다. 1차 세계대전의 원인은 무엇일까? 자동차에 시동이 걸리지 않는 이유는 무엇일까? 회사에서 열심히 일하는데도 아직 사장에게 인정받지 못하는 이유는 무엇일까? 이런 질문에 답하려면 시간과 노력을 들여야 한다. 잠자코 생각에 잠겨야만 결론에 도달할 수 있다. 일반적인 의미의 추론이 필요한 것이다.

두 가지 사고 유형의 차이는 고대와 현대의 철학, 심리학, 인지과학 전반에서 나타난다. 대니얼 카너먼Daniel Kahneman은《생각에 관한 생각Thinking, Fast and Slow》에서 두 유형의 차이를 중요하게 다루었다.[5] 이 차이는 수천 년간 지속되었고, 인지과학에서는 이를 여러 가지 이름으로 부른다. 가령 연상 사고와 규칙 사고로 나누기도 하고,[6] 간단히 1체계와 2체계로 설명하기도 한다.[7] 이 책에서는 직관intuition과 심사숙고deliberation로 구분하겠다.

이름이 'e'로 시작하는 동물은?

"코끼리elephant"가 떠올랐는가? 거의 모두가 코끼리를 떠올린다. 어떤 항목은 신속하고 즉흥적이고 아주 간단히 떠오른다. 직관의 결과다.

직관과 심사숙고에서 의식이 어떤 역할을 하는지 생각해봐야 한다. 직관은 저절로 떠오르는 생각이다. 예컨대 아래처럼 쉬운 단어는 철자의 순서를 바꿨다고 해도 해석하기가 전혀 어렵지 않다.

initiutve

답이 바로 떠오른다. 답이 떠오르는 과정은 자각하지 못하고 결과만 알아챈다. "intuitive직감에의한"라는 단어가 번개처럼 머릿속에 떠오른다.

반면에 심사숙고할 때는 결과만이 아니라 결과에 이르기까지의 과정도 인지한다. 이번에는 어려운 단어를 보자.

vaeertidebli

이 단어가 무엇인지 알아냈다면(답은 이 페이지의 맨 아래에 있다*) 최종 결과만이 아니라 결과에 이르는 사고 과정도 의식한 셈이다. 머릿속으로 철자를 이리저리 짜 맞추면서 정답을 찾아가는 사고 과정을 관찰할 수 있다. 마찬가지로 어려운 산수 문제를 풀 때는 정치 후보자의 장점을 생각할 때

---

* deliberative(고의의, 의도적인)

와 마찬가지로 각 단계를 의식한다.

직관과 심사숙고의 차이는 지식의 역사에서 중요한 자리를 차지한다. 고대 그리스 철학자 아리스토텔레스는 심사숙고를 거쳐 몸에 밴 직관과 습관을 극복하는 것이 얼마나 어려운지 지적했다.

> 주장만으로 사람을 선하게 만들 수 있다면 마땅히 (……) 큰 보상을 받았을 것이다. (……) 하지만 현재로서는 (……) 주장은 다수를 고귀함과 선함으로 이끌어주지 못한다. (……) 어떤 주장이 이런 사람들을 개조하겠는가? 오래전에 성격에 뿌리내린 특질을 주장으로 없애는 것은 불가능하지는 않더라도 매우 어렵다.
> – 아리스토텔레스, 《니코마코스 윤리학Nicomachean Ethics》(1179에서)

플라톤은 이보다 은유적으로 직관과 욕망의 연결을 지적했다. 아래는 축약한 내용이다.

> 그러면 영혼을 날개 달린 말과 마차부가 같이 움직이는 자연스러운 결합에 비유해보자. 말들 중 한 마리는 명예를 중시하고 말로 하는 명령만 듣는다. 다른 말은 거칠게 뻗대고 버릇없이 굴어서 채찍질을 해야 겨우 말을 듣는다.
> – 플라톤, 《파이드로스Phaedrus》(246, 253에서) **8**

플라톤은 정념passion과 이성reason을 구분한다. 두 가지는 유혹을 만났을 때 서로 반대 방향으로 끌고 가려는 두 마리 말과 같다. 플라톤의 "이성"이 아리스토텔레스의 "주장"과 상당히 유사하며 인지학자들이 "심사숙고"라고 부르는 개념과 같다는 데는 누구나 동의할 것이다. 이것은 우리가 문제를 해결하고 갈망에 휘둘려 행동하지 않게 하는 신중하고 의식적인 사고다. 무엇이 중요하고 어떻게 장기적인 목표를 성취할지 일깨우는 내면의 작은 목소리다. 초콜릿 케이크를 한 조각 더 먹지 않게 돕거나 먹고 나서 죄책감을 느끼게 하는 사고 과정이다.

그렇다면 직관과 정념은 같은 개념일까? 직관은 깊이 뿌리내린 지식을 바탕 삼아 자동으로 떠오르는 생각이다. 이를테면 어떤 사람이 "about"을 특이하게 발음하는 것을 듣고 "저 사람은 캐나다 사람이야"라고 생각하는 것이 직관이다. 이런 생각이 욕망은 아니다. 어떤 사람을 캐나다인이라고 생각한다고 해서 그 사람을 욕망의 대상으로 바라보는 것은 아니다. 그러나 어떤 직관은 대상을 갈망하게 만든다. 가령 빵집 상자는 그 안에 케이크가 들었다는 직관을 끌어내고 설탕과 지방에 대한 정념도 끌어낸다. 반대로 정념이 직관적 반응을 끌어내기도 한다. 탐나는 차를 보면 그 차를 운전하는 상상을 한다. 근사한 집에 들어가면 그 집에 사는 상상을 한다. 군침 도는 디저트를 보면 그 디저트를 먹는 상상을 한다. 매력적인 사람을 보면…… 무슨 말인지 알 것이다. 정념은 특정 직관과 연결된다. 물론 모든 직관이 정념과 연결되는 것은 아니다. 따라서 직관과 정념은 동일한 개념은 아니지만 서로 밀접하다고 볼 수 있다. 직관과 정념은 서로 협조적이고 둘 다 심사숙고를 거쳐 완성된다.

인과적 추론에서 신속하고 직관적인 결론이 항상 신중한 심사숙고를 통한 결론과 동일한 것은 아니다. 직관적으로는 적진에 폭탄을 투하하면 항복을 받아내기 쉬울 것 같지만 좀 더 합리적으로 심사숙고해보면 오히려 사람들을 공포에 몰아넣어서 적의 목적에 부합하는 상황에 이를 수도 있다는 결론이 나올 것이다. 어떤 사건에 대한 반응으로 공포와 불안에 휩싸일 때 가만히 심사숙고하면 마음을 가라앉힐 수 있다. 조금만 신중히 생각하면 두려울 것이 없다는 사실을 깨닫는 것이다. 달리 말하면 직관적으로 (빠르고 쉽게) 도달한 결론이 심사숙고를 거쳐 느리고 수고롭게 도달한 결론에 압도당할 때가 있다. 직관은 한 가지 결론을 향해 달려가게 하지만 심사숙고는 머뭇거리게 만든다.

직관과 심사숙고의 차이는 서양에서만 논의해온 것이 아니다. 힌두교와 요가의 일부 전통에는 마음의 힘 중심에 일곱 가지 바퀴 혹은 '원'을 뜻하는 "차크라"라는 "호흡의 중심"이 있다고 여긴다. 차크라는 개인의 존재와 건강의 여러 측면을 영적으로 연결한다. 그래서 앞서 언급한 대로 생명력의 중심이라고도 하는 것이다. 일곱 가지 차크라는 각각 몸의 한 부위와 연결된다. 첫 번째 차크라는 제일 아래에 위치해 땅에 뿌리를 내리는 역할을 한다. 천골 차크라는 배꼽 약간 아래에 위치하고 성욕과 관련된 신체부위 혹은 충동과 연관이 있다. 세 번째 차크라는 배꼽 약간 위에 있고 불과 연관된다. 네 번째 차크라는 가슴의 중심(심장 근처)에 있고 사랑과 관계

있다. 다섯 번째 차크라는 목에 있고 의사소통과 관계있다. 여섯 번째와 일곱 번째 차크라는 인지학자들이 생각이라고 부르는 것과 밀접히 연결된다. 여섯 번째 차크라인 아즈나 차크라는 미간에 위치한다. 힌두교 미술에서 제3의 눈이라고 부르는 개념을 들어봤을 것이다. 시각적 심상 같은 것과 연관된다. 차크라는 서양에서 직관이라고 부르는 개념을 설명하는 동양의 한 방식으로, 무의식중에 자동으로 일어나는 생각을 말한다.

일곱 번째 사하스와라 차크라는 정수리에 위치한다. 지성이나 의식과 연관된다. 이 차크라는 우리를 고차원적 자아 또는 다른 상위의 존재와 연결해준다. 일곱 번째 차크라와 우리가 심사숙고라고 부르는 생각의 유사점을 찾는 것은 어렵지 않다.

여기서 직관은 스스로 만들어낸 생각이라는 것을 알 수 있다. 직관은 사고 과정의 한 속성이다. 하지만 심사숙고는 다르다. 심사숙고하는 방법 가운데 하나는 남에게 말하듯이 스스로에게 말하는 것이다. 심사숙고는 우리를 사람들과 연결해준다. 사람들이 모여 무엇을 함께 직관하지는 못하지만 심사숙고할 수는 있다. 공동체가 함께 생각한다는 개념은 앞으로 이어지는 장에서 중요한 역할을 할 것이다. 이제부터는 공동체와 함께 생각하면서 직관적 인과 모형에 내재된 약점과 오류를 극복하는 과정을 알아보겠다. 우리는 공동체와 함께 생각하면서 아주 강력한 사회적 마음을 만들어나간다.

⋙━●━●━ 직관, 심사숙고, 설명 깊이의 착각

앞에서 다룬 설명 깊이의 착각을 떠올려보자. 이것은 사람들이 인과적 구조를 실제보다 더 잘 이해한다고 믿는 현상이다. 설명 깊이의 착각은 직관의 산물이다. 별다른 노력 없이도 세상이 작동하는 방식에 관한 생각이 떠오르는 것이다. 하지만 우리의 지식을 곰곰이 생각해보면 착각이 드러난다. 그리고 왜 모든 사람이 이런 착각에 빠지지 않는지 설명된다. 예일 대학교의 마케팅 교수 셰인 프레더릭Shane Frederick은 직관 성향과 심사숙고 성향 가운데 어떤 것이 더 강한지 알아보는 간단한 검사를 개발했다.[9] 그는 이 검사를 CRTCognitive Reflection Test, 인지 성찰 검사라고 부른다. CRT는 세 가지 간단한 문제로 구성된다. 셰인은 그중 한 문제를 수수께끼 책에서 찾았다.

야구 배트와 공은 1달러 10센트이다. 배트가 공보다 1달러 더 비싸다. 공은 얼마일까?

10센트라고 생각하는가? 남들도 그렇게 생각하니 걱정할 것 없다. 다들 같은 답을 말한다(아이비리그 학생들도 다수 포함된다). 어쨌든 거의 모든 사람의 머릿속에 "10센트"가 떠오른다. 사실 이 문제는 직관적 반응을 그냥 수용하는지 재차 확인하는 질문이다. 신중히 확인하면 공이 10센트고 배트가 공보다 1달러 더 비싸면 배트는 1달러 10센트이므로 둘을 더하면 1달러 20센트가 된다는 것을 알 수 있다. 따라서 답은 10센트가 아니다.

직관적인 답을 다시 확인하고 10센트가 틀렸다는 것을 알아채는 사람은 소수다. 그리고 이들은 대체로 정답을 계산할 수 있다.* 프레더릭은 이런 사람들을 심사숙고 유형이라고 부른다. 직관적 반응을 억제하고 대답하기 전에 심사숙고하는 사람들이라는 뜻이다.

배트와 공 문제는 CRT 문제의 나머지 두 문제와 비슷하다. 두 번째 문제는 아래와 같다.

호수에 연잎이 뜬 자리가 있다. 날마다 연잎으로 덮인 면적이 두 배로 넓어진다. 연잎이 연못을 다 덮기까지 48일이 걸린다면 호수의 절반을 덮기까지는 얼마나 걸릴까?

"24"라는 답이 떠올랐는가? 거의 모든 사람이 그렇다. 대다수가 24를 정답이라고 보고한다. 과연 그럴까? 연잎으로 덮인 면적이 날마다 두 배로 넓어진다고 할 때, 24일째에 호수의 반이 덮였다면 25일째에는 전체가 덮일 것이다. 그런데 문제에서는 호수가 48일째에 완전히 덮인다고 했다. 따라서 24는 정답이 아니다. 정답은 완전히 덮이기 하루 전날인 47일째다.

---

* 정답은 5센트다.

이제 남은 문제를 보자.

기계 다섯 대가 5분 동안 부품 다섯 개를 만든다면 기계 100대가 100개를 만드는 데 얼마나 걸릴까?

힌트가 있다. 답은 100분이 아니다.* CRT가 제시하는 세 문제의 공통점은 오답이 먼저 떠오른다는 것이다. 정답에 이르려면 직관적으로 떠오르는 답을 억제하고 약간의 계산을 거쳐야 한다. 대다수 사람은 이렇게까지 하지 않는다. 보통은 그냥 직관적으로 떠오른 답, 처음 생각난 답을 말한다. 미국 인구의 20퍼센트 미만이 세 문제의 정답을 맞혔다. 수학자와 공학자가 시인과 화가보다는 낫지만 크게 낫지도 않다. 프레더릭의 실험에서는 매사추세츠 공대생 48퍼센트 정도가 세 문제의 정답을 맞혔다. 프린스턴 대학교 학생들은 26퍼센트만 정답을 맞혔다.

CRT 검사는 답을 말하기 전에 심사숙고하기를 좋아하는 사람과 머릿속에 처음 떠오른 답을 말해버리는 사람을 구별해준다. 심사숙고 성향이 강한 사람은 생각과 표현에서 심사숙고하는 능력에 더 많이 의존하고, 심사숙고 성향이 덜한 사람들은 직관에 더 많이 의존한다. 두 부류는 여러 가지 면에서 다르다. 심사숙고 성향이 강한 사람은 추론 문제를 풀 때 신

––––––––––

* 정답은 5분이다(기계마다 부품 한 개를 만드는 데 5분이 걸린다).

중한 편이다. 실수를 적게 저지르고 함정에 덜 빠진다.[10] 가령 이들은 어떤 진술에 깊은 의미가 있는지 아니면 그냥 단어를 무작위로 나열한 것인지(예컨대 "숨은 의미가 비할 데 없이 추상적인 아름다움을 변형시킨다" 따위)를 잘 찾아낸다.[11] 이들은 위험을 감수하려는 의지도 강하고 충동도 덜 느낀다. 기회를 잡을 가능성이 크거나 더 큰 보상이 주어진다면[12] 더 오래 인내할 가능성도 높다. 두 부류는 선호하는 것도 다르다. 심사숙고 성향이 강한 사람은 심사숙고 성향이 덜한 사람보다 다크 초콜릿을 좋아할 가능성이 높다.[13] 또 신을 믿을 가능성이 낮다.[14]

이 책의 논의와 연결해보면 심사숙고 성향이 강한 사람―CRT 점수가 높은 사람―은 심사숙고 성향이 약한 사람보다 설명 깊이의 착각에 덜 빠진다.[15] 우리는 연구에서 참가자들에게 잘 알려지지 않은 다양한 소비재(예컨대 아쿠아 글로브즈Aqua Globes, 2주 동안 식물에 자동으로 물을 주는 장치)의 메커니즘을 얼마나 이해하는지 스스로 평가하게 하고 평가 전후에 자기가 이해한 내용을 설명하게 했다. CRT 점수가 높은 참가자들은 착각을 드러내지 않았다. 반면에 CRT에서 0점을 받거나 한 문제밖에 맞추지 못한 참가자들은 심각한 착각을 드러냈다. 다시 말해서 심사숙고 성향이 강한 참가자들은 설명하기 전과 후에 자신의 이해도에 대한 평가를 바꾸지 않았지만, 심사숙고 성향이 약한 참가자들은 설명하고 난 후 처음의 판단에 대한 자신감이 줄어들었다.

직관은 우리에게 단순하고 거칠고 대체로 충분히 괜찮은 분석력을 제공하면서 다른 한편으로는 실제보다 많이 안다는 착각에 빠지게 한다. 하지만 심사숙고하면 얼마나 복잡한 상황인지 알게 되고 결국에는 스스로 얼마나 조금 아는지 깨닫는다.

그러면 CRT 점수가 높은 사람이 설명 깊이의 착각에 잘 빠지지 않는 이유는 무엇일까? 우리는 다른 연구에서 그 답을 찾았다. 이 실험을 위해 우리는 제품마다 상세 설명의 양을 다르게 실은 광고를 만들었다. 그러고 나서 소비자들에게 광고를 보여준 뒤 각 제품이 얼마나 마음에 드는지 물었다. 심사숙고 성향이 강한 참가자들—CRT 점수가 높은 사람—은 자세한 설명이 실린 제품을 선호했다. 심사숙고 성향이 약한 참가자들(대다수 사람)과 대조를 이루는 결과가 나왔다.

CRT 점수가 낮은 사람들은 설명이 적은 제품을 선호했다. 설명이 길어지면 더 이상 주의를 기울이지 않았다. 남보다 심사숙고 성향이 강한 사람은 더욱 자세한 정보를 원한다. 이들은 설명하는 것을 좋아해서 아마 설명해달라는 질문을 받기도 전에 설명을 시작할 것이다. 이런 사람은 설명 깊이의 착각에 잘 빠지지 않는다.

직관은 사적이다. 각자의 머릿속에서 일어난다. 반면에 심사숙고할 때는 자기가 아는 내용을 숙고할 뿐 아니라 어렴풋이 알거나 피상적으로만 아는 사실은 물론 남들의 머릿속에 든 사실까지 숙고한다. 예를 들어 내가 어느 후보에게 표를 줄지 심사숙고한다면 존중하는 사람에게 조언을 구할 수 있다. 이런 의미에서 심사숙고는 지식 공동체에 의존한다.

따라서 설명 깊이의 착각은 우리가 심사숙고하는 대상을 직관으로 과대평가하는 것이라고 설명할 수도 있다. 내가 당신에게 변기가 어떻게 작동하는지 아느냐고 물으면 당신은 직관에 따라 "물론이죠, 변기는 아주 익숙한 물건이니까요. 변기는 제 일상의 일부잖아요"라고 답할 것이다. 그러나 변기가 어떻게 작동하는지 설명해보라고 요구해서 심사숙고하게 만들면 분명히 쩔쩔맬 것이다. 직관은 피상적이기 때문이다. 실제 지식은 우리의 머릿속이 아니라 다른 곳에 있다. 앞으로 두 장에 걸쳐서 지식이 어디에 숨었는지 밝혀보겠다.

chapter. FIVE

우리의 몸과 세계로 생각하기

인지과학은 인간의 지능을 연구하는 학문이다. 따라서 인지과학 연구자들은 사람들이 아주 놀라운 방식으로 지각하고 생각하고 행동하게 해주는 마법의 요소를 탐색한다. 한편 AI인공지능는 기계 지능을 연구하는 분야로서 똑똑하게 행동하는 기계를 만드는 방법을 찾는다. 두 분야는 오늘날 컴퓨터의 발전과 함께 성장했기에 두 분야의 역사가 비슷한 궤도를 따라온 것도 놀랍지는 않다.

1940년대부터 1980년대까지 초창기 AI 연구는 PC개인용 컴퓨터에 집중되었다. 실리콘으로 위대한 마음을 제작하는 데 목표를 둔 것이다. 아서 C. 클라크Arthur C. Clarke의 유명한 소설이자 훗날 영화로 제작된 〈2001: 스페이스

오디세이²⁰⁰¹: A Space Odyssey〉(1968)에 등장하는 로봇 할HAL처럼 말이다. 할은 체스를 아주 잘 두던 로봇이었는데 우주 비행사들의 오른팔 노릇을 하다 가 결국 신경쇠약에 걸린다. 초창기 AI 연구자들은 영화에서 할을 발명한 과학자들처럼 방대한 지식과 정교한 추론 능력을 컴퓨터에 집어넣으려고 시도했다. 똑똑한 컴퓨터는 온갖 유형의 지식을 저장하는 메모리와 그 지 식을 활용해서 어떤 질문(사랑이나 두려움처럼 인간의 영역에 남은 주제를 제외한 다면)에도 답을 찾아내는 신속한 프로세서를 갖추도록 설계되었다. AI 연 구자들은 모든 자원을 총동원해서 어떤 문제든 해결하는 로봇, 인간이 기 계에 떠넘기고 싶어 하는 기능을 모두 척척 해내는 슈퍼 로봇을 만드느라 여념이 없었다.

하지만 일부 AI 연구자들이 안타까워하듯이 이런 초지능 로봇은 발명 되지 않았다. MIT 인공지능연구소의 공동 설립자이자 초창기 AI 지지자 였던 마빈 민스키Marvin Minsky는 2003년의 한 인터뷰에서 이렇게 말했다. "상식을 갖춘 컴퓨터는 없습니다. 항공편을 예약하는 종류의 장치만 만들 어졌을 뿐입니다. 어떤 컴퓨터도 방을 둘러보고 그 방이 어떤지 말해주지 못합니다."[1] 주로 과거 방식(1980년대 이전)의 AI를 두고 한 말이다. 다시 말 해서 아주 지능적인 기계라고 해도 정교한 금전 출납기와 근본적으로 다 르지 않다고 보는 관점이다. 금전 출납기는 정보를 받고(구매할 물건이 표시 된 키 누르기) 손님이 앉아서 기다리는 동안 계산하고(구매 품목을 총합하기) 결과(손님이 내야 할 총액)를 뱉어낸다. 이런 유형의 단계별 계산 방식은 시간을 많이 잡아먹어 비효율적이다. 컴퓨터가 한 가지 기호를 다른 기호로 변환하려면 단순한 규칙을 길게 적용해야 한다(금전 출납기에서 일련의 가격을 총액으로 변환하는 방식과 같다). 규칙을 아주 빠르게 적용할 수는 있지만 반드시 한 번에 한 가지 규칙을 따라 기호를 변환한다. 컴퓨터는 간단한 산수를 할 때도 수천은 아니어도 수백 가지의 단순한 조작을 순서대로 수행한다.

이런 방식으로 기호를 처리하는 AI는 체스를 잘 두거나 의사에게 진단을 조언하는 프로그램과 같은 소기의 성과를 거두었지만 초창기 AI 연구자들이 꿈꾸던 초지능 컴퓨터와는 거리가 멀었다. 급기야 인공지능 철학의 선구자인 철학자 존 호지랜드John Haugeland가 인공지능 프로젝트를 "괜찮은 구식 인공지능GOFAI, Good Old-Fashioned Artificial Intelligence"라고 조롱하면서 파국이 시작되었다.[2]

GOFAI는 소프트웨어와 하드웨어의 영역이 뚜렷이 구분된다고 전제한다. 알고리즘(계산을 위한 방법)은 소프트웨어이므로 소프트웨어를 구현하는 데 사용되는 하드웨어와 별개로 설계할 수 있다. 원칙적으로는 성능이 충분한 컴퓨터라면 어느 컴퓨터에서나 실행되어야 한다. 따라서 하드웨어(물리적 컴퓨터)는 중요하지 않다. 하드웨어는 계산 속도 같은 속성을 결정할 수 있지만 다른 모든 컴퓨터와 동일한 계산을 한다.

기계 지능을 이렇게 이해하는 사고는 17세기 프랑스 철학자 르네 데카르트René Descartes가 옹호한 인간 지능에 대한 이원론적 접근법의 뒤를 잇는 관점이다. 데카르트는 인간의 마음은 물리적 실체가 없고 마음은 육체와 전적으로 다르다고 했다. 데카르트의 유명한 말 "Cogito ergo sum", 곧 "나는 생각한다, 고로 존재한다"는 그의 정체성—그가 존재한다는 사실을 아는 것—은 생각하는 능력에서 나오지 육체에서 나오는 것이 아니라는 뜻이다. 데카르트는 생각이 육체의 물리적 영역과 별개인 정신적 영역에 속한다는 결론에 이른다. 그러나 두 영역은 서로 소통해야 한다. 어쨌든 생각은 육체를 통해서만 세계를 이해한다. 다시 말해서 우리가 생각하는 정보는 어차피 눈과 귀와 코를 비롯한 여러 감각기관을 거쳐 들어온다. 그리고 두 영역은 반대 방향으로도 소통한다. 곧 육체가 어떻게 행동할지 생각이 결정 내리는 것이다. 데카르트는 더 나아가 이런 소통이 일어나는 장소를 정확히 짚었다. 데카르트의 주장에 따르면 정신적인 영역과 물리적인 영역은 뇌의 송과샘pineal gland에서 소통한다. GOFAI도 생각과 행동을 무형의 소프트웨어와 유형의 하드웨어라는 두 개의 영역으로 구분한다(다만 송과샘과의 유사한 점은 없다).

GOFAI에도 인간 지능 모형과 마찬가지로 몇 가지 중요한 결함이 있다. 그중 하나를 이해하기 위해 어니스트 로런스 세이어Ernest Lawrence Thayer의 유명한 시 〈타석에 선 케이시Casey at the Bat〉를 살펴보자. 이 시는 이렇게 시작한다.

그날 머드빌 나인의 전망은 그리 밝지 않았다.

점수는 4 대 2, 한 이닝밖에 남지 않았다.

이 시를 잘 아는 사람은 머드빌 팬들의 심정이 어떨지 안다.

관중석 군데군데 몇몇이 크게 낙담하고 자리를 떴다. 나머지는
인간의 가슴에 영원히 꺼지지 않는 희망을 부여잡았다.
그들은 생각했다. "케이시에게 타석이 한 번 돌아오기만 한다면─
지금 당장 돈이라도 낼 텐데, 케이시만 타석에 선다면."

이 시를 아는 사람이라면 팬들이 품은 마지막 소망을 안다.

그리고 지금 투수가 공을 들고, 지금 공을 던진다,
그리고 지금 케이시의 방망이가 허공을 가른다.

스포일러 경고는 필요 없다. 그다음에 어떻게 되는지 여기서 밝히지 않
을 테니까. 대신 가능성을 생각해보기 바란다. 야구를 아는 사람이라면 케
이시가 공을 쳤거나 헛스윙으로 공을 놓쳤으리라 예상할 것이다. 공을 쳤
다면 세게 쳤을 테지만 흥분해서 공을 땅바닥에 내리꽂았을 수도 있다. 공
을 세게 잘 쳤다고 해보자. 아니, 케이시가 공을 경기장 밖으로 날렸다고
해보자. 이런 행위에서 어떤 결과가 나올까? 우선 케이시는 3루 베이스를

모두 밟고 그의 팀은 적어도 1점을 획득할 것이다. 머드빌 관중은 흥분과 기쁨으로 펄쩍펄쩍 뛰면서 케이시를 찬양할 것이다. 그러나 모두가 신나는 것은 아니다. 상대 팀 팬들도 그렇고, 야구에는 눈곱만큼도 관심 없이 경기 장에서 땅콩을 파는 장사꾼도 그렇고, 경기장에서 한 구역 떨어진 곳에서 다른 여념 없이 아기를 낳는 중인 산모도 그럴 것이다. 하지만 경기장의 소 리가 들리는 범위 안에 있는 사람들은 누구를 응원하는지, 어느 팀에 돈 을 걸었는지, 야구장 관중석의 소음의 의미를 이해할 만큼 야구를 아는지 에 따라 신이 날 수도 있고 아닐 수도 있다.

요컨대 이것은 매우 복잡한 문제다. 어떤 행위로 인해 무엇이 달라지고 무엇이 달라지지 않는지 판단하기란 결코 쉽지 않다. 당신이 GOFAI 원리 로 작동하는 컴퓨터라면 자기가 이해하는 알고리즘을 이용해 가능한 모든 결과를 프로그램에 집어넣어서 소프트웨어를 설계해야 한다. 어떤 행동마 다 세계의 표상이 달라지는 부분에 관한 기나긴 목록이 생기고 달라지지 않는 부분에 관해서는 더 긴 목록이 생길 것이다. 사실 이 목록은 무한히 길어질 수 있다.

이처럼 바꾸어야 할 것과 바꾸지 말아야 할 것을 프로그램으로 설정하 는 문제를 컴퓨터 학자와 철학자 들은 프레임 문제라고 부른다.[3] 다양한 가설이 나오기는 했지만 이 문제가 해결될 날은 요원하다. 왜 어려운 문제 인지 이해하려면 문제를 해결하기 위해 무엇을 해야 할지 생각해야 한다. 야구의 규칙도 알아야 하지만 인간 정서의 일면을 이해해서 누군가는 긍정적으로 반응하는데 왜 다른 사람은 부정적으로 반응하는지 그 이유를 파악해야 한다. 나아가 인간 사회의 문화를 이해해서 누군가는 관심이 있지만 누군가는 관심이 없는 이유도 알아야 한다. 더 나아가 물리학도 어느 정도 알아서 야구장에서 멀리 떨어진 사람들은 반응을 보이지 않을 수 있다는 사실도 이해해야 한다. 그리고 이런 모든 지식이 시의 단 몇 행에 작용해야 한다. 어쨌든 이 시에 나오는 사건의 주요 특징을 찾아내고 그런 특징을 이용해서 모든 관련 지식을 끌어내야 한다.

GOFAI가 직면한 문제는 또 있다. 예를 들어 숲속을 걷는다고 해보자. 당신이 내딛는 걸음 하나하나가 새로운 모험이다. 당신의 다리는 높이가 제각각인 나뭇가지와 돌덩이를 뛰어넘는다. 때로는 흔들리는 돌덩이나 바위 위에서 체중을 적절히 분산시켜 중심을 잡는다. 걸음걸음마다 발이 환경에 순응해야 한다. 제일 높은 차원에서는 당신이 가려는 방향으로 이동해야 한다. 가까이는 장애물이나 질척거리는 땅을 피해서 걸려 넘어지거나 발이 젖지 않게 해야 한다. 더 가까이는 발이 어디를 딛든 순응해야 한다. 돌멩이가 밟히면 돌멩이 위를 디뎌야 한다. 만약 발의 모든 행동을 일일이 계획해야 한다면, 신경계에서 발이 향하는 정확한 궤도와 발을 제어하는 수많은 근육의 움직임을 계산해야 한다면, 장애물을 피하고 땅에 순응해서 원하는 곳으로 데려다주는 모든 경로를 정확히 계획해야 한다면 아마 어마어마한 양을 계산해야 할 것이다. 슈퍼컴퓨터가 장시간에 걸쳐 부지런히 일해야 할 만큼 방대한 계산일 것이다.

모든 걸음에서 발이 디뎌야 하는 정확한 궤도까지 계산한다면 동네 한 바퀴를 도는 데 며칠까지는 아니어도 몇 시간은 걸릴 것이다. 꼼짝 않고 앉아서 생각이 마비된 채로 공학적 계산에만 몰두해야 한다. 이것이 바로 GOFAI 시스템의 방식이다. 모든 것을 최적화하고 계획한 다음에서야 행동한다. 커피를 만드는 GOFAI 시스템은 시간의 대부분을 생각하는 데 쓰고 정작 커피를 만드는 데 드는 시간은 얼마 안 된다. GOFAI 로봇은 고성능 철학자처럼 생각하는 데 긴 시간을 보내고 행동하는 데는 시간을 거의 보내지 않는다.

로봇의 컴퓨터가 충분히 빠르다면 생각하고 계획하는 데 그만한 시간이 들지 않을 수도 있다. 지금은 상상을 초월할 만큼 계산 속도가 빠른 컴퓨터가 나왔다. 하지만 아무리 빠른 컴퓨터가 등장해도 GOFAI 방식으로는 충분히 빠를 수 없다. 현재의 로봇이 대단한 이유는 의사 결정과 행동에 다른 계산 양식을 결합했기 때문이다. 동물의 계산 방식에서 영감을 받은 새로운 계산 양식이다.

⌇⚬━⚬━ 체화 지능

로드니 브룩스Rodney Brooks는 1980년대 중반부터 20년 이상 MIT에서 컴퓨터공학 교수를 지냈으며 로봇공학 혁명의 중심에 섰던 인물이다. 기계에 대한 관심은 오스트레일리아에서 살던 열두 살 때 틱택토$^{tic\,tac\,toe}$ 전자 게임을 만들면서부터 전조를 보였다.[4] 기존 방식이 아니라 틱택토 논리^{logic}를 소프트웨어로 프로그래밍해서 자투리 금속이나 스위치, 철사, 전구도 없이 처음부터 게임을 만들었다. 새로운 방식으로 접근해서 아주 훌륭한 게임을 만든 것이다.

브룩스가 GOFAI 로봇을 좋아하지 않은 이유는 수행할 작업을 명확히 설명해줘야 하기 때문이다. GOFAI 로봇에서는 누군가(프로그래머)가 계산할 내용(연산 방법, 방을 가로지르는 방법, 틱택토 게임을 잘하는 방법)을 신중히 파악하고 아주 정교한 방식(알고리즘)으로 모두 작성한 다음 로봇에 규칙을 입력해 알고리즘을 따르도록 프로그램을 설계해야 한다. 브룩스는 정말로 똑똑한 로봇이라면 이렇게 명확히 지시하지 않아도 된다고 생각했다.

브룩스는 생명체의 설계에서 영감을 얻은 체화 지능$^{embodied\,intelligence}$이라는 새로운 로봇공학을 옹호했다. 진화의 역사에서 동물은 단번에 설계되지 않았다. 오랜 시간에 걸쳐 조상에게 물려받은 생물학적 기능이 서서히 쌓이는 과정에서 새로운 종이 출현한다. 최초의 인간은 완성된 채로 세상에 나오지 않았다. 인간은 아주 단순한 생물 형태, 곧 생각하지 못하는 상태로 떠다니거나 기어 다니고 먹이를 찾고 번식하는 생물 형태에서 진화해왔다. 인간에게는 이런 행동을 전담하는 체계가 있다. 그리고 이런 체계는 자연선택에서 살아남아 물고기와 곤충과 인간을 비롯한 모든 동물에게서 여전히 작용한다. 동물이 걸을 때는 수백만 년 전부터 처음에는 헤엄

치고 다음으로 기어가고 그다음에는 점점 더 정교해진 팔다리로 걸어 다니던 조상들이 획득한 신경회로를 이용한다. 조상들에게는 현대 포유류의 눈과 코와 귀로 진화한 지각 체계도 있었다.

브룩스의 연구팀은 걷는 것 말고는 아무것도 할 줄 모르는 단순한 로봇부터 만들었다. 그런데 이 로봇이 아주 잘 걸었다. 걸음을 내딛을 때마다 일일이 계획하지 않고 실시간으로 환경에 반응했다. 모든 기능을 총괄하는 중앙처리장치로 팔다리를 제어하는 것이 아니라 팔다리에 스프링과 충격 흡수 장치가 장착되어 간단한 문제는 스스로 대처하도록 사소한 결정을 내리는 기능을 갖추었다. 브룩스가 제작한 로봇의 팔다리는 장애물에 개별적으로 적용하고 중앙처리장치에서 구체적인 동작에 대한 명령을 받지 않았다. 이런 로봇은 복잡한 미로를 스스로 탐색하지는 못해도 안정적으로 걸을 수는 있다. 길 위의 돌멩이나 바퀴 자국에 걸려 넘어지지도 않고 돌밭이나 모래밭에서도 걸을 수 있으며 오르막길이나 내리막길도 쉽게 다닌다. 브룩스는 걷기의 아키텍처(architecture, 컴퓨터 시스템 전체의 설계 방식을 일컫는 말-역주)를 한층 정교한 과제에 포함시켜서 더욱 정교한 로봇이 걷기의 아키텍처를 이용해서 걷게 만들 생각이었다. 새로운 모듈이 기본적인 걷기 모듈과 소통하고 빛을 감지해서 시각 신호를 해석하는 모듈과 소통하는 것도 가능했다.

이런 로봇으로 아이로봇iRobot의 룸바Roomba라는 진공청소기를 꼽을 수 있다. 여러분 집에도 한 대 있을지 모르겠다. 원반 모양의 로봇이 위험한 계단 같은 장애물을 피해 집 안 구석구석을 다니며 바닥에 쌓인 먼지를 빨아들인다. 룸바에는 독립적으로 작동하는 바퀴 두 개와 장애물이 있다는 사실을 미리 알려주는 센서가 장착되었다. 룸바는 벽이나 물체에 닿을 것 같으면 물러나서 다른 곳으로 간다. 하지만 최종 계획 같은 것은 없다. 그저 방향을 바꿔 바퀴를 굴릴 뿐이다. 센서와 제어장치가 서로 어떤 일을 하는지 모른 채 각자 할 일만 할 뿐이다. 각 부품이 단순하면서도 효과적인 기능을 하면서 전체가 인상적인 기능, 곧 바닥의 먼지를 빨아들이는 기능을 수행한다.

이처럼 체화 지능을 갖춘 로봇을 설계하는 방법을 포섭 구조subsumption architecture라고 한다. 상위 모듈이 하위 기능을 포섭하도록 설계되어 붙은 명칭이다. 포섭 구조는 지능을 거대한 계층구조로 이해한다. 이를테면 고차원적인 정교한 과제를 수행할 때는 단순한 기술을 결합하고 이어서 더 단순한 기술을 조직하는 방식으로 진행된다. 정교한 과제가 철저한 계산과 계획을 통해 수행되는 것이 아니라 가장 낮은 차원에서 환경에 직접 반응하는 체계적인 방식으로 행위자의 계층구조를 거쳐서 수행된다. 브룩스는 정교한 작업을 수행하는 로봇은 끝내 제작하지 못했지만 그의 이론은 오늘날 주류 로봇공학의 간소화된 설계에 녹아 있다. 최첨단 로봇은 정교한 기능을 모두 장착한 로봇이 아니라 주어진 환경에 효과적으로 반응하도록 설계된 로봇이다. 따라서 모든 세부 동작을 미리 계산할 필요가 없다. 세상이 많은 계산을 대신해준다.

⋀⋀⋀●─●──●── 인간의 설계 방식

한편 인간이 어떻게 생각하는지에 관한 연구에서도 로봇의 발전에 상응하는 대단한 변화가 일어났다. 로봇공학에도 구식 AI 로봇 개념이 있듯 인간의 인지과학에도 비슷한 시기에 GOFAI의 주요 특징을 모두 갖춘 개념이 있었다. 인간이 컴퓨터처럼 기호를 처리한다는 개념이다. 다만 인간 소프트웨어를 이용해서 합리적인 결과를 끌어내고 이것을 기억 저장소에 저장한다. 사람들은 방대한 양의 계산으로 세계의 모형을 구성한다. 계산을 통해 최선의 방책을 발견하고, 정보를 저장하고, 지식을 끊임없이 갱신하면서 탐색하고 결정한다. 만약 우리가 정말 이런 식으로 생각한다면 매번 녹초가 될 것이다. 그러나 실제로 인간은 세계를 기술하는 모형을 구축하느라 바쁘지 않다.

일련의 실험에서 참가자에게 컴퓨터 화면에 표시된 텍스트를 읽게 했다. 참가자는 시선이 닿는 위치를 컴퓨터에 전달하는 시선 추적 장치를 착용했다.[5] 연구자들은 교묘한 속임수를 썼다. 사실 그 텍스트는 아무 의미도 없는 글자의 나열이었다. 의미 있는 텍스트는 참가자의 시선이 닿는 위치의 작은 창에만 있었다. 컴퓨터는 참가자의 시선이 머무는 위치를 정확히 파악해서 시선이 닿는 자리에 의미 있는 텍스트가 담긴 창을 띄울 수 있었다. 참가자가 텍스트의 줄을 따라 시선을 옮기면 창도 따라서 이동했다. 실제 텍스트는 항상 참가자의 시선이 닿는 위치의 작은 창에 있고 주변의 모든 텍스트는 의미 없는 글자의 나열이었다. 연구자들은 창이 너무 작지만 않다면 참가자들이 시선 바로 옆에 무의미한 텍스트가 있는지 없는지 전혀 알아채지 못한다는 사실을 발견했다. 참가자들은 전체 화면을 의미 있는 텍스트만 가득한 지극히 정상인 문서로 인식했다. 창의 너비는 대개 17자나 18자가 들어갈 정도이고, 시선이 고정된 위치에서 왼쪽으로 2자나 3자가 들어가고 오른쪽으로 15자 정도 들어갈 수 있었다. 참가자의 뒤에 선 사람에게는 화면에 뜬 글자들이 대부분 무의미해 보이지만 정작 참가자는 전혀 알아채지 못한다. 어느 한순간에 보는 장면이 의미 있다고 생각하면 전체를 그렇게 간주하기 때문이다.

이 실험의 참가자가 경험하는 세계는 실제 세계가 아니었다. 실제 세계는 무의미로 가득하지만 참가자들은 의미 있는 텍스트만 가득한 세계를 경험했다. 참가자의 시선이 어디로 움직이든 의미 있는 텍스트만 나타나기 때문에 참가자는 시선이 닿지 않는 곳에도 의미 있는 텍스트가 있을 것이라고 간주했다. 참가자는 세계를 일종의 터널 시야로 지각하면서 그들이 지각하는 작은 창의 바깥이 얼마나 혼란스러운지 망각한다. 이 연구는 인간이 얼핏 본 정보를 토대로 세계에 대한 결론을 끌어내는 성향을 보여준다. 우리는 세계의 모형을 구성해서 무대 위의 연극처럼 우리 자신에게 보여주는 것일까? 그런 것 같지는 않다. 이보다 단순한 설명이 있다. 이를테면 이 실험의 참가자는 세계가 대체로 의미 있으므로 다른 것도 모두 의미가 있을 것이라고 생각한다(평소에는 심리학자와 마술사와 예술가 들이 우리를 속이려 하지 않는다). 참가자들이 정상 상태를 경험하는 이유는 그들에게 보이는 작은 조각이 평소의 세계에 대한 경험과 일치하기 때문이다.

이처럼 세계가 정상적으로 작동한다는 가정은 인간에게 중요한 버팀목이다. 정보가 세계에 저장되므로 개인이 모든 것을 기억할 필요가 없어진다. 뭔가를 알아야 한다면 그것만 보면 된다. 페이지 맨 위에 있는 문장을 알아야 한다고 해서 꼭 외워야 하는 것은 아니다. 그냥 페이지 맨 위를 보면 된다. 이 실험을 진행한 연구자는 이렇게 말했다. "시각 환경은 일종의 외부 기억 저장소 역할을 한다."[6]

이 연구가 세계와 맞닿은 일상의 경험에 관해 무엇을 말해주는지 생각해보라. 당신은 지금 있는 공간을 얼마나 이해하는가? 주변의 물건을 떠올리고 그 물건이 당신을 기준으로 어디에 위치하는지 생각해보라. 그 공간을 아는 것 같은가? 당신의 생각을 읽어주는 기계가 나온다면 현재 당신이 있는 환경에 관한 아주 구체적인 그림을 얻을 수 있지 않을까? 전체 그림을 얻으려면 눈과 머리를 조금 움직여야 할 수도 있고 몸 전체를 움직여야 할 수도 있지만 당신에게는 환경을 직접 지각한다는 감각이 생길 것이다. 앞서 컴퓨터 화면 위의 창이 이동하는 실험에서 이런 이해에 대한 감각이 명백히 드러난다. 사실 환경에 관한 공간 모형을 안다는 감각은 착각이다. 당신에게 보이는 것이라고는 시선이 닿은 곳 주위의 작은 지점일 뿐이다.

그렇다면 당신은 왜 전체 공간을 안다고 착각할까? 어디를 보든 그 공간이 보이기 때문이다. 전체 환경을 안다는 감각은 시선이 어디에 닿든 모든 것이 의미 있다는 사실에서 나온다. 모든 것이 의미 있는 이유는 당신이 이해하는 방식으로 세계가 작동하기 때문이다(가구가 천장으로 떠오르지도 않고, 나무가 나타났다가 사라지지도 않는다). 우리는 한 번에 세계의 극히 일부를 볼 뿐이지만 나머지 세계가 우리 머릿속만이 아니라 그 자리에 존재한다는 것을 안다. 어디를 보든 다행히 정상이고 눈에 보이는 것들과 어긋나지 않는 듯 보인다. 세계는 기억장치의 역할을 한다. 전등이 왼쪽에 있다는 것을 아는 이유는 왼쪽에 전등이 있기 때문이다. 직접 확인할 방법이 하나 있다. 눈을 감고 주변 세계를 재구성해보라. 구체적이어야 한다. 평소 시선이 닿는 곳 바로 위에 무엇이 있는가? 대다수가 이 질문에 제대로 대답하지 못해 쩔쩔맨다. 머릿속에 환경의 모형, 곧 그 자리에 있는 모든 것에 관한 상세한 표상이 들어 있는 것 같지만 사실은 그렇지 않다.

우리는 2장에서 과잉기억증후군, 곧 자기 삶의 방대한 경험을 아주 구체적으로 기억하는 사람들을 소개했다. 우리는 이들이 환경을 기억 저장소에 저장하는 방식이 평범한 사람들과 다른지 물었다. 극단적인 기억력 탓에 머릿속으로 계산을 더 많이 해야 할 수도 있다. 또 보통 사람보다 환경의 모형을 더 정확히 구성할 수 있을지도 모른다. 그렇다면 남들만큼 외부 정보에 의지하지 않을 것이다. 하지만 자료에 따르면 과잉기억증후군인 사람들도 남들과 크게 다르지 않다. 예를 들어 과잉기억증후군인 AJ는 어느 열쇠로 어느 문이 열리는지 기억해내느라 애를 먹는다. 또 실험자들은 AJ

에게 눈을 감고 실험자들이 무슨 옷을 입었는지 말하게 했다. AJ는 말하지 못했다.[7] 어쨌든 과잉기억증후군의 특성은 세계가 아니라 자기 경험에 관해 무엇을 기억하느냐다.

∿–●–●– 세계는 우리의 컴퓨터

앞서 야구 이야기를 조금 더 이어가서 우리가 머릿속에서 집중적으로 계산하지 않는다는 사실을 자세히 알아보자. 높이 친 공이 당신에게 곧장 날아온다고 상상해보라. 공을 잡으려면 어느 위치에 있어야 할지 어떻게 판단할까? 기존의 인지과학에서는 우리 안의 아이작 뉴턴이 등판한다고 답한다. 물리학 지식을 총동원해서 궤도를 계산하고 공이 어디로 떨어질지 예측하기 시작한다는 것이다.[8] 고등학교에서 배운 미적분을 잊어버렸더라도 운동기관은 어떻게 해야 할지 안다. 다시 말해서 공을 치면 포물선을 그리며 날아간다는 사실을 안다(바람과 마찰은 무시하자). 이제 당신은 몇 가지 요인을 추정해 이차방정식으로 포물선을 그릴 수 있다는 것을 기억해내고 그에 따른 수학 문제를 재빨리 풀기만 하면 된다. 방정식의 결과에 따라 어디에 서야 하는지 알 것이다. 이것은 바로 GOFAI 규칙을 따르는 로봇의 행동이다. 한동안 앉아서 생각하고(너무 길어지지 않으면 좋고) 정확한 위치로 이동한다(방정식을 제대로 풀었다면).

그러나 메이저리그에 올라가기 위해 이차방정식을 기억하고 습득해야 하는 것은 아니다. 사실 생각을 거의 안 하고도 공을 잡는 손쉬운 방법이 있다. 궤도를 계산하지 않고 공이 떨어지는 곳으로 달려가는 편법이다. 높이 친 공이 당신 쪽으로 날아온다면 공이 하늘로 올라가는 동안 자연히 고개를 들고 시선을 올려서 당신에게 날아오는 공을 응시한다. 시선의 방향은 지면과 비례한 각도를 말해준다. 여기서 이런 편법이 작용한다. 공이 떨어질 위치로 가려면 앞뒤로 이동하면서 각도가 항상 일정하게 상승하도록 하면 된다.[9] 공이 방망이에 맞은 후 공에서 눈을 떼지 않으려면 고개(혹은 눈)를 끊임없이 위로 들어서 공의 이동 경로를 따라가야 한다. 놀랍게도 공이 떨어지기 시작한 뒤에도 시선은 계속 위로 들어야 한다. 외야수가 공을 잡으러 달려가는 모습을 가만히 지켜보면 시선이 같은 비율로 항상 위로 올라가도록 몸의 방향과 속도를 조정하는 것을 볼 수 있다. 이렇게 조정해야 적절한 위치로 가서 공을 잡을 수 있다. 그러고는 팔을 들어 그냥 공을 잡기만 하면 된다.

노련한 야구 선수나 소프트볼 선수가 실제로 공을 잡는 동작과 불가능한 궤도를 그리는 가상의 공을 쫓는 동작을 신중히 비교한 실험에서도 결과는 일치했다.[10] 야구 선수는 공이 어디로 가는지 머릿속으로 계산하지 않는다. 그냥 공을 쳐다보면서 서서히 시선을 들어 정확한 위치로 간다.[11]

이와 같은 시선 방향 전략에는 궤도를 계산하는 방법보다 훨씬 단순하다는 것 말고도 몇 가지 장점이 있다. 첫 번째 장점은 필요한 모든 정보를 즉각 활용할 수 있다는 것이다. 애써 기억을 끌어낼 필요가 거의 없다. 시선의 방향을 알려면 지면이 어디에 있고 당신이 어디를 보는지만 알면 된다. 또 시선의 방향이 달라지는 속도를 알려면 머리가 얼마나 빠르게 움직이는지 알면 되는데, 이것은 이미 감각기관이 안다. 반면에 GOFAI 방식으로 과중한 계산을 하려면 포물선의 궤도를 그려야 하고, 그러려면 공의 경로를 세 지점 이상을 알아야 하며, 함수도 삽입해야 한다. 쉽지 않은 과정이다.

시선 방향 전략의 두 번째 장점은 선수가 당장 움직일 수 있다는 점이다. 방대한 양의 계산을 마친 다음에 움직이는 것이 아니라 곧바로 움직이면서 시선을 조정할 수 있다(아니, 그래야 한다). 덕분에 선수는 공에 다가갈 시간을 번다. 프로야구 선수가 어떤 방식을 택할지는 자명하다.

세계가 계산을 대신하게 만드는 방법에서 더 단순하고 확실한 예는 빽빽한 공간에서 탐색하는 경우다. 밀밭을 가로질러 달린다고 생각해보자(혹시 근처에 밀밭이 있다면 직접 달려보라). 가까이 있는 밀의 잎이 멀리 있는 잎보다 더 빠르게 움직이는 듯 보일 것이다. 이것은 빛이 밀밭 표면에서 당신의 눈으로 이동하는 방식과 관계있다. 당신이 밀밭을 가로지르는 과정을 반영하는 체계적 양상이 기하학적으로 만들어진다. 빛이 밀에 반사되어 당신의 눈에 들어가는 방식 때문에 당신이 급히 돌면 밀이 당신의 경로를 따르는 동심원의 호를 찾아낸다. 그러면 당신은 광학적 흐름, 곧 당신이 움직이는 동안 빛이 표면에 반사되어 당신의 눈에 닿으면서 만들어지는 양상을 경험한다. 광학적 흐름은 명확한 규칙을 따른다. 예를 들어 사과밭을 가로지를 때도 밀밭과 같은 길로 간다면 동일한 광학적 흐름을 경험할 것이다. 눈에 보이는 대상은 물론 다르지만(사과나무와 밀) 양상은 동일하다. 멀리 있는 밀이 서서히 움직이는 것처럼 보이듯이 멀리 있는 사과나무가 가까이 있는 사과나무보다 서서히 움직이는 것처럼 보일 것이다.

광학적 흐름을 경험할 수 있는 곳으로 고속도로가 있다. 교통부가 도로에 그린 차선은 자동차가 좁은 공간에서도 직선으로 달리게 돕는다. 당신을 중심으로 한쪽 선이 반대쪽 선과 동일한 속도로 이동하는 것처럼 보인다면 차선 안에서 잘 달리고 있다는 뜻이다. 운전 시뮬레이터로 실시한 실험에서도 확인된다. 컴퓨터 화면을 갖춘 시뮬레이터에 참가자를 들여보내고 한쪽 차선이 다른 차선보다 빠르게 움직이도록 조작하면 참가자는 느린 쪽 차선으로 방향을 틀려고 한다. 교통부에서는 사람들이 광학적 흐름에 민감하다는 점에 착안해 서행해야 하는 구간에 실제보다 더 빠르게 달리는 것처럼 보이는 방식으로 차선을 그린다. 특히 고속도로 나들목에서 유용한 방법이다.

사람들은 출입구에 드나들 때도 광학적 흐름을 이용한다. 가령 출입구의 양쪽 문설주에 부딪히지 않으면서 가운데로 들어가고 싶다고 해보자. 우선 문과의 거리와 문의 너비를 추산하고, 출입구 가운데로 들어가기 위해 택해야 할 각도를 계산해야 한다. GOFAI 로봇이라면 이렇게 할 것이다. 그러면 계산도 추산도 많이 해야 한다. 바쁠 때는 이런 추산이 어려울 수 있다. 다음으로 더 빠르고 간단한 방법이 있다. 문틀의 양쪽이 당신에게 동일한 속도로 다가오게 해서 문을 지나가는 방법이다(정확히 말하면 양 옆의 광학적 흐름이 대칭을 이루게 만드는 방법이다). 이게 전부다. 이렇게 할 수만 있다면 어깨를 부딪치지 않고 어느 방에나 들어갈 수 있다. 실제로 사람들은 이렇게 한다. 가상현실에서 인위적으로 어느 한쪽의 광학적 흐름의 속도를 높이면 사람들은 더 이상 복도의 중앙으로 지나가지 못하고 좀 더 빠르게 흐르는 쪽에서 멀어지려고 한다.[12]

벌과 곤충들도 유사한 광학적 흐름을 활용한다. 벌은 광학적 흐름을 이용해서 벌집에도 들어가고 터널도 통과한다. 양쪽의 광학적 흐름을 다르게 조작할 수 있는 특수 터널로 벌을 통과하게 하는 실험에서 벌의 이런 특성이 드러났다. 벌은 광학적 흐름이 느린 쪽 벽에 가까이 붙어서 날았다.[13] 벌을 비롯한 곤충들이 수많은 계산을 해내는 능력을 가진 것은 아닐 수 있다. 매우 단순할 수 있다.

이상의 모든 연구에 의하면 인간(과 벌레)은 방대한 양의 계산을 하면서 행동하는 구식 모형의 개발자가 아니다. 그보다는 세계에 관한 사실을 활용하여(공과 표면의 광학처럼) 행동을 단순화하는 방식을 택한다. 우리가 반응하는 정보는 머릿속이 아니라 세계에 있다. 공을 잡고 문을 통과하는 데만 적용되는 것이 아니다. 싱크대에 설거짓감이 잔뜩 쌓였다면 무언가 조치를 취해야 한다는 뜻이고, 그릇이 반짝인다면 설거지를 마쳤다는 뜻이며, 물이 뚝뚝 떨어지지 않으면 이제 그릇을 수납장에 집어넣어도 된다는 뜻이다. 여기서 기억할 것은 거의 없다. 마찬가지로 책을 읽을 때는 눈이 현재 어느 줄을 읽는지만 기억하면 된다. 나머지는 그 안에 담겨 있다.

우리는 책을 읽고 공을 잡는 방식을 논의한 사례에서 우리가 알아야 할 모든 정보가 머릿속에 저장되어 있지 않다는 사실을 알았다. 가장 기초적인 수준의 기능에서도 우리는 세계를 기억장치로 활용한다. 상위 수준에서는 이런 특성이 더 명백해진다. 책상에 서류가 잔뜩 쌓였으면 할 일이 많다는 의미다. 갈수록 종이가 아니라 이메일이 할 일 목록을 정리해주지만 말이다. 달력(종이 달력이든 전자 달력이든)도 이런 기능을 하는 장치다. 다음으로는 우리의 몸을 특히 유용하고 유연한 기억의 저장소로 활용하는 방법을 논의하겠다.

⌁—●—●— 뇌는 마음에 있다

마음은 어디에 있을까? 흔히 마음이 뇌에 있다고 대답한다.[14] 사람들은 생각—인간의 가장 중요한 능력—의 장소가 인간의 가장 정교한 기관인 뇌에 있다고 생각한다. 이런 마음 이론이 옳다면 단순한 과제를 수행하는 방식에 미치는 의미가 있다. 물뿌리개 같은 흔한 물건을 찍은 사진이 정면을 촬영한 것인지 아닌지 판단한다고 해보자.[15] 어렵지 않다. 그냥 사진을 보고 뇌를 참조해서 답을 알아내면 된다. 사진 속 물건이 정면이라면 그렇다고 답하고 정면이 아니라면 아니라고 답하면 된다.

한 실험에서 참가자들에게 이 과제를 냈을 때 참가자들은 왼손으로 버튼을 눌러서 "예"라고 답하기도 하고 오른손으로 버튼을 눌러서 "예"라고 답하기도 했다. 아직은 괜찮았다. 과제를 수행하는 데는 0.5초도 걸리지 않았다. 그러나 연구자들은 세부 정보 하나를 교묘히 추가했다. 크게 중요하지 않은 정보였다. 물건의 방향을 왼쪽이나 오른쪽으로 돌려놓은 사진을 보여준 것이다. 예를 들어 물뿌리개 사진의 절반은 손잡이가 오른쪽을 향했고 나머지 절반에서는 왼쪽을 향했다. 어떤 물건이 정면인지 아닌지 판단할 때 그 물건의 방향에 관해 뇌에 저장된 지식을 참조한다면, 손잡이가 왼쪽에 있는지 오른쪽에 있는지를 판단할 때도 마찬가지여야 한다. 그러나 차이가 있었다. 오른손으로 "예"라고 답하는 속도는 손잡이가 오른쪽을 향할 때 더 빨랐다. 그리고 왼손으로 "예"라고 답하는 속도는 손잡이가 왼쪽으로 향할 때 더 빨랐다.

손잡이가 오른쪽에 있는 물건의 사진을 보면 오른손을 쓰는 편이 수월한 것이다. 사진을 보면 무의식중에 당장 몸이 사진 속 물건과 상호작용하도록 준비한다. 진짜 물건의 손잡이가 아니라고 해도 왼손보다 오른손이 더 필요해지는 것이다. 사진 속 물건인데도 그렇다. 그리고 오른손이 움직일 준비를 하므로 실제로 행동하는 것이 아니라 고작 물건의 방향을 묻는 질문에도 더 빠르게 반응한다. 우리 몸이 손과 물건의 상호작용을 준비시켜 질문에 답하기까지 걸리는 시간에 영향을 미친다. 뇌에서 답을 찾는 것이 아니다. 몸과 뇌가 동시에 사진에 반응해서 답을 찾는 것이다.

우리가 생각하고 기억하는 행위에서 몸을 활용하는 예는 풍부하다. 한 연구에서는 어떤 장면을 몸으로 직접 해보는 것이 다른 기억술[16]보다 더 효과적이라고 밝혔다. 이런 연구는 흔히 "체화embodiment"[17]라는 현상의 증거가 된다. 체화는 인지 과정에서 몸이 수행하는 중요한 역할에 관한 개념이다. 마음의 칠판에서 계산하는 것이 아니라 생각의 대상과 관련된 행동을 거쳐 생각이 일어나는 것이다.

산수를 계산할 때는 칠판 같은 외부 보조 장치가 있을 때 훨씬 수월하다(계산기도 도움이 된다). 일부 문화에서는 숫자 체계가 몸을 중심으로 만들어졌다. 뉴기니의 오크사프민 사람들은 27개 신체 부위의 순서대로 숫자를 센다.[18] 한 손의 엄지손가락부터 시작해서 코까지 올라갔다가 반대편 손 새끼손가락까지 간다. 따라서 이 숫자 체계는 27이 기본이다. 다른 몇몇 문화권에도 몸과 관련된 숫자 체계가 있다. 서양 문화도 몸과 관련된 숫자 체계를 사용하는 특징을 보인다. 서양 문화는 손가락이 열 개라서 기본이 10인 숫자 체계에 의존한다. 이런 곳에서는 아이들이 손가락으로 산수를 하는 모습을 자주 볼 수 있다.

인지는 우리가 생각하는 대상이나 도구와 결합한다.[19] 음악을 연주할 때 음악에 대한 생각과 입이나 악기로 소리 내는 음악은 같은 과정의 일부이며 서로 크게 의존한다. 실제로 기타가 있으면 기타를 치는 것처럼 손가락을 움직이기가 훨씬 쉽고, 머릿속 생각을 글로 적어보면 단어를 말하거나 계산하기가 훨씬 편하다. 대개 물리적 세계와 연결해서 생각할 때 사고 활동이 더욱 활발하다는 점에서 생각은 몸과 분리된 채 머릿속 무대에서 일어나는 과정이 아니라는 사실을 알 수 있다. 정신 활동은 뇌에서만 일어나는 것이 아니다. 뇌는 몸과 세계의 여러 측면이 관련된 처리 체계의 일부일 뿐이다.

인간은 정서 반응도 일종의 기억으로 활용한다. 어떤 사건을 접하고 즐겁거나 고통스럽거나 두려운 반응을 보이면서 주목할 대상과 피할 대상을 찾는다. 서던캘리포니아 대학교의 신경학자 안토니오 다마지오Antonio Damasio는 이런 반응을 그리스어로 몸을 뜻하는 단어 "soma"에서 착안해 "신체적 표지somatic marker"라고 불렀다.[20] 몸은 감정을 일으켜서 상황을 지각하게 하고 경고를 보낸다. 어떤 선택이 기분 좋은 것이라면 긍정적인 정서 반응—좋은 기분—이 일어난다. 우리에게 주목하고 조사하라고 말하는 주체는 바로 몸이다. 그래서 프랑스 케이크 가게에 있으면 기분이 좋아지는 것이다. 몸은 시야에 들어온 맛있어 보이는 모든 음식에 관심을 기울이려고 한다. 기분이 좋지 않은 선택이라면 혐오나 두려움 같은 부정적인 정서 반응이 일어난다. 이런 정서 반응은 그 선택이 전염성이 있거나 위험하거나 짜증을 유발하므로 피하라고 경고한다. 적절한 혐오 반응은 혐오감을 주는 대상을 피하라고 알려준다. 가령 도로 한복판에서 갈색 웅덩이를 발견했다면 혐오는 적절한 반응이지만 치워야 할 대상이라면 문제가 된다. 두려움 반응도 마찬가지다. 가령 뱀이나 적과 마주친다면 유용한 반응이지만 낯선 사람을 피하려고만 한다면 문제다.

정서 반응은 우리의 의사 결정에 영향을 미친다. 정서 반응은 우리가 무엇을 생각하고 어떤 선택을 고려할지 결정해준다. 우리는 두려운 대상보다는 두렵지 않은 대상을 더 진지하게 생각하고 싶어 하고, 불쾌한 웅덩이보다는 프랑스 케이크를 생각하고 싶어 한다. 이런 의미에서 정서 반응은 생각에 영향을 미칠 뿐 아니라 생각을 대신하기도 한다.

정서 반응은 어디에서 올까? 몇 가지 반응은 타고난다고, 이를테면 뱀을 두려워하는 마음은 수천 년 동안 위험한 뱀이 득실대는 환경에서 산 인간의 유전자에 각인된 지식이라고 생각하고 싶은 마음이 굴뚝같다. 어쩌면 사실일 수도 있다. 공포증은 공포를 제어하지 못할 때 나타난다. 거미공포증, 고소공포증, 광장공포증 따위의 일반적인 공포증은 선사시대에 실제로 위험했던 대상과 관련 있다. 이런 공포증의 대상은 모두 진화의 역사에서 우리 조상들에게 위해를 가했던 대상이다. mp3공포증이나 BMW공포증도 존재할 수도 있지만 아직 알려진 바가 없다. 사실 자연선택에서는 공포증이 있는 편이 약간 유리했을 것이다. 하지만 진화의 역사에서 원인을 찾기 어려운 공포도 있다. 하늘을 나는 것에 극심한 공포를 느끼는 사람도 있고(비행공포증), 복화술사의 인형에 공포를 느끼는 사람도 있다(자동조작공포증). 이런 공포는 시간에 걸쳐 공포의 대상에 노출되면서 발달하고 문화적 개념이나 사회적 지지가 뒷받침되어야 나타난다. 예를 들어 나는 것에 대한 공포는 "날다"라는 개념을 이해하는 정도와 관계있을 수 있다. 물리학에 대한 인과적 믿음을 깨트리기 때문이다. 그렇게 크고 무거운 쇳덩어리가 어떻게 땅에서 뜰 수 있을까?

혐오 반응은 어떤 대상이 건강하지 않으므로 반드시 피하라고 몸이 보내는 신호다. 우리는 가까이 두면 건강에 좋지 않은 대상에 혐오로 반응하는데, 혐오 반응 덕분에 그 대상에서 멀어진다. 그러나 체액과 세균을 옮기는 물질에만 혐오 반응을 보이는 것은 아니다. 특정 행동에도 혐오 반응을 보인다. 일부 심리학자들은 혐오가 도덕적 반응을 끌어낸다고 말했다.[21] 누군가는 동성애를 혐오하고, 그보다 더 많은 사람이 형제나 자매와의 성관계를 혐오한다. 이처럼 특정 행동에 공포와 불쾌감을 느끼는 현상은 신체적 표지가 추상적인 차원에서 작용하는 것을 보여주는 예다. 몸은 우리에게 어떤 행동이 적절한지 아닌지 알려준다. 다행히 우리(우리 안의 신중한 호문쿨루스homunculus, 난쟁이)는 몸의 의견을 따를지 말지 선택할 수 있다.

이 두 가지 사례는 우리가 생각하고 기억하는 데 몸을 어떻게 이용하는지 보여준다. 두 사례에서 드러난 중요한 사실이 있다. 마음은 뇌에서 추상적인 계산을 하며 시간을 보내는 정보 처리 장치가 아니라는 점이다. 또한 뇌와 몸과 외부 환경이 협력해서 기억하고 추론하고 결정한다는 점이다. 지식은 뇌만이 아니라 몸 전체에 분포한다. 생각은 뇌 안의 무대에서 일어나는 현상이 아니다. 생각은 뇌와 몸과 세계의 지식을 활용하여 지적 행위를 지원한다. 한마디로 마음은 뇌에 없다. 그보다는 마음에 뇌가 있다. 마음은 뇌를 비롯한 여러 가지를 동원해서 정보를 처리한다.

지금까지 우리는 비교적 무지한 개인으로 이루어진 인류가 어떻게 환경을 지배할 수 있느냐는 질문에 일부 답했다. 개인은 외부의 도움을 이용할 수 있을 때 훨씬 덜 무지하다. 몸을 비롯한 세계는 그 자체로 기억장치이자 외부 보조 장치 역할을 하면서 개인을 훨씬 덜 무지하게 만든다. 다음 장에서는 우리가 다른 사람들을 더 큰 기억 저장소이자 처리 장치로 활용한다는 점을 알아보겠다.

chapter. SIX

사람들로 생각하기

지금까지 생각이 복잡한 행동을 뒷받침하도록 진화한 사실을 살펴보았다. 마음은 개인이 행동할 수 있도록, 또 개인이 선호하는 대로 환경을 바꿀 수 있도록 정보를 처리한다. 나아가 환경을 통해 생각이 일어나는 것도 살펴보았다. 세계는 기억장치로 역할하고 사고 과정의 일부가 된다. 하지만 우리는 한 개인의 수준에서 생각한다. 실제 생활에서는 여러 사람이 협력해서 복잡한 행동을 하는 모습이 자주 눈에 띈다. 여러 인지 체계가 함께 작동하면 한 사람의 역량을 뛰어넘는 집단지능이 출현한다.

벌은 이런 특성을 보여주는 좋은 예다. 벌집은 매우 복잡하며 부분의 총합보다 훨씬 크다. 벌집이 굴러가는 방식은 기업의 운영 방식과 같다. 한마디로 개인이 집단 안에서 제각각 역할을 수행한다. 우선 일벌이 있다. 암컷 일벌은 벌집을 보호하며 꿀을 만들어서 겨울에 대비하고, 먹이를 저장할 벌집을 만들어 유충에게 먹이를 준다. 여왕벌은 새로운 군집을 조직해서 짝짓기를 하고 알을 낳는다. 수벌은 군집을 떠나 다른 군집의 여왕벌과 짝 짓기를 한다. 또한 벌집은 아주 정교하게 조직된다. 꿀과 꽃가루는 벌집 위 쪽 방에 저장된다. 유충이 자라는 방은 벌집 아래쪽에 있고, 유충의 방에 는 일벌과 수벌과 여왕벌을 키우는 공간이 분리되어 있다.

벌집은 서로 협력하면서 온갖 어려운 문제를 해결한다. 일벌은 꽃가루와 꿀을 구하지 못하는 겨울에 대비해서 벌집을 지탱할 식량을 모으고 저장 한다. 또 침입자로부터 식량과 유충을 지킨다. 여왕벌은 다른 군집의 수벌 과 짝짓기를 해서 유전학적 다양성을 모색한다.

벌은 혼자서는 살아남지 못한다. 일벌은 짝짓기를 할 수 없다. 수벌은 직 접 먹이를 구하지 못한다. 여왕벌은 새끼를 보살피지 못한다. 각자 할 일이 있고 저마다 그 일의 전문가다. 일벌은 자기가 일벌인지 모른다. 수벌은 자 기가 수벌인지 모른다. 각자 진화의 과정에서 주어진 일을 할 뿐이다. 이처 럼 각자가 복잡한 행동 체계에서 비교적 단순한 한 부분을 수행한 덕분에 전체가 굴러간다.

물론 인간은 벌보다 훨씬 똑똑하다. 하지만 인간과 벌은 다른 차원에서 중요한 특성을 공유한다. 둘 다 여러 구성원이 협력하는 능력을 통해 거대 한 지능을 이룬다는 점이다. 인간이 지구상에서 가장 복잡하고 강력한 종인 이유는 각자의 뇌에서 일어나는 현상 때문만이 아니라 뇌의 공동체가 협력하는 방식 때문이기도 하다.

∿–●–●– 공동체 사냥

종의 생존을 좌우하는 몇 가지 요인이 있다. 우선 식량을 구해야 한다. 19세기 후반부터 인류학 문헌에는 선사시대의 인간이 역사상 가장 뛰어난 사냥꾼이었음을 보여주는 사례가 가득하다. 아프리카에서 시작해서 중동, 유럽, 아메리카에 이르기까지 세계 각지에서 거대한 뼈 무덤이 발견되었고 발견된 뼈에는 살육과 학살의 흔적이 선명하다. 원시시대의 인간은 매머드와 코끼리, 코뿔소, 오록스aurochs, 소의조상, 들소와 같은 거대한 짐승을 비롯해 온갖 짐승을 닥치는 대로 살육했다. 거대한 여러 포유류의 멸종 요인으로 작용했을 만큼 인간은 사냥에 뛰어났다. 뼈만 앙상한 조상들이 자기들보다 몸집이 몇 배나 큰 동물들을 죽이는 재주가 뛰어났던 것이다. 인간이 출현하기 전에는 사냥을 잘하려면 힘이나 몸집이나 속도 따위의 우월한 신체 능력이 필요했다. 그러다 생각할 줄 아는 인간이 출현하자 버스만큼 거대한 몸집으로는 몸을 숨기기 어려웠다.

고고학자와 문화기술 연구자 들은 원시인들이 이런 과업을 이루는 데 사용한 기법과 전략을 재구성했다. 사냥은 인간 고유의 협업과 분업을 필요로 하는 공동체 활동이다. 공동체 사냥은 매우 정교한 행위이자 수십 명이 참여하는 조직적 활동이다. 각자에게 돌아오는 보상도 상당하다. 한 번 사냥을 나가면 거대한 동물을 여러 마리 잡아서 몇 달씩 먹고살았다.

인류학자 존 스페스John Speth는 마지막 빙하기의 말기, 곧 홍적세 말기에 북아메리카 서부에서 벌어진 집단적인 들소 사냥을 소개했다.[1] 사냥꾼들은 들소 떼를 이끌고 덫을 놓은 곳까지—때로는 수 킬로미터씩—이동했다. 덫은 들소를 가둘 작은 협곡이나 특별히 설치한 울타리였다. 간혹 절벽 끝으로 몰고 가서 떨어뜨려 죽이기도 했다.

이런 식으로 사냥을 하려면 전문 지식과 신중한 계획과 긴밀한 협력이 필요했다. 사냥은 들소의 습성을 훤히 꿴 샤먼이 주도했다. 샤먼은 오래 연마한 전문 지식과 기술로 들소 떼의 행동을 통제했다. 샤먼은 들소 가죽을 둘러써서 들소 떼가 그를 우두머리로 생각하게 만드는 수법을 비롯한 갖가지 교묘한 방법을 동원했다. 다른 부족민들은 들소 떼를 몰아가는 이동 경로에 전략적으로 배치되었다. 사냥꾼들은 덫을 놓은 자리에서 기다리다가 적절한 순간에 들소를 덮쳤다. 자칫 들소가 사람 냄새를 맡고 의심하거나 덫에 도착하기도 전에 사냥꾼들이 먼저 우르르 몰려가면 사냥을 망칠 수도 있었다.

들소를 죽이는 행위는 사냥의 여러 목적 가운데 하나일 뿐이다. 들소를 잡으면 고기를 도축해서 저장해야 한다. 이 작업도 중요했다. 한 마리에 1500킬로그램씩 나가는 들소 수십 마리를 도축하고 저장하는 데 드는 노동력을 상상해보라. 이것은 공동체 모두의 협력이 필요한 작업이었다.

물론 개인의 지능은 사냥에 도움이 된다. 효과적인 무기를 만들고, 짐승이 위협을 느끼면 어떻게 반응할지 예상하고, 고기를 도축해서 저장하는 데는 똑똑한 머리가 필요하다. 하지만 사냥은 혼자 할 수 있는 일이 아니다. 이런 성공적인 사냥이 가능했던 이유는 공동체에서 인지 노동을 분담했기 때문이다. 공동체 구성원들은 저마다 공동체의 목표를 이루는 데 기여할 만한 기술을 하나씩 익혔다. 샤먼은 시간과 노력을 들여 들소 떼를 유도하는 방법을 익혔다. 샤먼의 역할은 공동체의 나머지 구성원들이 다른 역할(창 쓰기, 도축하기, 불 피우기)을 해주기 때문에 가능했다. 인지 노동을 분담하면 효율성과 힘에서 막대한 이득을 본다.

인지 노동의 분담으로 생기는 이득은 건물을 세우는 과정에서도 확인된다. 건축을 혼자 한다면 텐트나 개집 정도 만들 수 있다. 실내에 단열 처리를 하고 수도 시설과 온도 조절 장치를 비롯한 각종 시설을 완비한 주방 그리고 오락기까지 갖춘 현대식 주택을 지으려면 집단의 노력이 필요하다. 현대식 주택을 짓는 데 관여하는 직종을 생각해보라. 측량사, 굴착기 기사, 설계자, 기둥 세우는 사람, 벽돌공, 지붕 이는 사람, 석고판과 창문을 설치하는 사람, 목수, 페인트공, 미장공, 전기기술자, 가구 만드는 사람, 정원사, 카펫 까는 사람이 있어야 한다. 두 가지 이상의 일을 전담하는 사람도 있지만 그 누구도 건축법을 위반하지 않고 소비자를 만족시키면서 모든 작업을 홀로 해낼 수는 없다.

고대 이집트의 피라미드부터 현대의 고층 건물에 이르기까지 중요한 건물을 지을 때는 항상 인지 노동의 분업이 필요했다. 중세 대성당은 돌 자르는 사람을 비롯해 여러 숙련공(채석공, 미장공, 회반죽공, 석공)이 이동하면서 일했기에 건축될 수 있었다. 물론 후원자, 건축가, 그 밖의 다양한 설계자들이 있어야 애초에 건축이 시작되었다. 대성당 건축은 수십 년 때로는 수백 년까지 걸리는 대규모 공동체 사업이었다. 작업자들은 대부분 살아생전에 완성된 건물을 볼 수 있을 것이라고 기대하지 않았다. 이런 공동체의 노력과 소유권 개념 덕분에 오늘날 세계 곳곳에서 웅장하고 아름답고 견고한 성당을 볼 수 있는 것이다.

지금까지의 예에서 마음의 중요한 특성 하나를 확인했다. 마음은 혼자서 문제를 해결하는 방식으로 진화하지 않았다는 점이다. 마음은 공동 작업의 방식으로 진화했고, 생각은 상호 의존적으로 진화해서 남들의 생각과 함께 작용한다. 벌집처럼 개인이 한 영역을 통달할 때 집단지능이 부분의 총합보다 커진다.

〰●─●── 똑똑해지다

현생 인류가 인류의 다른 조상(인간과 관련된 영장류)에서 진화한 과정은 진화의 시간을 기준으로 볼 때 상당히 빠르게 진행되었다. 200~300만 년

전 아프리카 대초원에서 사람 속[L]이 출현한 이후 약 20만 년 전에 현생 인류로 진화했다. 그사이 인간이 가장 크게 도약한 영역은 인지였다. 현생 인류는 조상들보다 힘이 더 세거나 더 빠르지 않았다. 현생 인류의 강점은 뇌의 크기였다.[2] 현생 인류의 뇌 질량은 초기 인류보다 세 배 정도 크다. 인류학에서는 뇌 질량이 이렇게 빠르게 증가하는 현상을 대뇌화(大腦化, 영어로는 encephalization – 역주)라고 부른다. 뇌가 빠른 속도로 커지자 진화론에 어려운 문제가 생겼다. 뇌가 크면 열량을 많이 소모해서 비용이 늘어난다. 몸에서 쓸 수 있는 열량에는 한계가 있으므로 큰 뇌에 에너지를 공급하려면 몸이 약해질 수밖에 없다.[3] 뇌가 커지면 두개골도 함께 커져서 출산할 때 고통스럽고 위험하다. 인류는 어떻게 이런 대가를 치르고 빠른 속도로 똑똑해졌을까?

현생 인류의 주된 특징으로서 뇌가 커지고 지능이 폭발적으로 높아진 것에는 몇 가지 설명이 있다. 우선 생태 이론에서는 개인이 환경에 대처하는 능력이 발달했기 때문이라고 설명한다. 예를 들어 딱딱한 껍데기나 두꺼운 껍질을 벗겨 과육을 발라내는 능력처럼 식량을 구하는 기술이 발전하면 환경에 적응하기가 유리하다. 이런 방법으로 열량을 더 많이 섭취할 수 있기 때문이다. 또 머릿속에 넓은 영역의 지도를 그리는 능력을 지녔다면 식량 자원을 더 많이 구할 수 있어서 적응력도 강해진다.

생태 이론이 개인의 능력에 주목하는 반면 다른 이론은 인간 지능의 원동력이 여러 인지 체계가 결합하여 복잡한 공통의 목표를 추구하는 데 있다고 주장한다. 이것을 사회적 뇌 가설이라고 한다. 사회적 뇌 가설에서는 지능이 발달한 원인을 사회 집단이 커지고 복잡해진 데서 찾는다. 앞서 사냥 사례에서 보았듯이 인간이 집단으로 모여 살면 생존에 유리하지만 다른 한편으로는 특정 인지 능력을 필요로 한다. 정교하게 소통하고 타인의 관점을 이해해 통합적인 목표를 공유하는 능력이 필요하다. 사회적 뇌 가설에서는 집단으로 모여 사는 방식과 관련된 인지적 요구에 적응하면 눈덩이 효과[4]가 발생한다고 말한다. 집단이 커지고 복잡한 공동 활동이 생기면서 개인은 이런 활동을 뒷받침해주기 위해 새로운 능력을 발달시킨다는 것이다. 그리고 개인의 새로운 능력 덕분에 집단은 더 커지고 더 복잡한 활동을 수행한다.

사냥은 시간이 갈수록 복잡해지는 협력 활동의 한 예다. 초기 사냥꾼들의 기술은 사냥감을 하나씩 포위해서 퇴로를 차단하는 정도였다(개도 이 정도는 할 줄 안다). 들소 수십 마리를 포획하고 살육하고 도축하는 데 필요한 공동 활동이 가능할 만큼 공동체가 정교해진 때는 수천 년이 지나서다. 이런 사냥 능력이 해부학적으로 현생 인류를 원시 인류와 구분해준다. 인류의 진화에 사냥이 중요한 역할을 했을 수 있다.[5]

인류학자 로빈 던바^{Robin Dunbar}는 영장류 여러 종에 관한 자료를 수집해서 대립하는 두 가설(생태학 이론과 사회적 뇌 가설)을 검증했다.[6] 던바는 영장류의 뇌 크기에 관한 자료뿐 아니라 그들이 어슬렁거리던 영역, 식습관 등 환경과 관련된 사실 그리고 집단의 평균적 크기 등 사회와 관련된 사실을 수집했다. 뇌 크기와 집단의 크기는 밀접한 상관관계를 보였다. 집단이 클수록 뇌 크기도 컸다. 반면에 영역의 넓이와 식습관 같은 환경 요인은 뇌 크기와 상관없었다. 결과적으로 뇌가 크면 특히 공동체로 생활하는 데 필요한 기술에 적합하다는 것을 알 수 있다.

언어는 인간이 다른 사람들과 협력하면서 진화한 정교한 정신 과정에 의존하는 기능의 가장 확실한 예다. 동물 중에도 간단한 의사소통을 하는 종은 많다. 벌은 춤을 추거나 페로몬을 분비해서 다른 벌들에게 꿀이 많은 꽃의 위치를 알린다. 벌집이 흥하려면 의사소통이 중요하다. 그래야 많은 일벌이 좋은 위치를 찾아내고 다른 벌들에게 보물을 발견한 사실을 알린다. 서로 발견한 정보를 소통하면 꿀이 가장 풍부한 곳으로 몰려가서 꿀을 모으는 데 집중할 수 있다. 의사소통을 통해 벌집이 제 기능을 다하는 것이다.

하지만 춤을 추고 페로몬을 분비하면 꼭 그만큼의 정보만 전달된다. 인간은 의사소통 분야에서 금메달감이다. 인간의 특별한 능력은 언어를 이용해 온갖 복잡한 개념을 막힘없이 소통한다는 데 있다. 무리 지어 사냥하는 동물이라면 서로 행동을 조율할 만큼 소통이 가능할 수도 있다. 하지만 초기 인류가 하던 사냥 방식은 이보다 훨씬 복잡한 개념을 완벽하게 소통해야 가능했다. 이를테면 사냥감의 위치와 사냥감을 데려갈 위치를 알리는 공간 개념만이 아니라 사냥감을 이동시키고 살육하고 도축하는 과정에 관한 복잡한 인과관계도 소통해야 했다. 물론 고기를 어떻게 분배할지 논의하기 위한 언어도 필요했다.

　당신과 내가 함께 사냥한다면 나는 당신이 무엇을 하려는지 알아야 한다. 의사소통을 통해서만이 아니라 당신의 행동을 유추해서 의도를 파악해야 한다. 당신이 활과 화살을 들어 들소를 겨냥하는 것을 보면 나는 자연히 당신이 들소를 쏘려 한다고 유추한다. 이렇게 추론하기까지는 상당한 정신적 절차가 필요하다. 당신의 행동(활과 화살을 들어 겨냥한다)에서 역으로 추론해 당신의 의도(들소를 쏜다)를 파악해야 한다. 그러려면 당신의 욕구(들소를 죽이고 싶다)와 당신의 신념(화살을 쏘아서 들소를 죽이겠다)을 알거나 알아내야 한다. 더 나아가 당신의 성격(들소를 죽이는 일에 윤리적으로 반대하는지)도 알아야 한다. 만약 내가 내 역할에 집중하고 당신 혼자 들소를 쏘게 한다면 나는 당신이 협조적인 사람임은 물론 들소 고기를 가지고 도망가지 않을 것이라고 믿는다는 뜻이다. 사람들은 항상 별다른 노력을 들이지 않고도 자연스럽게 타인의 마음 상태를 추론한다.[7] 타인의 의도와 마음 상태를 해독할 수 있는 정도는 사람마다 다르지만 누구나 어느 정도는 한다. 개도 꽤 잘하는 편이지만 사람만큼 잘하지는 못한다. 당신이 활로 들소를 겨냥하는 것을 보고 들소 사냥을 하려 한다고 추론할 수 있는 개는 없다. 타인의 정신 상태를 추론하는 능력은 큰 집단을 이루어 함께 일하는 데 결정적이다.

∿⚬━⚬━ 공유된 의도

인간은 남이 무엇을 하려는지 읽는 것을 넘어 훨씬 많은 것을 알아낼 수 있다. 인간에게는 기계나 다른 동물의 인지 체계에는 없는 능력이 있기 때문이다. 바로 남들과 의도를 공유하는 능력이다. 인간은 서로 소통하면서 같은 사건을 경험할 뿐 아니라 서로가 같은 사건을 경험한다는 사실을 <u>안다</u>. 그리고 이렇게 관심을 공유한다는 사실을 서로가 인지하면 주어진 경험의 본질 이상이 달라진다. 함께하는 일과 함께 성취할 수 있는 일의 내용이 달라지는 것이다.

의도를 나누는 과정은 인지 노동을 분담하는 지식 공동체의 온전한 협력자가 되는 중요한 단계다. 일단 의도를 공유하면 일을 훨씬 잘할 수 있다. 공통의 기반이 다져지기 때문이다. 우리는 남들이 아는 것을 알고, 우리가 아는 것을 남들이 안다는 것도 안다(물론 남들이 아는 것을 우리가 안다는 사실을 그들이 안다는 것도 안다). 이런 지식은 분배되는 것만이 아니라 공유된다. 일단 지식이 이렇게 공유되면 우리는 <u>의도</u>를 공유하고 함께 공동의 목표를 추구할 수 있다. 인간은 기본적으로 어떤 일을 함께 성취하기 위해 남들과 의도를 공유하는 능력을 타고났다.

이 개념은 주로 20세기 초 마음은 사회적 존재라는 개념을 만들어낸 러시아의 심리학자 레프 비고츠키^{Lev Vygotsky}가 제안한 것이다. 비고츠키는 인간이 특별한 이유는 개인의 지능 때문이 아니라고 주장했다. 인간이 동물과 다른 이유는 문화를 통해 배우고 협력할 수 있기 때문이다. 인간은 다른 사람들과 함께 집단 활동에 참여한다. 비고츠키의 통찰은 지식 공동체 개념의 토대가 된다.

독일 라이프치히에 위치한 막스 플랑크 진화인류학 연구소의 마이클 토마셀로Michael Tomasello와 동료들은 몇 년에 걸쳐 아동과 침팬지를 대상으로 공유된 의도가 어떻게 작용하는지 깊이 파고들었다.[8] 왜 아이들은 어른으로 성장하면서 미술과 문학, 고등교육, 정교한 기계 문화뿐 아니라 합법적 마리화나, 버번위스키, 컨트리 음악과 서양 음악과 같은 문화에 참여하는 반면에 침팬지는 오늘날까지도 진화의 무대에 처음 등장했을 때와 비슷한 수준으로 사회생활을 할까?

토마셀로 연구팀이 관찰한 한 가지 실험을 살펴보자. 속이 보이지 않는 양동이가 있는 방에 어른과 아기가 같이 있다. 아기는 어른이 양동이를 가리키는 것을 본다. 어른이 난데없이 양동이를 가리키면 아기는 어리둥절해한다. 어른의 의도가 무엇일까? 정확히 어떤 부분을 가리키는 것일까? 양동이의 모양을 보라는 것일까? 색깔을 보라는 것일까? 질감을 보라는 것일까? 다른 무언가를 보라는 것일까?

이제 어른과 아기가 놀이를 한다고 해보자. 어른이 물건을 감추고 아기가 찾는 놀이다. 어른이 양동이를 가리키면 아기는 어른의 목적, 곧 자신에게 물건 감춘 곳을 알려주려는 의도를 알아챈다. 이 연구에서는 4개월 된 아기도 과제를 수행해냈다. 아기는 주어진 상황에서 어른의 의도를 이해했다. 침팬지와 그 밖의 유인원들은 어떤 연령에서도 이 과제를 이해하지 못했다.

유인원은 지능이 높아도 인간의 의도를 이해하지는 못한다. 유인원은 인간의 시선을 따라가서 인간이 보는 대상을 함께 보지만 인간이 가지고 노는 대상을 가리킨다는 사실은 이해하지 못한다. 그 물건을 쳐다보면서도 인간도 같은 물건에 주목한다는 사실을 이해하지 못한다. 유인원은 "음, 저 인간은 우리가 방금 가지고 논 물건을 생각해주기 바라는군"이라고 생각하지 못하는 것이다. 유인원은 인간이 무엇인가를 성취하려고 한다는 정도는 이해하지만 그 의도까지 파악해 인간에게 협조하고 함께 목표를 추구할 수는 없다.

몸짓을 생각해보자. 몸짓은 인간의 의사소통에서 중요한 부분이다. 인간은 몸짓으로 정보를 전달하거나(가리키거나 행동을 따라 하기) 강조하거나(두 팔을 펼치거나 감싸기) 요청한다(손짓으로 부르기). 9개월 된 아기도 몸짓으로 다른 사람의 주의를 끌어서 같은 물건을 보게 한다. 반면에 침팬지와 유인원 들은 남들을 조종하려 할 때만 몸짓을 사용한다. 이를테면 남들에게 무엇을 하게 하거나 요청에 반응하는 방법을 알려줄 때 몸짓을 사용한다. 인간은 타인과 주파수를 맞추기 위해 몸짓을 사용하지만 유인원은 과제를 수행하기 위해 몸짓을 사용한다.

토마셀로의 다른 연구에서는 어른 실험자가 아이와 함께 과제를 수행하다가 포기했다. 아이들은 실험자에게 다시 해보게 했다. 침팬지에게 같은 실험을 실시하자 침팬지는 실험자에게 계속 참여하라고 독려하지 않았다. 토마셀로의 연구팀은 이렇게 적었다. "아이들은 침팬지와 달리 오직 협력을 위해 협력하는 것처럼 보일 때가 많았다. 예를 들어 아이들은 사회적 놀이만이 아니라 도구를 이용하는 과제에서도 협력했고, 더 나아가 도구 과제에서 장난감을 획득하고 나면 장난감을 도로 장치에 넣어서 활동을 다시 시작할 때가 많았다."[9] 아이들은 오직 참여하기 위해 참여하는 반면에 침팬지는 참여한다는 개념 자체를 이해하지 못했다.

위의 사례에서 인간이 특별한 이유는 자기가 하는 일에 다른 사람들을 끌어들이는 능력(더 나아가 욕구) 때문이다. 이렇듯 인간은 서로 협력하도록 설계된 존재다.

의도를 공유하는 능력은 인간의 가장 중요한 능력, 곧 지식을 저장해서 다음 세대로 전달하는 능력을 지지해준다. 이 덕분에 인류학에서 누적 문화cumulative culture라고 일컫는 문화가 형성된다. 사회적 뇌에 의해 언어와 협력과 노동의 분담을 통해 전승된 지식이 쌓여 문화를 이룬다는 개념이다. 인간의 성공담에서 가장 중요한 요소 가운데 하나다.[10] 인간의 능력은 끊임없이 발전한다. 한 개인이 똑똑해져서가 아니다. 수백만 년간 동일한 방식으로 조직되는 벌집과 달리 인간의 공유된 활동은 갈수록 복잡해지고 공유된 지능은 갈수록 높아진다.

사람들은 흔히 사회적 기술과 지능이 부정적인 상관관계를 보일 것이라고 생각한다. 1980년대의 거의 모든 영화에는 수학이나 물리학에는 뛰어나지만 이성과는 간단한 대화조차 나누지 못하는 전형적인 모범생이 등장했다. 이런 이미지는 개인지능과 집단지능의 깊은 연관성을 잘못 전달한다. 잠시 후 보겠지만 실제로는 우리 중에서 가장 똑똑한 사람(가장 성공한 사람이라는 의미에서)이 남을 이해하는 능력도 가장 뛰어나다.

⎯⎯●─●⎯ 현대의 팀워크

인간의 공유된 인지적 진화를 나타내는 징표는 주위에서 쉽게 찾아볼 수 있다. 아이들이 소통하는 모습을 관찰해보라. 아이들은 함께 계획을 짜고 역할 놀이를 하고 문제를 해결하고 싸움도 한다.

어른이나 아이 할 것 없이 집단으로 함께 생각하는 데 적극적이다. 어른들도 아이들과 다르지 않다. 테이블에 둘러앉아 친구들과 농담을 나눈다면 서로 정보를 주고받는 셈이다. 물론 이야기꾼 하나가 대화를 주도하고 나머지는 듣기만 할 때도 있다. 하지만 대화는 대체로 집단이 함께 이어간다. 농담은 서로 다른 개인이 생각을 내놓고 서로의 의견을 듣고 자유롭게 연상할 때 나온다.

단순히 친구들과 어울려 노는 것과는 다르다. 과학 실험실 회의에서도 비슷한 특성이 드러난다. 연구자들이 둘러앉아서 주로 슬라이드나 화이트보드 같은 시각 보조 장치를 활용해 각자의 지식과 생각을 내놓는다. 질문을 던지고 가끔 답을 찾아내고, 가설을 제기하고, 반대 의견을 내놓고, 합의에 이르기까지 모두 혼란스러운 행동과 반응으로 진행된다.

이것은 다양한 환경에서 과제를 성공적으로 수행하는 최선의 방법이다. 요즘 병원에서는 주로 팀 단위로 환자를 치료한다. 다양한 전문 지식을 갖춘 의료 전문가들—의사, 간호사, 기술자, 약사, 건강관리 전문가, 학생—이 치료를 위해 공조한다. 리더를 따로 정하지 않고 서로 머리를 맞대 집단지능이 부분의 총합을 뛰어넘게 한다. 여객기는 조종사와 부조종사, 항공 교통 관제사 그리고 오늘날 항공기 운항에서 중요한 역할을 수행하는 정교한 자동 비행 장치가 포함된 위원회의 결정에 따라 비행한다. 요즘은 이런 위원회에서 내리는 중요한 결정—정책과 배심원 판결부터 군대와 스포츠 전략 등—이 많아서 집단의 결정을 일반적인 기준으로 봐도 무방하다.

첨단 과학 분야는 매우 정교해서 거대한 팀을 만들어 연구해야 앞으로 나아간다. 일반물리학계에서는 2012년에 힉스 입자Higgs boson의 발견이 세상을 떠들썩하게 한 중요한 사건이었다. 힉스 입자가 발견되자 물리학자들은 물리적 세계가 작동하는 방식에 관한 가장 근본적인 이론을 정립할 수 있었다.

그렇다면 힉스 입자는 누가 발견했을까? 2013년에 노벨 물리학상을 수상한 피터 힉스Peter Higgs와 프랑수아 앙글레르François Englert에게 공을 돌리고 싶겠지만 거의 40개국의 수많은 물리학자와 엔지니어와 학생 들의 노력이 없었다면 힉스 입자는 발견되지 않았을 것이다. 힉스 입자를 관찰하기 위한 64억 달러짜리 CERN 슈퍼컬라이더supercollider, 초대형 입자 가속기를 개발하고 가동한 사람들은 차치하고라도 3000명에 가까운 연구자들이 이 발견에 이르기까지 중요한 물리학 논문을 발표했다. 이 작업에 필요한 복잡하고 전문적인 과정 가운데 어느 하나 사소한 부분이라 해도 한 개인이 온전히 감당할 수 없다. 수천 명의 사람들에게 전문 지식이 분산된 것이다.

한 심리학 연구에서는 사람들이 깊이 생각하지 않고 자연스럽게 인지 노동을 분배한다는 사실이 발견되었다. 당신이 친구와 특별한 저녁상을 차린다고 상상해보자. 당신은 요리를 잘하고 친구는 와인을 잘 아는 아마추어 소믈리에다. 이웃 사람이 지나다 들러 당신의 집과 가까운 주류 전문점에서 파는 근사한 새 와인 이야기를 꺼낸다. 처음 듣는 와인 이름이 여러 가지 등장해 기억할 것이 많다. 이웃이 하는 말을 기억해서 어떤 와인을 살지 고민하는 것은 어려운 일이다. 하지만 당신 옆에 아마추어 소믈리에 친구가 있는데 무슨 걱정인가? 만약 친구가 옆에 없다면 와인의 이름을 기억하려고 더 애썼을 것이다. 어쨌든 저녁 식사에 어떤 와인이 어울릴지 알아두면 좋을 테니까. 하지만 소믈리에 친구는 애쓰지 않아도 와인에 관한 정보를 잘 기억할 것이다.

이런 효과는 토니 줄리아노Toni Giuliano와 대니얼 웨그너Daniel Wegner의 연구실에서 증명되었다. 두 연구자는 3개월 이상 된 부부에게 특정 컴퓨터 브랜드 따위의 항목을 기억하게 했다. 그리고 항목마다 전문 지식을 더 많이 아는 사람의 점수를 매기게 했다(예를 들어 한쪽 배우자가 컴퓨터 프로그래머고 다른 쪽이 요리사라면 컴퓨터 프로그래머인 사람이 컴퓨터를 잘 알 것이다). 결국 부부들은 기억에 대한 요구를 분산해서 각자의 전문 분야와 관련 있는 항목을 더 많이 기억하는 것으로 나타났다. 둘 가운데 한 사람만 전문 지식을 갖춘 항목이라면 전문가인 쪽은 잘 기억하지만 전문가가 아닌 쪽은 잊어버릴 가능성이 높았다. 배우자의 전문 분야에 해당하는 항목이라면 애초에 기억하려고 노력하지 않는 것이다. 다시 말해서 배우자의 전문 분야에 해당하는 항목은 배우자가 기억하도록 맡겼다.[11] 이처럼 사람들은 특정 공동체 안에서 기억해야 할 것을 기억해서 인지 노동 분배에 최대한 기여하는 경향을 보인다.

언어와 기억과 집중—사실상 모든 정신 기능—은 인지 노동 분배에 따라 공동체에서 분산되는 방식으로 작동한다.

〰〰✦ ✦ 최전선에서의 혼동

인간이 인지 노동을 자연스럽게 분담한다는 것은 개인의 생각과 지식이 다른 구성원들의 생각이나 지식과 명확히 구분되지 않는다는 뜻이다. 비틀스가 위대한 이유는 존 레넌의 음악적 깊이 때문이냐, 폴 매카트니의 뛰어난 음악성 때문이냐를 두고 싸우느라 얼마나 많은 시간을 허비했는가? 답은 명백하다. 비틀스가 위대한 이유는 존이 1957년 7월 6일에 영국 리버

풀의 세인트 피터스 성당에서 그의 밴드 쿼리맨과 함께 무대에 오르기 직전에 폴을 소개받았기 때문이다. 두 사람이 만났기 때문에 함께 활동을 시작했고, 그들이 다시 조지와 링고를 만나 함께 활동했기 때문에 비틀스는 전설이 되었다. 대중문화의 지형을 바꾼 창조적인 정신은 각자의 공이 아니라 두 사람이 상호작용한 결과다.

우리 저자들은 이 책의 개념을 고민하면서 많은 사람과 머리를 맞댔다. 그중에서도 특히 UCLA와 하버드의 심리학자 크레이그 폭스Craig Fox, 토드 로저스Todd Rogers와 가장 심도 깊은 연구를 했다. 우리는 함께 무지와 착각에 관한 통찰을 얻고 과학적으로 검증할 방법을 탐색했다. 우리 가운데 누가 결정적인 개념을 착안했을까? 질문이 잘못되었다. 우리는 모두 똑같이 생각한다. 수차례 만나 여러 가지 문제를 논의한 동안 누가 어떤 말을 했는지 완벽히 재구성한다고 해도 어느 한 사람에게 공을 돌릴 수는 없다. 우리의 개념은 모두가 참여한 대화에서 나왔다.

새로운 아이디어가 출현할 때는 대부분 회의에 참여한 다수가 수수께끼를 푸는 결정적 한 조각을 기여하기 때문에 어느 한 사람의 덕이라고 말하기 어렵다. 집단 전체가 공(잘못된 경우에는 과)을 차지하지, 어느 한 개인이 독식하지는 않는다. 각자의 인지 과정은 다른 사람의 사고 과정과 얽히고설키므로 새로운 개념을 끌어내는 사고 과정은 결국 집단에 속한다.

공동 작업을 할 때 아이디어를 낸 사람이 누구인지 혼란스러울 때가 있다. 이 책을 쓰는 동안 우리도 몇 번이나 아래와 같은 대화를 나누었다.

필: 좋은 생각이 떠올랐어. X를 하면 어떨까?

스티브: 잠깐, 석 달 전에 내가 X 이야기했을 때는 싫다고 했잖아.

필: (10초쯤 침묵) 음, 다시 보니까 괜찮은 생각인 것 같아.

왜 이런 일이 생길까? 개인의 생각과 집단의 생각이 뒤얽혀서 둘 사이의 경계를 알아채기 어렵기 때문이다. 사람들에게 집단 프로젝트에 자신이 몇 퍼센트나 기여했는지 추정해보라고 요청하면 다들 불확실성에 기대어 실제로 기여한 정도보다 더 많이 기여했다고 답한다.[12] 전체 인원의 추정치가 100퍼센트를 넘는 것이다! 예를 들어 부부에게 각자 맡은 집안일을 백분율로 추정해달라고 하자 평균 추정치가 50퍼센트를 넘었다.[13] 자신의 기여를 과대평가하는 이런 경향은 갈등을 일으킬 수 있다. 특히 다른 구성원의 기여를 평가절하할 때는 높은 비율로 갈등이 생긴다. 인간은 집단 안에서 서로 의존하며 일하기 때문에 각자의 기여도를 정확히 추정하는 것은 어려운 일이라고 그냥 인정하는 편이 낫다.

사람들은 대체로 자신의 활동이 어디서 끝나고 남들의 활동이 어디서 시작하는지 모른다. 이처럼 자신의 지식과 타인의 지식을 명확히 구분하지 못한다. 흔히 공동체의 지식을 활용할 수 있다는 점을 알기만 해도 이미 자기가 아는 것처럼 생각한다. 아래의 신문기사를 우연히 보았다고 해보자.

2014년 5월 19일자 학술지 《지질학 Geology》은 한 연구에서 과학적으로 완벽히 밝혀진 새로운 돌이 발견되었다고 보고했다. 이 돌은 방해석과 유사하지만 광원이 없을 때 빛을 낸다. 이 연구의 저자들인 리테노어 Rittenour, 클라크 Clark, 쉬 Xu 는 이 돌이 어떻게 작용하는지 이해하고, 이 돌의 놀라운 외양을 기술한 뒤 추후 실험의 개요를 설명했다.

당신은 이런 빛나는 돌의 원리를 얼마나 이해하는가?[14] 아마 잘 모를 것이다. 사실 우리가 지어낸 이야기라 어디서도 들어본 적이 없을 테고, 기사가 짧아서 이해하기도 어려울 것이다. 기사에 언급된 과학자(리테노어, 클라크, 쉬)들이 이 돌의 작용 원리를 밝혀내지 못했다면 당신이 이해했다고 느끼는 정도가 달라질까? 그러니까 과학자들이 이 돌의 정체를 밝혀내지 못했다면 당신의 이해도가 줄어들까? 역시나 제대로 이해하지 못할 것이다. 그렇다면 새로운 현상에 대한 이해는 남들이 그 현상을 이해한다는 사실과 어떤 관계가 있을까?

여기서 직관으로 인해 길을 잃을 수 있다. 우리는 한 참가자 집단에는 위의 시나리오를 주고 다른 집단에는 돌에서 빛이 나는 원리에 관해 과학자들이 아직 밝혀내지 못했다는 시나리오를 주었다. 그리고 빛나는 돌에 대한 이해 정도를 각 집단이 스스로 평가하게 했다. 과학자들이 원리 규명에 실패했다는 시나리오를 받은 참가자들은 제대로 이해하지 못했다고 답했다. 이해의 감각은 어느 정도 남들이 이해한다는 사실을 아는 데서 나왔다. 참가자들에게 어떤 현상을 과학자들이 이해했다고 알려주기만 해도 참가자들 스스로 그 현상을 이해한다고 느끼는 감각이 커졌다. 우리는 참가자들에게 각자 얼마나 이해한다고 느끼는지에 관심이 있음을 명확히 밝혔다. 그러나 실험 결과 사람들은 자신의 이해와 타인의 지식을 구분하지 못하는 것으로 보였다.

어찌 보면 이런 성향은 완벽히 합리적이다. 내가 꼭 정보를 머릿속에 담고 있어야만 할까? 어떤 전화번호를 아냐는 질문을 받을 때 내가 번호를 기억하는지, 주머니 속 종이쪽지에 적어놨는지, 옆 사람의 머릿속에 들었는지가 중요할까? 내 행동은 그 순간 머릿속에 담긴 지식에 좌우되지 않는다. 필요한 순간에 어떤 지식을 활용할 수 있는지가 중요하다. 아래 가상의 신문기사를 살펴보자.

DARPA에서는 소속 과학자들이 완벽히 밝혀낸 새로운 돌에 관한 2014년 5월의 논문을 기밀에 부쳤다. 이 돌은 방해석과 유사하지만 광원이 없을 때 빛을 낸다. 이 연구의 저자들은 이 돌의 원리를 이해하고 특이한 외양을 기술한 뒤 추후 실험의 개요를 설명했다. 후속 실험도 기밀로 취급될 것이므로 외부인은 새로운 돌에 관한 정보에 접근할 수 없다.

참고로 설명하자면 DARPA는 미국 국방부 소속 기관인 미국방위고등연구계획국Defense Advanced Research Projects Agency이다. 이 시나리오에서 누군가는 빛이 나는 돌을 이해하지만 기밀로 묶였기 때문에 당신은 돌에 관한 설명에 접근할 수 없다. 지식이 다른 사람의 머릿속에 들었지만 당신은 접근할 수 없으므로 지식 공동체의 일원이 되지 못한다. 이런 상황에서 사람들은 이해 정도를 매우 낮게 평가했다. 남들이 이해한다고 해서 이해의 감각이 커지는 것은 아니었다.

지식 공동체에서는 지식을 얻는 것보다 지식에 접근하는 것이 더 중요하다. 돌을 연구하는 과학자는 지질학을 비롯해 관련 학문에서 밝혀진 모든 지식을 기억하지는 못하지만 참고 문헌과 웹 사이트와 다른 전문가 들을 통해 필요한 만큼 정보를 구할 수 있다. 예컨대 의학을 생각해보라. 의학 연구가 폭발적으로 증가하면서 주치의는 환자의 질환과 걱정에 관해 알아야 할 모든 정보를 기억할 수 없게 되었다. 다행히 지금은 데이터베이스에 들어가서 필요할 때마다 정보를 찾아볼 수 있다.

∿⊶⊷ 마음의 공동체를 위한 개인을 설계하기

앞서 레프 비고츠키와 마이클 토마셀로의 연구에서 지식 공동체의 중요한 요건을 살펴보았다. 바로 개인이 의도를 공유할 수 있어야 한다는 점이다. 개인은 관심과 목표를 타인들과 공유하고 공통 기반을 형성할 수 있어야 한다.

또 하나의 요건은 정보를 저장하는 방식과 관련 있다. 공동체의 지식은 집단으로 분산된다. 어느 한 사람이 모든 지식을 독점하지 않는다. 따라서 내가 개인으로서 아는 것은 반드시 다른 사람들의 지식과 연결된다. 내 지식에는 사실만 있는 것이 아니라 포인터(pointer, 메모리의 주소를 가리키는 자료-역주)와 플레이스홀더(placeholder, 빠진 내용을 대신하는 기호나 텍스트의 일부-역주)[15]가 가득하다. 가령 내가 스핑크스가 이집트에 있는 것은 알지만 스핑크스가 뭔지 모른다고 해보자. 말하자면 나는 이집트에 관해 생각하고 추론하면서 스핑크스라는 무언가가 그곳에 있다는 믿음을 활용한다. 그러나 스핑크스를 본 적이 없으므로 스핑크스에 대한 내 믿음은 남들의 지식에 의존한다. 사람들이 근사하다고 하니까 언젠가는 스핑크스를 보고 싶다. 그리고 내가 스핑크스를 직접 볼 수 있다고 생각하는 이유는 그것을 이미 본 사람을 알거나 적어도 본 사람이 있다는 사실을 알기 때문이다. 나와 같은 언어를 쓰는 사람에게 "스핑크스"라고 말할 때 나는 상대가 나처럼 스핑크스를 잘 모르더라도 우리가 같은 대상을 두고 이야기를 나눈다고 전제한다. 따라서 스핑크스에 관한 내 지식은 사실 남들이 채워 넣어야 할 플레이스홀더에 지나지 않는다. 이집트에 관한 지식도 마찬가지다. 이집트 항목에는 스핑크스가 있는 곳이라고 알리는 플레이스홀더가 들었다. 따라서 이집트에 관한 내 지식에는 자세한 정보는 다른 곳에 있다고 말해주는 포인터로 넘쳐난다.

사람들은 적어도 서로 동의하기만 한다면 각자 가진 지식의 양이 달라도 세계의 같은 부분을 가리킨다. 이것이 공동체 지식의 두 번째 특성으로 이어진다. 공동체의 여러 구성원이 보유한 제각각의 지식이 양립해야 한다는 점이다.[16] 모두가 항상 완벽하게 동의하지 못할 수 있고 실제로 그럴 때가 많지만 적어도 모두가 관련된 문제에 관해 생각해야 한다. 그렇지 않으면 인지 노동의 분배가 무산된다. 집을 지을 때는 목수와 배관공 사이에 욕실의 위치와 모양, 누가 어떤 결정을 내릴지, 규모가 얼마나 클지에 관해 서로 동일하게 이해해야 한다. 목수는 배관에 관해 잘 몰라도 상수도관이 들어오고 하수도관이 나가도록 욕실을 만들어야 한다. 마찬가지로 우리들의 지식도 남들이 채워 넣을 지식이 적절한 위치에 놓이도록 구성되어야 한다.

⟋⟋⟍⟍◆◆ 벌집 마음의 장점과 위험성

조지 버나드 쇼George Bernard Shaw는 15세기 초 성인과 대천사의 예지력으로 병사들을 일깨워 전쟁터로 이끌고 간 소녀 잔 다르크Jeanne d'Arc를 그린 희곡 《성녀 조앤Saint Joan》을 썼다. 그는 이 작품의 서문에서 잔 다르크의 신비한 예지력을 따르는 것은 오늘날 장군의 뒤를 따라서 불가해한 첨단 무기로 가득한 현대의 전쟁터에 나서는 것만큼 합리적인 선택이라는 흥미로운 주장을 펼쳤다. 버나드 쇼의 주장은 한마디로 20세기의 전사는 15세기의 전사만큼 신념에 이끌린다는 것이다.

중세 사람들은 지구가 편평하다고 믿었고, 적어도 그들의 감각이 증거라고 믿었다. 반면에 우리는 지구가 둥글다고 믿는다. 인구의 단 1퍼센트만이라도 이런 기이한 믿음에 물리적 이유를 댈 수 있어서가 아니라 현대 과학이 우리에게 명백하다고 모두 사실은 아니며 마술적이거나 있음직하지 않거나 기이하거나 거대하거나 미세하거나 비정하거나 충격적인 현상이 모두 과학적이라는 확신을 심어주었기 때문이다.[17]

물론 다소 과장된 표현이기는 해도 우리가 얼마나 세상의 말에 순응하며 사는지 생각하면 놀라울 따름이다. 우리에게 일어난 일이라고 해도 직접적인 감각 경험으로 이해할 수 있는 것은 매우 적다. 아침잠을 깨워주는 알람에서 시작해 침대에서 일어나 비틀거리며 향하는 화장실, (화장실에 가기 전후에 보는) 스마트폰, 주방에서 우리를 맞이하는 커피머신에 이르기까지 어느 하나도 우리는 완벽하게 이해하지 못한다. 그래도 우리는 이런 장치를 사용하고 의존하기까지 한다. 장치가 잘 작동하기 때문이다(장치가 작동하지 않으면 우리의 생활도 균형을 약간 잃는다). 우리는 이런 장치를 만들어준 전문가들에게 고마워할 수 있다. 그들의 전문 지식에 의존해서 살기 때문이다. 살면서 갖가지 장치를 요긴하게 써왔으므로 현대 과학 기술의 훌륭한 장치에 대한 믿음이 있다. 하지만 장치가 고장 나거나 케이블 서비스가 끊기거나 하수구에서 흙탕물이 뿜어져 나오면 현대 생활의 편이에 대해 스스로 얼마나 무지한지 알고 깜짝 놀랄 것이다.

지식의 착각이 생기는 이유는 우리가 지식 공동체 안에 살면서 머릿속에 든 지식과 외부의 지식을 구별하지 못하기 때문이다. 우리는 사물의 작동 원리에 관한 지식이 머릿속에 든 줄 알지만 사실 상당한 지식을 환경과 사람들에게서 얻는다. 이런 인지의 속성은 벌레와 유사하다. 세계와 공동체가 지식 기반의 대부분을 제공한다. 인간의 이해는 주로 지식이 외부에 있다는 사실을 아는 것으로 이루어지고, 정교한 이해는 대개 지식을 어디서 찾을 수 있는지 아는 것으로 달성된다. 아주 박식한 사람만이 기억에서 지식을 찾아낸다.

지식의 착각은 경제학에서 지식의 저주[18]라고 부르는 개념의 이면이다. 우리가 무엇인가를 알 때 남들은 그것을 모르리라 생각하기는 어렵다. 가령 우리는 어떤 곡의 리듬에 맞춰 가볍게 책상을 두드릴 때 남들이 무슨 곡인지 모르는 것을 보고 놀란다.[19] 본인에게는 익숙한 소리로 들리기 때문이다. 적어도 내 머릿속에서는 무척 익숙하다. 내가 어떤 상식적인 문제의 답을 알면(예컨대 〈사운드 오브 뮤직〉에 출연한 배우는 누구인가?) 남들도 다 알 것이라고 생각한다.

지식의 저주는 간혹 후판단 편파hindsight bias[20]의 형태로 나타난다. 우리 팀이 방금 중요한 경기에서 이겼거나 우리 후보가 선거에서 승리했다면 우리는 내내 그런 결과를 알았던 것만 같고, 남들도 그런 결과를 예측했어야 한다고 생각한다. 지식의 저주에 걸리면 내 머릿속에 든 지식이 남들 머릿속에도 들었다고 생각하는 경향을 보인다. 지식의 착각에 빠지면 남들 머릿속에 있는 지식이 내 머릿속에 있다고 생각하는 경향을 보인다. 어느 쪽이든 누가 무엇을 아는지 정확히 파악하지 못하는 것이다.

우리는 벌집 마음 안에 살면서 지식을 타인과 환경에 저장하기 때문에 우리 머릿속에 든 지식은 대개 매우 피상적이다. 우리가 대부분의 시간을 이렇게 피상적으로 사는 이유는 아무도 우리에게 더 많이 알 것이라고 기대하지 않을 뿐 아니라 남들 역시 피상적으로 알기 때문이다. 우리가 그럭저럭 살아가는 것도 인지 노동의 분배가 이루어져 지식의 다양한 측면에 대한 책임을 공동체로 분산시키기 때문이다.

인지 노동의 분배는 인지가 진화한 방식과 지금 작동하는 방식의 근간을 이룬다. 우리는 공동체에서 지식을 공유하므로 달에도 가고, 자동차와 고속도로도 만들고, 밀크셰이크와 영화를 만들고, TV 앞에서 느긋하게 쉴 수 있다. 이 모든 활동은 사회를 이루고 살기에 가능한 일이다. 인지 노동의 분배 덕분에 우리는 야생에서 혼자 살지 않고 사회에서 편안하고 안전하게 산다.

하지만 남들이 대신 지식을 저장할 것이라고 지나치게 의존하는 태도는 불리하다. 이 책을 읽는 독자들에게 (이상한 나라의) 앨리스는 낯선 캐릭터가 아니겠지만 루이스 캐럴Lewis Carroll이라는 작가를 세상에 알린 이 소설을 직접 읽어본 사람은 드물 것이다.[21] 다들 영화, 만화, TV 프로그램을 통해 간접적으로 앨리스를 알지 루이스 캐럴의 흥미로운 소설을 읽는 고유하고 환상적인 체험으로 아는 것은 아니다. 미적분을 모르면 시간을 순간으로 축소해서 시간이 사라지는 상상의 아름다움과 곡선의 접선이 어떻게 연결되는지 이해하지 못한다. 또 뉴턴이 웨스트민스터 사원에서 잠들 수 있게 된 데 중요한 역할을 한 그의 발견도 보지 못한다. 지식 공동체 안에서 살 때 치러야 하는 대가다. 남들의 지식과 경험을 통해서만 무엇인가를 알면 반드시 무엇인가를 놓친다.

이보다 더 위험한 결과도 있다. 우리 머릿속에 든 지식과 우리가 접근할 수 있는 지식을 혼동해서 스스로 얼마나 이해하지 못하는지 모른다는 것이다. 우리는 실제보다 더 많이 이해한다고 믿고 산다. 앞으로 살펴보겠지만 사회에서 가장 긴급한 문제는 대부분 이런 착각에서 기인했다.

chapter. SEVEN

기술과 함께 생각하기

좋든 싫든 이제 인터넷은 우리 삶에서 중요한 역할을 한다. 주된 정보원이자 지식 공동체의 중심이다. 인터넷에서 정보를 무한히 공급받기에 우리는 더 이상 정보를 얻기 위해 짜증나는 인간들을 상대하지 않아도 된다. 덕분에 온갖 위대한 일들이 벌어졌다. 우리 삶은 더 수월해졌다. 상식을 묻는 질문의 답을 몇 초 만에 찾아내고 온라인으로 편리하게 물건을 사고 애플리케이션으로 교통 체증을 피하고 집에서 영화를 즐긴다.

기술의 발전으로 삶이 달라졌다. 변화의 속도는 아주 빠르다. 얼마 안 가서 수많은 일자리가 장거리 트럭을 운전하는 알고리즘이나 완벽한 햄버거를 만드는 로봇에 아웃소싱될 수도 있다. 상업이 온라인으로 넘어가면서 경제가 급변했다. 출판, 음악, 영화 같은 산업에서는 지각변동이 일어났다. 사무실에 출근해서 처리하던 업무를 이제 집에서 한다. 결국 직장 동료들과의 소통이 줄었다. 통근도 다소 줄었다.[1] 어마어마한 양의 책과 이미지, 영화와 잡지를 바로 찾아보고 음악과 정보에 무한히 접근할 수 있다.

세상이 이렇게 변화하는 사이에 우리가 진정 중요한 문제를 놓쳤다는 우려가 고개를 든다. 새로운 시대에는 고화질 텔레비전을 보고 공연 실황을 재현한 것 같은 음향 시스템을 집에 갖출 수 있는 반면에 사람들과의 직접적인 접촉은 줄어들었다. 많은 사람이 더 이상 연주를 들으러 다니지 않고, 영화관을 찾는 관객도 1995년 이래 최저 수준으로 떨어졌다.[2] 통근이 줄어들면 스트레스도 줄어들지만 주위에 아무도 없으니 인간관계를 만들기가 어렵다.

연인 관계에 관한 오랜 농담이 이제는 스마트폰에 적용된다. 스마트폰과 함께 살 수도 없고 스마트폰 없이 살 수도 없다. 누구나 하루에 만 번쯤 주머니 속 스마트폰을 꺼내 이메일이나 페이스북을 확인하지만 또 누군가는 어디 외딴곳으로 가서 (단 며칠만이라도) 끊임없이 쏟아지는 정보를 차단하고 싶어 한다.

기술 혁명으로 삶의 어떤 면은 나아졌지만 우리는 그 대신 걱정과 절망, 더 나아가 두려움까지 새로 얻었다. 기술의 발전은 갖가지 결과를 낳았고, 그중 일부는 우리가 각오한 변화와 사뭇 다르다.

일부 기업가와 과학자 들은 미래를 암울한 관점으로 내다보기도 한

다. 일론 머스크Elon Musk와 스티븐 호킹Stephen Hawking과 빌 게이츠Bill Gates
는 기계가 갈수록 정교해지면서 그 기계를 만든 인간이 아니라 기계 자
체의 목표를 추구하게 될 수 있다고 경고했다. 이렇게 우려하는 이유에 관
해서는 버너 빈지Vernor Vinge의 1993년 논문 〈다가오는 기술의 특이점The
Coming Technological Singularity〉3과 레이 커즈와일Ray Kurzweil의 2005년 저서《특
이점이 온다The Singularity Is Near-When Humans Transcend Biology》4, 최근에는 스웨
덴의 철학자로 옥스퍼드 대학교에서 연구하는 닉 보스트롬Nick Bostrom이
명확히 설명했다. 보스트롬은 기술이 빠르게 발전해서 머지않아 초지능
superintelligence이 출현할 것이라고 전망하고 이것이 두렵다고 말한다.5

초지능이란 인간의 지능을 한참 능가하는 기계를 말한다. 성공적인 AI
의 악순환을 우려하는 것이다. 이를테면 AI 로봇은 인간보다 빠르게 더 똑
똑한 AI 에이전트를 설계할 것이다. 일단 성공하기만 하면 더 영리한 에이
전트를 설계하는 작업을 수행할 더 영리한 기계가 나오고, 그 기계가 다시
더 영리한 에이전트를 만들고……. 결과가 어떻게 될지 짐작이 갈 것이다.
미래학자들은 AI의 폭발적인 발전 속도를 산업혁명 이후 엄청나게 치솟은
생산성 증가와 비슷한 수준일 것으로 내다본다. 기계가 빠른 속도로 똑똑
해져서 이제 머지않아 생각하고 정보를 처리하는 인간의 능력을 한참 뛰
어넘는 초지능이 출현할 것이라고 예상한다. 이런 재앙을 예고하는 미래학
자들에 따르면 일단 초지능이 등장하는 순간 상황은 끝난다. 초지능 에이
전트는 목표를 달성하는 능력이 인간보다 뛰어나므로 인류의 목표와 일치

하지 않는 목표가 생기면 인간에게는 재앙이 닥칠 것이다.

⋀⋀⋀⋅●⋅●⋅ 생각의 연장으로서의 기술

새로운 기술을 숙달하는 과정은 인류 진화의 역사와 궤를 같이한다. 뉴욕 미국자연사박물관의 명예학예사 이언 태터솔Ian Tettersall에 따르면 "인지 능력과 기술이 서로를 강화하면서"[6] 문명이 발전했다. 진화의 역사에서는 유전자의 진화와 기술의 변화가 동시에 일어났다. 인류가 한 종에서 후손으로 진화하면서 뇌가 커지는 사이 도구는 더 정교해지고 일상적으로 쓰였다. 인류의 조상은 가장자리가 날카로운 돌을 사용하기 시작했다. 이어서 불과 돌도끼와 칼을 만들고, 그다음에는 작살과 창을, 또 그다음에는 그물과 고리, 덫, 올가미, 활과 화살을 손에 쥐었다. 그리고 마침내 농사를 발견했다. 각 기술의 변화는 현대 인간에 이르기까지의 모든 변화, 곧 문화적 변화와 행동의 변화와 유전자의 변화를 수반한다. 각 단계에서 도구와 문화, 인지와 유전자가 함께 변화하고 새로운 균형을 이루면서 우리 조상들이 원하는 대로 환경을 바꿀 수 있었다. 관개수로와 같은 새로운 기술이 발명되자 문명이 형성되었다. 문명은 고대의 다양한 도구로 이어지고 결국 20세기 중반에 시작된 폭발적인 정보기술의 발전으로 이어졌다. 좋든 싫든 사회와 기술은 항상 서로의 변화를 보완해왔다.

인간은 기술의 변화에 맞게 빚어졌다. 인간의 몸과 뇌는 새로운 도구를 몸의 연장으로 간주해서 활동과 결합하도록 설계되었다.[7] 우리는 화면 위에서 직접 손가락을 움직이듯 마우스나 트랙 패드로 커서 움직이는 법을 빠르게 습득한다. 펜이나 연필로 쓸 때는(아직 종이에 글을 쓰는 사람이라면) 종이의 표면을 지각한다(실제로 손가락에 닿는 느낌, 곧 필기구의 압력을 지각하지 않는다). 덕분에 외과의들은 로봇으로 미세 수술을 집도한다. 마찬가지로 바닥을 쓸 때는 빗자루의 길이에 빠르게 적응한다. 아니, 적응할 것도 없이 애초에 빗자루가 팔의 연장인 양 그것을 소파 뒤까지 집어넣는다. 초밥 장인은 초밥 만드는 기술을 몇 년씩 갈고닦는다. 얼마나 훌륭한 초밥 장인인지 가늠하는 척도 중 하나는 칼을 손처럼 자연스럽게 쓰는 솜씨다.

이처럼 뇌는 도구를 몸의 일부로 취급한다. 따라서 인간이 기술을 사용하는 것은 부자연스럽지 않다. 기술을 사용하는 능력은 우리를 인간으로 만들어주는 중요한 요인이다.

지난 몇 년 동안 일어난 변화이자 인간이 느끼는 불편을 설명해주는 특징은 바로 기술이 더 이상 사용자의 제어를 받는 도구만이 아니라는 점이다. 이제 기술은 여러 방면에서 우리를 앞질렀다. 고도로 발전한 기술은 마치 살아 있는 유기체처럼 보이기까지 한다. 컴퓨터에 어떤 명령을 입력하면 컴퓨터는 항상 정해진 답을 내놓아야 한다. 이것이 우리의 믿음이다. 컴퓨터는 기계이기 때문이다. 그러나 더 이상은 그렇지 않다. 이제는 여느 생명체처럼 컴퓨터의 반응도 예측 불가능하다. 동일한 환경에서 동일한 명령을 입력해도 전혀 다른 결과가 나올 수 있다.

기계가 이렇게 예측하기 어려워진 데는 두 가지 이유가 있다. 하나는 복잡성이다. 시스템이 복잡해서 어떤 상태인지 항상 파악할 수 없다. 전화기를 껐다고 생각하지만 사실은 화면만 꺼진 상태라 그대로 주머니에 넣으면 보푸라기 한 올이 화면을 건드려 옛 연인에게 전화를 걸 수도 있다.

또 하나는 외부의 사건이 기계에 예측하지 못한 영향을 미친다는 점이다. 인터넷은 유기체처럼 우리가 예견하거나 통제하지 못하는 방식으로 변화한다. 요즘은 기계가 운영체제와 애플리케이션을 자동으로 업데이트한다. 따라서 아침에 일어나 기계를 켰을 때 어제 쓰던 그 기계라고 확신할 수 없다. 하루에 열두 시간씩 들여다보던 워드프로세서나 이메일 프로그램이 열여섯 살짜리 아이가 헤어스타일리스트를 자처하는 친구를 만나 몰라보게 달라진 모습으로 나타나는 것처럼 아주 많이 달라졌을 수 있다. 기계를 예측하지 못하는 이유는 기계의 조작이 네트워크의 트래픽 용량에 의존하고 대체로 사람들은 트래픽이 얼마나 되는지 모르기 때문이다. 가끔 한 번씩 네트워크 트래픽 때문에 인터넷 연결이 끊긴다. 아이가 자라서 사춘기가 되듯이 우리가 아끼던 기계가 갈수록 믿지 못할 사람처럼 변해간다. 기계가 무엇을 하려는 것인지 전혀 확신이 서지 않는다.

인터넷이 인간화되는 한 가지 방식은 우리를 속이려 하고 속이는 데 성공한다는 점이다. 우리는 웹 링크가 요상한 동영상으로 데려다줄 것이라고 예상하지만 사실은 업체를 불러서 하드디스크를 깨끗이 청소하지 않으면 큰 재앙이 닥칠 것이라고 경고하는 화면으로 데려간다. 혹은 웹 사이트에 들어갔다가 맬웨어(malware, 악성 소프트웨어를 뜻하는 malicious software의 줄임말-역주)를 다운받을 수도 있다. 이런 일은 못된 사람들에게 생기는 일이지 기술 자체가 원인인 것은 아니지만 기술 특유의 복잡성 덕분에 가능한 사악한 행위다.

긍정적으로 보면 기술은 스스로 문제를 해결할 때도 있다는 점에서 더욱더 유기체와 비슷해 보인다. 기술은 치유력을 장착했다. 피부를 베이면 반창고를 붙이고 상처가 아물기를 기다리는 것처럼 요즘은 소프트웨어 버그가 저절로 사라지기도 한다. 자동 업데이트가 실제로 도움이 될 때도 있다. 이제 차세대 하드웨어나 소프트웨어는 예전과 많이 달라져서 그간 우리가 겪은 문제가 아예 발생하지 않을 수도 있다. 이것이 무지의 매력이다. 무슨 일이 일어날지 모르지만 어쩌면 행운을 잡는 것이다. 우리는 알아채지도 못하는 사이에 발전하는 공동체에 의존한다.

이런 발전의 한 결과로 우리는 기술을 점점 더 사람처럼, 지식 공동체의 온전한 일원으로 취급하기 시작한다. 인터넷이 좋은 예다. 남에게 지식을 저장하듯이 인터넷에 지식을 저장한다. 앞서 보았듯이 우리는 남의 머릿속에 든 지식을 활용할 수 있으면 자신의 지식을 과장하는 경향이 있다. 지식을 나누는 공동체에 살기 때문에 개인은 지식이 자기 머릿속에 있는지 남들 머릿속에 있는지 구분하지 못한다. 그래서 설명 깊이의 착각에 빠지는 것이다. 가령 내가 실제보다 더 많이 이해한다고 생각하는 이유는 다른 사람의 이해를 내가 이해한 정도와 결합하기 때문이다.

별개의 두 연구팀이 우리가 인터넷을 검색할 때 "최전선의 혼동"과 같은 혼란을 일으키는 현상을 발견했다.[8] 텍사스 대학교의 심리학자 에이드리언 워드Adrian Ward는 사람들이 인터넷 검색을 하면 인지적 자존감, 곧 정보를 기억하고 처리하는 능력에 대한 감각이 높아진다고 밝혔다. 게다가 모르는 정보를 인터넷에서 검색한 사람들에게 나중에 정보를 어디서 찾았는지 묻자 기억의 오류를 일으켜서 원래 알았다고 보고하는 경우가 있었다. 이들 중 다수가 인터넷에서 검색한 사실을 완전히 잊어버렸다. 구글이 아니라 자기가 잘했다고 생각한다.

예일 대학교 박사과정의 매트 피셔Matt Fisher가 프랭크 케일과 함께 실시한 다른 연구에서는 참가자들에게 "지퍼가 어떻게 작동하는가?" 같은 일반적인 인과관계 지식에 관한 질문을 던졌다. 이들은 우선 참가자를 두 집단으로 나누었다. 한 집단에는 인터넷을 검색해서 세부 내용을 검색하도록 허용했다. 다른 집단에는 본인의 지식을 바탕으로 질문에 답하게 했다. 다음으로 참가자들에게 첫 질문과 무관한 영역의 질문에 얼마나 답할 수 있는지 스스로 평가하게 했다. 예를 들어 "8월과 9월경 대서양에 허리케인이 증가하는 이유는 무엇인가?"처럼 지퍼와 전혀 관계없는 질문에 답하는 능력을 각자 헤아리게 한 것이다. 결과적으로 인터넷을 검색한 사람은 검색하지 않은 사람보다 자신의 능력을 높게 평가했다. 인터넷에서 첫 질문의 답을 검색해본 뒤 검색해보지 않은 질문의 답을 포함한 모든 질문의 답을 안다는 감각이 높아진 것이다.

자기가 아는 정도와 인터넷이 아는 정도를 혼동하는 현상은 이상한 방식으로 일리가 있다. 인터넷은 여러모로 이제 없어서는 안 될 도구다. 인간-기계 시스템이 한 가지 작업을 한 단위로 수행한다고 인식한다면 수행의 책임은 인간이나 기계가 아니라 둘의 조합에 있다. 내가 인터넷에서 여러 사이트를 참조해서 여행을 계획한다면—정보를 얻는 사이트도 있고 일정을 참조하는 사이트도 있고 예약하는 사이트도 있다—최종 계획의 책임자는 누구일까? 모두가 기여했다. 내가 없다면 아무 일도 일어나지 않았을 것이다. 하지만 내가 참조한 인터넷 사이트도 각기 영향을 미쳤다. 따라서 책임을 모두가 나눠 가진다.

최근에 인터넷으로 일해본 적이 있다면 한 개인의 작업 수행 능력을 평가하기 어렵다는 것을 알 것이다. 모든 작업이 인터넷과 긴밀하다. 당신과 컴퓨터는 한 팀으로 일한다. 또 팀으로 일할 때가 혼자 일할 때보다 성과가 좋으므로 인터넷을 자유자재로 활용하는 사람은 그렇지 못한 사람보다 작업 수행 능력이 뛰어날 것이다. 생각은 개인의 머리를 벗어나 목표를 추구하면서 가능한 한 모든 도구를 동원하므로 개인이 얼마나 기여했는지 정확히 측정하기란 거의 불가능하다. 우리가 팀이고 팀이 이긴다면 각자의 역할이 크든 작든 이기는 셈이다.

다만 우려할 만한 결과도 생긴다. 인터넷 지식은 접근성도 용이하고 내용도 방대해서 스마트폰과 와이파이가 연결되기만 하면 누구나 다양한 분야에서 전문가 행세를 할 수 있다. 우리는 에이드리언 워드와 공동으로 진행한 연구에서 지역 기반 소셜 네트워크 레딧Reddit을 통해 의사와 간호사들에게 건강 관련 사이트 웹엠디WebMD[9]에서 미리 의료 정보를 찾아보고 내원한 환자들에 대한 경험을 소개해달라고 부탁했다. 의료 관계자들은 정보를 찾아보고 온 환자들이 그렇지 않은 환자들보다 눈에 띄게 많이 아는 것은 아니라고 답했다. 다만 의료 지식에 대한 자신감은 높았다. 그래서 이들은 전문가의 진단을 거부하거나 대안 요법을 찾아다니기도 한다.

다른 연구에서는 사람들에게 "주식이란 무엇인가?" 같은 금융에 관한 단순한 질문의 답을 인터넷에서 찾아보게 했다. 그다음 아무 관련이 없는 투자 게임을 내주면서 자신의 플레이에 돈을 걸 기회를 주었다. 인터넷을 검색해본 사람이 그렇지 않은 사람보다 돈을 훨씬 많이 걸었다. 하지만 게임을 더 잘한 것은 아니라서 결국 돈을 적게 가져갔다.

문제는 웹엠디를 몇 분(혹은 몇 시간) 열심히 찾아보는 행위는 의료 전문성을 갖추는 데 필요한 수년간의 공부를 대신하지 못한다는 것이다. 또한 금융 관련 사이트에서 잠깐 정보를 찾아보는 것으로는 투자의 미묘한 차이를 간파하지 못한다. 그래도 손끝으로 클릭해서 전 세계의 지식을 획득할 수 있다고 생각하면 머릿속에 온갖 지식이 꽉 찬 것처럼 느껴지는 것은 어쩔 수 없다.

ᕖ⟋⟋⟋ ─◆─◆─ 기술은 (아직) 의도를 공유하지 못한다

이 책을 쓰는 현재 우리의 일상에 도움이 되는 가장 발전한 형태의 AI 는 GPSGlobal Positioning System, 위성 위치 확인 시스템다. GPS는 1990년대와 2000년 대 초반부터 일반인들 사이에 보급되었고 2007년에 GPS를 장착한 스마트 폰이 등장하면서부터 이제는 어디서나 볼 수 있는 장치가 되었다. GPS는 최적의 경로를 계획해서 화면에 표시하고 현재의 교통 상황에 따라 권장 경로를 갱신할 뿐 아니라 핸들 돌릴 때를 놓쳤는지 여부를 표시하고 운전 자에게 말로 안내해주기까지 한다. 놀라운 성능과 기능이다. 인간의 탐색 방식을 완전히 바꿔놓을 만큼 획기적인 발전이다.

그런데 이 놀라운 장치도 못하는 일이 있다. 부모님 댁에 가는 길이라 조금 늦어도 좋을 텐데 GPS는 일부러 돌아가는 경로를 안내하지 않는다. 석양이 유난히 아름다운 날이라 호숫가 도로를 달리고 싶지만 GPS는 그 도로를 택하지 않는다. 오늘은 교통 상황이 좋지 않으니 집에 있는 것이 좋 겠다고 제안하지도 않는다. 물론 이런 기능도 가능하지만 사전에 따로 설 정해야 한다. GPS는 우리의 마음을 읽고 의도—우리의 목표와 욕구, 이 두 가지를 만족시킬 방법에 관한 우리의 이해—를 내면화해서 새로운 제 안을 내놓지 못한다. GPS는 우리와 의도를 공유해 공동의 목표를 추구하 지 못한다.

가장 원시적인 측면을 제외하고 기계와 사용자는 서로의 지식과 서로의 활동에서 합의를 이루지 못한다. 그런 의미에서 인간과 기술은 공통 기반을 공유하지 않는다. 기계는 우리의 목표가 A인지 B인지 C인지 물어보고 대답에 맞게 적절히 반응한다. 그러나 기계는 스스로 새로운 목표를 설정해서 끝까지 추구하려고 노력하는 방식으로 인간과 목표를 공유하지는 못한다. 우리는 목표를 달성하는 데 도움이 되는 작업을 수행하도록 기계에 지시하는 방식으로 기계와 소통한다. 이때 목표를 명확히 전달해야 한다. 기계는 우리의 협력자가 아니라 도구일 뿐이다. 따라서 AI는 또 하나의 인간이 아니라 전자레인지에 더 가깝다. 기술은 정보와 유용한 도구를 제공해 지식 공동체에서 중요한 역할을 맡을 수는 있지만 인간과 동일한 방식으로 공동체의 일원이 되지는 못한다. 우리는 염소와 협력해서 일하지 않듯이 기계와도 공동으로 작업하지 않는다. 그저 이용할 뿐이다.

의도를 공유하는 능력은 지능형 에이전트(Intelligent Agent, IA. 일정 수준의 자율성 또는 독립성을 가지고 사용자를 대신하여 일련의 조작을 수행하는 소프트웨어-역주)의 핵심 기능이다. 언어와 개념화 같은 인간의 주요 기능이 의도를 공유하는 능력에 의존하는 이유는 앞서 보았듯이 협력 활동이기 때문이다. 그러나 의도를 공유하도록 컴퓨터 프로그램을 설정하기란 어렵다. 컴퓨터가 의도를 공유하려면 타인과 조율할 수 있어야 한다. 자기가 무엇을 알고 남들이 무엇을 아는지 인식해야 한다. 그러려면 우선 자기와 타인의 인지 과정을 성찰해야 한다. 하지만 컴퓨터가 인지하도록 프로그램을 설정하는 방법은 아무도 모른다. 만약 누군가가 알아낸다면 우리는 의식한다는 것의 의미를 알게 될 것이다. 하지만 우리는 모른다.

우리는 기술의 역사에서 곤란한 지점에 와 있다. 지금은 거의 모든 활동에 지능형 기계가 필요한 시대다. 기계는 지식 공동체의 중요한 일원으로서 우리가 의지할 만큼 똑똑하다. 하지만 어떤 기계도 인간 활동의 핵심을 이루는 독특한 능력, 곧 의도를 공유하는 능력은 갖추지 못했다. 이런 특성은 인간과 기계가 함께 작업하는 방식에 중요한 의미를 갖는다.

오늘날 인간-기계 시스템의 주요 기능 중 하나는 생명을 살리는 기능이다. 특히 기계가 우리를 죽이지 않을 때는 아주 잘하는 일이다. 항공기와 열차와 산업 장비의 조종석에 사람만 앉는다는 말은 오늘날 성립하지 않는다. 이제 사람은 정교한 기술에 둘러싸여서 일한다. 사람은 예전보다 자동차를 덜 제어한다. 자동차는 현재 50가지 마이크로프로세서의 명령을 따른다.[10] 위성 라디오를 통해 우리를 편안하고 즐겁게 해주는 마이크로프로세서도 있다. 자동차를 제어하는 마이크로프로세서는 다양하다. 가령 파워 스티어링power steering은 컴퓨터를 통해서 다양한 속도에 필요한 힘을 조정하고, 잠김 방지 브레이크는 미끄럼을 방지한다. 자동화 혁명이 이제 막 시작되었다. 전자동 자동차는 더 이상 공상과학소설에나 등장하는 물건이 아니다. 2015년 말에 테슬라모터스Tesla Motors의 CEO 일론 머스크는 2년 정도 지나면 완전 자동화 기술이 완성되겠지만 운전자 없는 자동차가 도로를 점령하기까지 법적 문제를 해결하는 데는 오랜 시간이 걸릴 수 있다고 말했다.[11]

대형 운송 수단의 경우에는 이미 현장에서 변화가 일어났다. 현대의 항공기는 자동화 장치의 도움 없이는 비행하지 못한다. 최첨단 전투기는 플라이 바이 와이어fly-by-wire, 전기신호식 제어장치로 비행한다. 전투기는 몹시 불안정한 장치라서 일정하게 제어하려면 인간 조종사보다 몇 배나 빠르게 감지하고 행동하는 자동화 시스템이 필요하다. 이런 스마트 기술에 대한 의존성이 역설을 낳았다. 기술은 발전할수록 더 믿음직하고 효율적으로 작동한다. 인간은 믿음직하고 효율적인 기술에 더욱 의존한다. 결국 인간은 집중력과 관심을 잃고 시스템이 저절로 작동하게 내버려둔다. 극단적으로 말해서 대형 여객기를 조종하는 일은 텔레비전을 보는 것처럼 수동적인 작업이 될 수도 있다. 예상치 못한 상황이 발생할 때까지는 아무 문제없다. 비상 상황에서는 인간의 유능함이 빛을 발한다. 새로운 상황에 유연하게 대처하는 것이 바로 인간의 역할이다. 기계는 공동의 목표를 추구하도록 협력하지 않는다. 단지 도구로 기능할 뿐이다. 따라서 인간 조종사가 감독하는 역할을 그만두면 심각한 사고가 일어날 가능성이 크다.

자동화의 역설이란 자동화된 안전 시스템의 효과가 의존성을 낳고, 의존성이 인간 조종사의 역할을 약화시켜서 더 큰 위험을 낳는 현상을 말한다. 현대의 기술은 이미 매우 정교하지만 갈수록 더 정교해질 것이다. 자동화 안전 시스템 역시 나날이 발전할 것이다. 지금보다 복잡한 부가 기능과 백업 시스템이 추가되면서 자동화 안전 시스템은 점점 더 많은 역할을 수행할 것이다. 그러다 시스템이 고장 나면 그만큼 거대한 재앙이 닥칠 수 있다. 역설적으로 비행기, 열차, 산업 장비의 자동화 시스템에 의해 안전이 위협받을 수 있다.[12] 기술은 시스템이 무엇을 하려는지 이해하지 못해서—인간의 의도를 공유하지 못해서—일단 고장이 나면 엄청난 위험이 따른다. 만약 인간이 시스템 고장에 대처하지 못한다면 재앙이 닥칠 것이다.

예를 하나 들어보자. 항공기가 계속 비행하기 위한 충분한 양력揚力을 생성할 만큼 대기 속도airspeed가 빠르지 않으면 항공기 실속(airplane stall, 항공기의 날개 표면을 흐르는 기류의 흐름이 날개 윗면에서 박리되어 결과적으로 양력이 감소하고 항력이 증가하여 비행을 유지하지 못하는 현상-역주)이 발생한다. 실속이 발생하면 항공기가 추락한다. 실속을 회복하기 위한 좋은 방법은 기수機首를 아래로 내리고 엔진 출력을 끌어올려서 대기 속도가 항공기를 계속 뜨게 할 만큼 충분한 양력을 생성해내는 것이다. 실속 회복은 비행 학교에서 예비 조종사가 훈련하는 기초적인 기술이다. 그래서 2009년에 바다로 추락해 228명의 희생자를 낸 에어프랑스 447기의 블랙박스를 복구하면서 수사관들이 큰 충격에 빠졌던 것이다. 에어버스 A330 모델인 이 항공기는 실속이 발생해서 추락하던 중 부조종사가 알 수 없는 이유로 기수를 아래로 내리지 않고 위로 올리려고 했다. 어떻게 이런 일이 발생했을까? 2013년에 미국 연방항공국은 그해 발행한 보고서에서 조종사들이 자동 장치에 지나치게 의존한 나머지 돌발 상황에 대처하지 못했다고 결론지었다. 조종사들은 항공기에 실속이 발생할 수 있다는 점을 인지하지 못해 시스템이 보내는 경고 신호를 제대로 해석하지 못했을지도 모른다. 자동화 역설의 완벽한 예다. 자동화 기술의 성능이 지나치게 뛰어난 나머지 조종사들은 시스템이 고장 나면 어떻게 대처해야 할지 몰랐던 것이다.[13]

 GPS 장치가 보급되면서 우리도 이미 자동화의 역설을 경험했다. 간혹 GPS만 믿고 시키는 대로 뭐든지 하는 사람들이 있다. GPS 서비스는 우리가 무엇을 하려는지 이해하지 못한다는 사실을 사람들은 자주 잊는다. GPS 주인님께 복종해 강물이나 절벽으로 뛰어든 사람들의 이야기도 심심찮게 들린다.[14]

 1995년에 로열 마제스티 유람선은 매사추세츠주 연안의 낸터킷섬 부근에서 항해 중이었다.[15] 배가 바닷바람에 거칠게 떠밀려 GPS와 안테나를 연결하는 케이블이 끊겼다. 선원들은 무슨 일이 벌어졌는지조차 몰랐다. GPS가 화면에 찍찍거리는 신호를 띄워서 오류 메시지를 전달했지만 선원들의 관심을 끌기에는 역부족이었다. GPS는 위성 데이터를 수신하지 못하자 곧 원래 설정된 방식대로 작동했다. 추측항법(推測航法, 추정 속도와 시간과 방향으로 이전 위치에서 현재 위치를 추정하는 방법-역주)으로 전환한 것이다. 게다가 찍찍거리는 신호도 멈췄다. 선원들은 화면에서 이런 변화("DR")와 입력 상실("해결책solution"의 약어 "SOL", 이것은 "정확한 위치 해결책을 더 이상 계산하지 않음"이라는 의미를 다소 혼란스럽게 축약한 것이다)을 뜻하는 간단한 약어를 인지하지 못했다. 추측항법은 경험에 따른 추측으로, 바람과 조류에 따라 수정되지 않는다. 따라서 로열 마제스티의 자동 조종 장치는 합리적이지만 점차 부정확한 추정치를 기준으로 항해했다. 선원들은 레이더 지도를 계속 지켜봤지만 지도에는 GPS가 추정한 경로 정보만 표시되고 유람선의 실제 위치는 반영되지 않았다. 게다가 선원들은 제2의 자료로서 해변에서 무선 신호를 3각 측량하는 내비게이션 시스템과 GPS를 대조해 확인하지 않았다. 이런 불행한 우연이 결국 이 배의 운명을 결정했다. GPS에는 낸터킷 연안의 불안정한 상태를 경고하는 부표가 보스턴 항구 항로를 표시하는 부표로 <u>추정된</u> 위치 근처에 나타났다. 레이더에 탐지되기는 했지만 선원들은 예정대로 잘 가는 중이라고 믿었다. 바닷물 색깔이 얕은 바다 색으로 변한 것을 알아챌 때까지는 뭐가 잘못되었는지도 몰랐다. 이미 배를 세우기에는 늦었다. 3만 2000톤짜리 유람선이 낸터킷 섬에서 10여 킬로미터 떨어진 모래톱 바닥에 걸렸다.

다행히 이 이야기는 행복한 결말로 끝을 맺는다. 로열 마제스티는 모래톱에 걸린 지 24시간 만에 예인선 다섯 척에 이끌려서 모래톱을 빠져나왔다. 이중 바닥으로 설계된 덕분에 작동을 멈추지 않아 보스턴까지 승객들을 데려다줄 수 있었다. 하지만 로열 마제스티가 다시 항해하기까지 약 200만 달러가 들어갔다.

비교적 최근에 일어난 이 비극적인 사건에서 무엇을 배울 수 있을까? 기계는 제 한 일을 다 했다. 모든 백업 시스템이 제대로 작동했다. 기계가 선원들에게 무슨 일이 발생했는지 자세히 알리지 않은 것은 사실이다. 하지만 기계에 그렇게까지 해달라고 요구할 수는 없는 노릇이다. 그러려면 기계가 인간이 해야 하는 일을 이해하고 인간이 무엇을 하려는지 파악해야 한다. 그러나 앞서도 보았듯이 기계에는 이런 능력이 없다. 기계는 도구일 뿐 인간과 함께 공동의 목표를 추구하는 진정한 협력자가 아니다.

로열 마제스티에서 실제로 저지른 실수는 하나뿐이다. 바로 항해 책임자들이 GPS를 전폭적으로 신뢰한 것이다. 이 행동이 비합리적이지는 않다. 그전까지 배의 기계는 항상 정확했기 때문이다. 그러나 선원들은 이해의 착각에 빠졌다. 기계가 알려주는 정보는 이해했지만 모니터에 나타난 야단스럽지 않은 신호(작은 "DR"과 "SOL")의 중요성은 이해하지 못한 것이다. GPS의 작동 원리를 잘 몰랐기 때문이다. 선원들은 자신들의 무지를 인지하지 못한 탓에 이중으로 확인하지 않았다. 오랫동안 항해에 성공해왔기 때문에 이해의 착각을 덮을 만큼 자신만만했다.

자기를 인지하는 능력과 짝을 이루는 인간의 능력 중에는 현재 벌어지는 상황을 성찰하는 능력이 있다. 사람들은 항상 자신의 행동을 관찰하고 평가할 수 있다. 한 발 뒤로 물러나서 자기가 하는 일과 주변에서 벌어지는 일을 인지할 수 있다. 나아가 자신의 사고 과정—성찰하고 의식하는 부분—까지 관찰할 수 있다. 사람들은 눈에 보이는 현상이 마음에 들지 않으면 그 현상을 바꾸기 위해 영향력을 행사할 수 있다. 물론 이런 영향력에는 한계가 있다. 아이스픽 없이 빙판에서 미끄러지면 멈추기 위해 할 수 있는 것이 없다. 마찬가지로 공포나 욕망에 사로잡히면 자기 행동을 통제하지 못할 수 있다. 그래도 우리에게는 적어도 (의식이 있을 때) 무슨 일이 벌어지는지 인지하는 능력이 있다. 스스로 행동을 통제하는 수준까지는(가령 앞에 놓인 큼직한 초콜릿 케이크에 참을 수 없을 정도로 끌리지만 않는다면) 행동을 수정할 수 있다. 반면에 기계는 항상 프로그램에 복종한다. 프로그램이 정교할 수 있고 환경의 변화에 적응하도록 프로그램을 설정하는 방법도 여러 가지다. 하지만 결국 프로그램 설계자는 기계가 대응할 방법을 모르는 상황을 상상해본 적이 없다. 실제로 그런 상황이 벌어진다면 기계는 잘못 조작될 것이다. 인간의 중요한 역할을 간과한 탓이다. 상황이 크게 빗나갈 때를 대비해서 인간이 기계를 감독해야 한다. 현대 사회의 가장 큰 위험은 정교한 기술을 이해하고 통제하기 위한 모든 지식에 접근할 수 있는 사람이 없다는 사실이다. 게다가 기술은 과거 어느 때보다 빠른 속도로 정교해지고 있다. 걱정스러운 일이다.

∿⊕⊕ 진정한 초지능

컴퓨터에는 의도를 공유하는 능력이 없다. 이런 능력을 장착할 날도 요원하다. 따라서 자신의 목표를 위해 인류를 희생시키는 사악한 초지능의 출현을 지나치게 걱정할 필요는 없다. 사실 어떤 유형으로든 가까운 미래에 초지능이 나타날 가능성은 없어 보인다. 관심의 초점과 목표를 공유하는 인간의 기본적인 능력을 기계에 장착하지 못한다면 컴퓨터는 애초에 우리를 이해할 수조차 없어 우리의 마음을 읽고 우리보다 똑똑해지는 것이 불가능하다.

하지만 어떤 의미로는 기술이 초지능을 가능하게 해준다. 인터넷은 우리에게 말해주는 GPS 장치와 운영체제처럼 똑똑하고 새로운 도구를 제공했다. 하지만 인터넷 애플리케이션의 가장 유용한 형태로서 사람들이 스스로 도구가 되는 방식이 있다. 예를 들어 크라우드소싱(crowdsourcing, 기업의 일부 활동에 대중을 참여시키는 방법　역주) 애플리케이션은 다양한 사람들의 지식과 기술을 축적하는 방식으로 과거 어느 때보다 폭넓고 역동적인 지식 공동체를 이루었다. 크라우드소싱은 다양한 경험과 위치와 기반에서 나온 지식을 통합하는 중요한 정보 제공자다. 옐프(Yelp, 지역 기반 소셜 네트워크-역주)와 아마존은 서비스와 제품의 상품평을 크라우드소싱 방식으로 수집한다. 웨이즈(Waze, 소셜 기반 음성 길 안내 서비스 애플리케이션-역주)도 이런 방식으로 도로 위의 운전자들에게 정보를 받아서 교통 상황 지도를 만든다. 레딧 같은 사이트에서는 사용자가 질문을 던지고 누구든 그것에 답을 달 수 있다.

크라우드소싱을 제대로 활용하면 공동체의 전문 지식을 활용하는 최선의 방법이 된다. 크라우드소싱 방식은 목표를 추구하는 과정에 가능한 한 많은 사람을 참여시킬 수 있다. 그만큼 전문가들이 지식을 제공할 가능성도 커진다. 목표를 달성하는 최선의 방법은 전문 지식을 활용하는 것이다. 옐프는 어떤 음식점이 얼마나 좋은지 아는 사람들의 지식을 통합하고, 레딧은 가장 전문적인 답변을 판별한다. 따라서 크라우드소싱은 전문 지식을 가장 많이 아는 사람이 공동체에 참여하려는 열의가 충분할 때 가장 효과적으로 작동한다.

크라우드소싱이 똑똑한 기계를 만들기는 하지만 AI의 마법 같은 기술로 만드는 것은 아니다. 크라우드소싱 기계의 지능은 최선의 추론 방법에 대한 심오한 이해나 막강한 계산 능력이 아니라 공동체에서 나온다. 가령 웨이즈는 현재의 교통 상황을 잘 아는 수많은 운전자의 보고를 통합해서 길을 안내한다. 전통적인 의미의 지능이 발전한 형태가 아니다. 사람들을 연결하는 능력이 발전한 것이다.

크라우드소싱 기업의 가장 큰 과제는 전문가들이 적극 참여하도록 유도하는 방법이다. 돈은 여러 장려책 중 하나일 뿐이다. 전문가들은 장려금을 주는 일보다 옳은 일에 더 적극적으로 참여하는 경향이 있다.[16] 위키피디아의 폭발적인 성장을 보라. 위키피디아는 참여자에게 한 푼도 보상하지 않는다.《옥스퍼드 영어사전Oxford English Dictionary》도 1857년에 단어의 의미를 확인하기 위해 인용구를 수집하기 시작했을 때 사람들에게 아무런 대가도 주지 않았다.《옥스퍼드 영어사전》은 자원자들에게 영어 텍스트를 여한 없이 읽을 수 있다는 장점만 내세웠고, 지금도 같은 방침을 고수한다.[17] 전문가들은 특히 자신의 기여를 인정해주기만 한다면 전문 지식을 선보일 기회를 원한다. 지식 공동체에 기여하는 성향은 협력하고자 하는 인간의 본성에서 나온다.

각자에게는 세계를 보는 작은 창이 있다. 이 창은 우리가 접근할 수 있는 아주 작은 지식이다. 크라우드소싱은 동시에 수십 혹은 수백, 때로는 수천 개의 창으로 세계를 내다보는 방식이다. 다만 크라우드소싱은 전문 지식에 접근할 때만 효과적이다. 전문 지식이 없다면 쓸모없을 뿐 아니라 오히려 해롭다. 팔로커호-35^{PK-35}는 핀란드의 축구 클럽이다. 이 클럽은 몇 해 전에 팬들을 선수 선발과 훈련, 게임 전략에 관한 의사 결정에 참여시켰다. 팬들은 휴대전화로 투표했다. 결과는 참담했다. 클럽은 형편없는 성적을 보였고, 감독은 경질당했으며, 실험은 돌연 중단되었다.[18] 크라우드소싱 방식이 효과를 거두려면 공동체가 크기만 해서는 안 된다. 필요한 전문 지식을 갖추어야 한다.

때로는 전문 지식이 피상적일 수 있다. 아마존의 사용자 평점은 항상 신뢰할 만한 정보가 아니다.[19] 아마존 평점은 전문가 평가와 상관관계가 높지 않고 작성자가 선호하는 브랜드와 고가 상품일수록 점수가 지나치게 높아지는 경향이 있다. 일반 소비자들이 디지털카메라와 주방 용품 같은 기술 제품의 품질을 정확히 평가하기 위한 전문 지식을 갖추기는 어렵다.

그래도 크라우드소싱은 분명 효과적인 방식이다. 그 효과는 1907년에 프랜시스 골턴Francis Galton의 논문 〈군중의 지혜Vox Populi〉에서 처음 밝혀졌다.[20] 골턴은 이 논문에서 영국 플리머스의 농업 박람회가 개최한 살찐 소의 중량을 알아맞히는 대회에 관해 보고한다. 약간의 참가비만 내면 누구나 참여할 수 있는 이 대회는 소의 실제 중량과 최대한 가까운 수치를 추정한 사람에게 상금을 주었다. 정육점 주인과 농부 같은 전문가뿐 아니라 일반 대중도 참가했다. 골턴은 이렇게 적는다. "이 대회의 참가자가 도축된 소의 중량을 정확히 추정하는 정도는 일반 유권자가 정치적 사안의 장점을 판단해 표를 던지는 수준과 비슷했다. 정확히 판단하는 정도의 분포가 양쪽에서 상당히 유사했다." 골턴은 추정치가 적힌 표를 모두 구해서 숫자가 제대로 적힌 표를 세어보았다. 모두 787장이었다. 평균 추정치는 소의 실제 중량인 1198파운드를 기준으로 1퍼센트 이내였다.[21] 중량을 판단하는 문제에서 대중은 약간의 지혜를 보였다. 골턴은 절제된 어조로 말했다. "이 결과는 민주적인 판단을 생각보다 더 신뢰할 수 있다는 믿음을 주는 듯하다." 각자는 지식의 착각에 빠지지만 군중의 전문 지식은 개인의 편향을 극복한다.

크라우드소싱은 비즈니스 세계에서 훨씬 존재감이 강하다. 주로 위키피디아 같은 사이트의 성공을 설명할 때 소환되는 개념이다. 경제학자들은 예측시장[22]이라는 크라우드소싱의 한 형태를 칭송했다. 예측시장에서는 미래에 일어날 일에 돈을 건다. 군중이 특정한 결과에 기꺼이 걸고 싶어하는 금액은 그 결과가 일어날 확률의 추정치로 쓰인다. 가장 정확히 예측한 사람이 돈이나 명망 같은 보상을 가져가므로 사람들은 이런 내기에 참여하고 싶어 한다. 특히 전문가들은 신참보다 미래의 일을 알 가능성이 높아서 더욱 내기에 참여하기를 원한다. 따라서 전문가가 이 시장에 지대한 영향을 미친다. 수많은 정부기관과 민간기업이 예측시장을 활용해서 국내 선거와 국제 사건과 비즈니스 환경에서 일어날 현상을 추측한다. 대개 기존의 예측 방식보다 성공률이 높은 편이다.

크라우드소싱은 사실 가까운 미래에 일어날 현상과 비교해서 지식 공동체를 채택하는 원시적인 방법이다. 웹 개발자들은 구체적인 문제를 해결하기 위해 역동적인 공동체가 형성될 수 있는 애플리케이션을 이제 막 개발하기 시작했다. 이런 애플리케이션 개념은 전 세계의 전문가들이 일시적으로 협력해서 진행하는 프로젝트를 단순화한 방식이다. 이런 애플리케이션이 주류로 정착하려면 여러 가지 문제가 먼저 해결되어야 한다. 전문가를 유인해야 하며, 특정 문제에 맞는 전문가 집단을 선정하기 위한 방법론을 설계해야 하고, 인지 노동을 효과적으로 분배해야 하고, 각 프로젝트의 위험과 보상을 공평하게 분배하기 위한 방법론을 개발해야 한다. 협업을 위한 애플리케이션의 성공은 이런 문제를 얼마나 잘 해결하느냐에 달렸다.

이렇게 분권화된 협업을 지원하기 위한 플랫폼으로 이더리움^{Ethereum}, 센소리카^{Sensorica}, 콜로니^{Colony}와 같은 미래파적 이름들이 막 출현하기 시작했다. 이더리움은 분권화된 인터넷 통화 비트코인^{Bitcoin}의 성공에 힘입어 출현한 플랫폼이다. 누가 얼마를 보유했는지에 관한 정보는 블록체인^{block chain}이라는 공공 거래 장부에 저장된다. 블록체인은 비트코인 사용자들의 네트워크에서 갱신되는 모든 거래 기록을 보존하는 정교한 기술이다. 거래 장부를 네트워크로 분산하는 방식은 실수와 사기를 막는 좋은 방법이다. 이더리움은 블록체인 방식을 활용해서 프로젝트에 개입하는 모든 사람이 분권화된 합의를 통해 협력할 수 있게 해준다. 여기서는 정보를 공동체로 분산시켜서 개인이 접근 권한을 독점하지 못하게 해야 더 안전하다고 전제한다. 정보에 대한 접근은 통제를 의미한다. 따라서 이런 협업 플랫폼의 목표는 평등을 강화하는 데 있다. 말하자면 누구나 능력에 따라 기여하고 기여도에 따라 보상받는 방식이다. 목표는 공동체가 프로젝트의 유형에 따라 인지 노동을 안전하고 확실하게 분배하는 데 있다. 이런 플랫폼이 대중화되면 완전히 새로운 비즈니스 양식이 탄생할 것이다. 끊임없이 변화하는 전문가 집단을 통해 비즈니스를 하는 방식이 표준이 되면 기업의 개념도 다시 정의해야 한다. 이런 미래가 정말로 가능하다면 완전히 새로운 경제가 도래할 것이다.

⌇⊹⊹ 미래 예상하기

크라우드소싱의 위력과 협업 플랫폼의 전망을 알아본 결과 진정한 초지능이 기대되는 대상은 인간보다 높은 지능을 가진 미래의 기계가 아니라는 것이 분명해졌다. 세상을 바꾸는 초지능은 지식 공동체에 있다. 획기적인 기술 혁신은 초인적 마력을 보유한 기계를 발명하는 분야가 아니라 날로 커지는 지식 공동체에 정보가 원활히 흐르고 협업을 수월하게 돕는 분야에서 일어날 것이다. 지적인 기술은 사람들을 대신하는 것이 아니라 사람들을 연결해준다. 인터넷은 진정한 초지능이 공동체에 있다는 사실을 보여준다.

인간-기계 시스템의 공동체는 꾸준히 발전할 것이다. 기술은 아주 빠른 속도로 정교해지고, 공동체에서 기술의 역할은 훨씬 더 커질 것이다. 하지만 기술이 인간에게 자기 의사를 강요하는 힘이 강해져서 인간을 위협할 것이라는 예상은 틀렸다. 예측 가능한 미래의 기술에는 인간이 성공한 핵심 비결, 곧 의도를 공유하는 능력이 빠졌을 것이다. 따라서 기술은 지식 공동체에서 대등한 상대가 아니라 보조적인 도구로 남을 것이다. 기술의 중요한 역할은 크라우드소싱과 협업을 관리해서 공동체를 더 키우는 데 있는 듯하다. 군중은 사람들이 모인 집단이므로 결국 사람들의 기여가 커지는 셈이다. 선사시대부터 역사시대로 이어지는 연장선에서 진화의 중요한 발전은 인간과 기술의 상호작용과 관련이 있다.

다만 기술은 점점 더 정교해질 테고, 그런 면에서 점점 더 사용자로부터 멀어질 것이다. 사람들이 변기가 어떻게 작동하는지도 모르는 마당에 현재 우리 삶에 스며든 갖가지 실험적인 전자 기술과 인터넷 사이트에 관해서는 얼마나 알지 생각해보라. 앞으로 우리는 세상이 돌아가는 방식에 훨씬 더 무지해질 것이다. 역설적으로 성공적인 기술은 항상 손쉽게 사용할 수 있다. 그리고 늘 친숙해 보인다. 그래서 시간이 갈수록 복잡해지는 시스템에 대한 이해가 줄어드는데도 우리는 계속 이해한다는 느낌을 받을 것이다. 이렇게 이해의 착각은 한층 심해진다. 우리는 이미 일상을 보내거나 사업을 할 때 끊임없이 기계와 인터넷에 접근한다. 기술이 나날이 정교해지는 사이 자동차 엔진룸에 들어 있는 것에 관해서는 더 무지해질 것이다. 자동차를 계속 쓰기 위해서 전문가에게 훨씬 더 의존할 테지만 문제가 발생하기 전까지는 그럭저럭 괜찮을 것이다. 기술이 고장 날 때(방치나 전쟁이나 자연재해 때문에) 이해의 착각에 빠져서 안주하면 문제가 발생한다. 길을 잃을 수 있다. 이때 전문가에 대한 의존성이 적나라하게 드러난다.

우리는 더 이상 우리 영역의 수장이 아닐지도 모른다. 우리는 그저 하나의 톱니로서 온전히 이해할 수 없어 완벽히 통제하지 못하는 시스템과 함께 일하는 쪽에 가깝다. 따라서 더 바짝 경계하고 무슨 일이 벌어지는지 모른다고 자각해야 한다. 다행히 새로운 기술에는 장점이 무한하다(안전성이 강화되고 수고가 줄고 효율성이 높아졌다). 또한 우리는 세계의 전문 지식을 점점 더 많이 자유자재로 사용하면서 지식 공동체를 활용하는 방법을 배울 것이다.

chapter. EIGHT

과학을 생각하기

파기 행위는 대개 불쾌감을 준다. 따라서 한 청년이 파기 행위를 통해 대중의 영웅으로 추앙받았다는 것은 놀라운 이야기다. 18세기 후반 산업혁명의 여명이 밝아올 즈음, 이 청년은 영국 랭커스터의 한 방직공장에서 견습공으로 일했다. 공장 관리자가 일을 못 한다고 야단치자 청년은 격분해서 망치로 방직기계를 때려 부쉈다(적어도 전해지는 이야기로는 그렇다). 청년의 이름은 네드 러드 Ned Ludd. 그는 영국의 기계파괴운동인 러다이트 Luddites 운동의 수호성인이 되었다.

러다이트들은 그 당시 영국에서 급속도로 발전하는 기술이 그들의 생계와 가치관을 위협할 것이라고 여겼다. 러다이트들이 애용하던 시위 도구는

"위대한 애녹Great Enoch"이라는 별명이 붙은 (애녹 테일러라는 대장장이가 만든) 거대한 망치였다.[1] 그들은 이 망치로 영국 전역에서 산업 장비를 부쉈다. 경찰과 맞붙어 실랑이를 벌였고 심각한 상황이 자주 벌어졌다. 러다이트들은 러드 왕, 러드 왕자 혹은 러드 장군이라고 불리던 수수께끼의 인물이 그들을 이끈다고 주장했다. 사실 그런 인물은 존재하지 않았다. 그저 랭커스터에서 네드 러드가 일으킨 저항 행동에 보내는 인사였을 뿐이다.

정치적·경제적 불만에서 터져 나온 저항운동은 대중의 관심에서 급속도로 멀어지게 마련이고 현재는 네드 러드가 기계를 부순 사건의 구체적인 내용조차 제대로 알려져 있지 않지만 러다이트는 이후 몇 세기에 걸쳐 문화적 이정표가 되었다. 러다이트가 이렇게 유명해진 이유는 당대에 가장 발전한 최첨단 기술을 파괴하는 행위가 인간을 짓누르던 중압감을 파괴하는 것을 상징하기 때문이다. 일부 사람들은 항상 과학과 기술을 불신과 우려의 눈으로 봐왔고, 지난 세기에 획기적인 과학적 발전이 일어났는데도 여전히 반과학적 사고가 팽배하다. 극단적인 예로는 1996년에 "컴퓨터 시대의 갈수록 기괴해지고 무서워지는 기술"[2]에 반발하여 조직된 제2차 러다이트 회의에 참가한 자칭 "네오 러다이트Neo Luddite"가 있다. 그러나 수많은 주류의 사례, 미래의 안녕을 심각하게 위협하는 사례를 애써 찾을 필요는 없다. 과학과 기술에 대한 합리적 회의주의는 건강한 사회에 도움이 되지만 지나치게 비과학적 사고는 위험하다.

우리 시대의 가장 중요한 쟁점은 기후변화일 것이다. 이 논쟁에는 비과학적 수사법이 널리 퍼져 있다. 제임스 인호프James Inhofe는 2015년에 상원에 눈덩이를 가지고 나가서 기후변화에 반박하는 주장을 펼친 사건[3]으로 유명한 의원으로서, 여러 해 동안 비과학적 주장을 펼치는 데 앞장섰다. 2003년에는 가장 영향력 높은 기후학자 17명을 겨냥해 사기꾼이라고 몰아세우며 형사고발하겠다고 위협했다. "온갖 히스테리와 온갖 공포와 온갖 가짜 과학으로 만들어진 지구온난화야말로 미국인들에게 던져진 가장 심각한 거짓말이 아닐까? 물론 그럴 것 같다."[4] 인호프의 주장은 신뢰를 잃었지만 그의 메시지는 여전히 큰 울림을 준다. 그는 오클라호마주에서 연이어 네 차례 상원의원으로 당선되었고 최근 2014년에는 68퍼센트의 득표율을 보였다.

우리 시대에 가장 큰 변화를 이끌어낸 유전자 공학 또한 극렬 반대파들의 표적이 되었다. 유전자 공학은 현대 과학의 최첨단에 섰다. 유전자 공학은 유기체의 DNA에 유전자를 삽입해서(가끔은 제거해서) 새로운 품종을 개발하는 기술이다. 토마토, 콩, 옥수수의 일부 품종은 질병을 잘 견디거나 더 큰 열매를 맺거나 저장 수명이 길어지도록 유전자가 조작된 작물이다.

베타카로틴은 당근과 고구마 같은 식물에 함유된 화학물질이다(베타카로틴은 이런 작물의 특징적인 색깔을 낸다). 베타카로틴은 체내에서 분해되어 시각을 비롯한 중요한 신체 기능에 필요한 비타민 A로 변환된다. 많은 개발도상국에서는 아이들이 베타카로틴을 충분히 섭취하지 못해서 심각한 질병을 앓는다. 일부 추정치에 따르면 매년 50만 명의 아이들이 비타민 A 결핍으로 시력을 잃는다. 2000년대 초반 유럽의 과학자들은 베타카로틴을 생성하도록 유전자를 조작한 벼를 개발했다. 그리고 베타카로틴 때문에 노란색을 띠는 이 쌀을 "황금미"라고 불렀다. 비타민 A가 결핍된 지역의 아이들은 주식이 쌀이므로 황금미가 질병을 예방하는 효과를 거둘 수 있었다. 하지만 유전자 조작 식품GMO에 반대하는 사람들이 필리핀의 황금미 논에서 벼를 수확하기도 전에 작물을 파괴했다. 안타깝게도 그곳은 황금미의 안전성과 효능을 실험하기 위한 시범 경작지였다. 시위자들은 벼만 파괴한 것이 아니라 그들이 주장하는 안전에 대한 우려를 확인하는 데 유용했을 과학 지식마저 파괴했다.

백신 접종도 반대에 부딪혀서 부정적인 결과를 낳을 수 있는 문제다. 미국에서는 2000년대 초 홍역이 사실상 근절되어 한 해 100건 미만으로 발생했다. 그러나 백신 접종 비율이 줄어들면서 홍역 사례가 2014년 600건 이상 급증했다.[5] 교육 수준이 높고 부유한 도시이자 우리 저자 중 한 명의 아이들이 유치원에 다니던 콜로라도주 볼더에서는 부모의 10퍼센트가 자녀의 백신 접종을 거부하면서 수십 년간의 의학 연구를 부정했다.[6] 백신 반대파들은 과학적 언어를 쓰는 경우가 많다. 또 (신빙성이 의심스러운) 과학 연구와 통계 수치를 증거로 내세운다. 하지만 이 입장에는 모순적이게도 비과학적 정서가 팽배해 의료 전문가를 불신하고 과학적 연구를 노골적으로 거부한다. 좋은 예가 하나 있다. 유명한 백신 반대 웹 사이트에서는 〈백신 접종에 NO라고 말해야 하는 여섯 가지 이유〉라는 글에서 의사를 믿으면 안 된다는 기사로 말문을 연다. "주사가 안전하다는 소아과 의사의 말을 믿으면 안 됩니다. 의사도 틀릴 수 있습니다. 의사도 사람입니다. 의사들은 미국의학협회AMA에서 내놓은 각본대로 백신에 관한 표준 항목을 앵무새처럼 읊어댈 뿐입니다. 이들이 정직하게 평가받는다고 생각하신다면 재고하십시오."7

∿∿∿●━●━ 대중의 과학 이해

독일 태생의 유전학자 발터 보드머Walter Bodmer는 영국 옥스퍼드 대학교 교수다. 그는 1985년에 런던 왕립학회의 지명을 받아 과학과 기술에 대한 영국인들의 태도를 알아보기 위한 연구팀을 이끌었다. 왕립학회는 영국인들의 비과학적 정서가 사회의 안녕에 심각한 위해를 끼친다고 우려했다. 연구팀의 결과와 권고는 논문으로 발표되어 현재 〈보드머 보고서Bodmer Report〉로 알려졌다.

이전까지의 연구가 사람들의 태도를 직접 측정하는 데 초점을 맞추었다면 보드머 연구팀의 주장은 단순하고 직관적이었다. 이들은 과학과 기술에 반대하는 태도가 이해의 부족에서 기인한다고 주장했다. 사회 전체의 수준에서 과학에 대한 이해도를 높인다면 사람들의 우호적인 태도를 끌어내고 과학과 기술의 혜택을 누릴 수 있다는 이야기다. 과학을 얼마나 이해하는지에 따라 과학을 대하는 태도가 결정된다는 개념을 결핍 모형이라고 한다. 이 모형에 따르면 비과학적 사고는 지식의 부족으로 생기고 일단 결핍이 해소되면 사라진다.

보드머 보고서가 발표되자 세계 각지에서 과학자들이 대중의 과학 이해에 관한 연구에 뛰어들었다. 미국에서는 국립과학위원회가 앞장섰다. 이 위원회는 2년마다 〈과학과 공학 지표〉 보고서를 작성해 연구 현황을 요약한다. 대중이 과학을 얼마나 이해하는지 측정할 방법을 찾아내기란 매우 어렵다. 과학은 방대하고 복잡하다. 또한 단순한 실험이라고 해도 완벽할 수는 없다. 국립과학위원회에서 주목하는 요소 중 하나는 기본적인 사실을 묻는 설문지 수행이다.

다음 표는 국립과학위원회가 1979년에 미국인의 과학 지식을 조사하기 시작한 이래 가장 많이 한 질문들이다. 정답은 표 아래에 있다.* 이 질문에 얼마나 답할 수 있는지 확인해보라.

각 질문의 오른쪽 칸에는 2010년 조사에서 정답을 맞힌 사람들의 비율이 적혀 있다. 7번과 12번 질문은 정답을 맞히려면 종교적 신념을 거역해야 하므로 논란의 여지가 있다. 앞에 "천문학자에 따르면"이나 "진화론에 의하면" 같은 말을 덧붙이면 두 질문 모두 정답률이 70퍼센트 정도까지 올라간다.[8] 그래도 전반적인 결과가 실망스러울 것이다. 그냥 찍어서 맞혀도 정답률이 50퍼센트는 될 테니 말이다. 미국인들이 얼마나 무식한지 비웃고 싶다면 다시 생각해보라. 중국, 러시아, EU, 인도, 일본, 한국을 비롯

질문	정답률
1. 참인가 거짓인가: 지구의 중심은 매우 뜨겁다.	84
2. 참인가 거짓인가: 대륙은 수백만 년 동안 이동해왔고, 계속 이동할 것이다.	80
3. 지구가 태양 주위를 도는가, 태양이 지구 주위를 도는가?	73
4. 참인가 거짓인가: 모든 방사능은 인공 물질이다.	67
5. 참인가 거짓인가: 전자는 원자보다 작다.	51
6. 참인가 거짓인가: 레이저는 음파에 초점을 맞추어서 작동한다.	47
7. 참인가 거짓인가: 우주는 거대한 폭발로 시작했다.	38
8. 참인가 거짓인가: 생물을 복제하면 유전자가 같은 개체가 나온다.	80
9. 참인가 거짓인가: 아들인지 딸인지 결정하는 것은 아버지의 유전자다.	61
10. 참인가 거짓인가: 일반 토마토에는 유전자가 들어 있지 않고 유전자 조작된 토마토에만 들어 있다.	47
11. 참인가 거짓인가: 항생제는 바이러스뿐 아니라 박테리아도 죽인다.	50
12. 참인가 거짓인가: 현재의 인간은 이전의 동물 종에서 진화했다.	47

---

* 1-참, 2-참, 3-지구가 태양 주위를 돈다, 4-거짓, 5-참, 6-거짓, 7-참, 8-참, 9-참, 10-거짓, 11-거짓, 12-참.

한 여러 국가의 정답률도 이보다 높지 않고 대체로 다소 낮았다.

이런 설문지는 지식 외에도 응답자의 태도에 관해서 묻는다. 정답을 많이 맞힌 응답자들이 과학과 기술에 조금 더 우호적인 경향을 보인다는 결과가 있다. 우리의 2013년 연구에서는 과학 지식에 관한 퀴즈를 낸 다음에 유전자 조작 식품, 줄기세포 치료법, 백신 접종, 나노 기술, 원자력, 식품 조사(照射, 채소와 과일에 감마선을 쬐는 식품 보존법 ─ 역주)를 비롯한 다양한 기술에 대한 감정을 물었다. 정답을 많이 맞힌 사람들은 이 기술들의 위험성이 낮고, 기술을 수용할 생각이며, 기술이 사회에 주는 혜택이 크다고 응답하는 경향이 다소 강했다.

따라서 지식과 태도는 어느 정도 상관관계가 있어 보인다. 그러나 결핍 모형에는 실질적인 문제가 있다. 대중에게 과학을 교육하려는 시도는 수십 년 동안 이어져 왔다. 하지만 〈보드머 보고서〉의 커다란 포부, 곧 과학 지식을 강화하여 사회 전반에서 긍정적인 관점을 끌어내겠다는 목적을 달성하는 데는 효과가 없었다. 과학에 대한 대중의 이해 수준을 끌어올리기 위해 연구와 교과과정 설계와 봉사 활동과 의사소통에 이제까지 수백만, 수천만 달러를 쏟아부었지만 나아질 기미가 보이지 않는다. 여전히 비과학적 신념이 널리 그리고 확고하게 퍼져 있다. 이런 상황에서 교육이 큰 도움이 될 것 같지는 않다.

백신 반대 입장은 교육이 태도 변화에 효과적이지 않다는 현실을 보여주는 좋은 예다. 다트머스 대학교의 정치학자 브렌던 나이한Brendan Nyhan과 동료들은 부모들에게 과학 정보를 제공하면 MMR 홍역, 볼거리, 풍진 백신을 수용하는 비율이 높아지는지 알아보기 위한 연구를 실시했다.[9] 부모들에게 다양한 방식으로 구체적인 정보를 제공한 후 백신 접종과 자폐증의 연관성, 심각한 백신 부작용을 일으킬 가능성, 자녀에게 백신 접종을 맞힐 가능성을 어떻게 생각하는지 물었다.

첫 번째 실험군에는 백신 접종을 하지 않으면 나타날 수 있는 부정적인 결과를 보여주었다. 두 번째 실험군의 부모들에게는 홍역, 볼거리, 풍진에 걸린 아이들의 사진을 보여주었다. 세 번째 실험군에는 홍역에 걸린 아이에 관한 감상적인 사연을 소개해주었다. 마지막으로 일부 부모들에게 백신과 자폐증의 연관성에 반박하는 질병관리예방본부의 자료를 제시했다.

결과는 실망스러웠다. 어떤 정보를 보여주어도 자녀에게 백신을 접종하겠다고 대답할 가능성이 높아지지 않았다. 사실 일부 정보는 역효과를 낳았다. 병든 아이의 사진을 본 부모들은 백신과 자폐증의 연관성을 더 굳게 믿는 것으로 나타났고, 감상적인 이야기를 읽은 부모들은 백신의 심각한 부작용을 믿을 가능성이 높아졌다.

무엇이 잘못되었을까? 이것이 지난 몇 년 동안 대중의 과학 이해를 다룬 논문들의 주된 질문이다. 최근의 지배적인 대답은 우리의 기대가 문제라는 것이다. 결핍 모형 자체에 문제가 있다. 과학을 대하는 태도는 애초에 증거를 합리적으로 평가한 결과에 근거하지 않으므로 아무리 많은 정보를 제공해봐야 태도가 달라지지 않는다는 것이다. 사람들의 태도는 변화에 영향을 받지 않는 다양한 전후 맥락과 문화적 요인에 따라 결정된다.

ᚕᚕᚕ◆─◆─ 공동체에 헌신하기

이런 새로운 관점을 옹호하는 주요 인물로 예일 대학교의 법학과 교수 댄 케이한Dan Kahan이 있다. 케이한의 주장에 따르면 태도는 증거를 합리적이고 공정하게 평가하면서 형성되는 것이 아니다. 신념이란 본래 마음대로 취하거나 버릴 수 있는 것이 아니기 때문이다. 그보다 신념은 다른 신념, 우리가 공유하는 문화적 가치관, 우리의 정체성과 얽히고설켰다. 따라서 신념을 버리는 것은 우리의 공동체를 저버리고 우리가 믿고 사랑하는 사람들에게 반박하는, 한마디로 우리의 정체성에 도전한다는 뜻이다. 이렇게 보면 사람들에게 GMO나 백신이나 진화나 지구온난화에 관한 정보를 조금 제공하고서 그들의 신념과 태도에 아무런 영향도 못 미친 것을 놀라워할 일인지 의문이 든다. 문화가 인지에 미치는 영향력은 모든 교육적 시도를 압도한다.

문화적 가치관이 인지에 미치는 영향을 보여주는 확실한 예를 들어보자. 마이크 맥하그Mike McHargue는 "사이언스 마이크Science Mike"라는 이름으로 팟캐스트와 블로그를 운영한다.[10] 그는 플로리다주 탤러해시에서 과학적 합의에 반대하는 다양한 신념을 지지하는 근본주의 기독교 교회의 신도로 성장했다. 이 교회는 성서를 문자 그대로 해석해서 젊은 지구 창조론을 믿고 진화론을 거부하고 기도가 의학적 치료를 대체한다고 믿는다. 사이언스 마이크는 평생 이런 주장을 굳게 믿고 살았다. 그러다 30대에 과학 서적을 탐독하기 시작하면서 신념이 흔들리기 시작했다. 그는 기도의 치유력에 의혹을 던지는 무작위 통제 실험, 우주의 진짜 나이를 밝히는 물리학 연구, 진화를 지지하는 생물학과 고생물학에 관해 읽었다. 처음에는 신앙을 완전히 잃은 뒤에도 한동안 공동체에 자신의 새로운 신념을 밝히지 않았다. 결국 개인적 경험으로 신앙을 되찾아서 현재는 기독교인으로 살지만 근본주의 교회의 비과학적 신념은 거부한다.

그는 과학과 종교를 독특하게 결합하여 〈사이언스 마이크에게 물어봐〉라는 팟캐스트를 운영한다. 주로 상대성 이론, 빅뱅 우주론, 인간이 죽으면 어떻게 되는지를 비롯한 과학적 주제를 논의하지만 가끔은 신앙과 하나님의 본성에 관한 명상을 두서없이 다룬다. 자위와 마리화나 같은 금기를 주제로 한 에피소드에서는(혹시나 해서 밝혀두자면 사이언스 마이크는 둘 다 괜찮다고 여겼다) 청취자가 사이언스 마이크에게 전화를 걸어서 근본주의 교회의 다양한 신념에 의문을 품기 시작한 계기를 묻고 그런 상황에서 어떻게 대처해야 할지 조언을 구한다. 사이언스 마이크의 답변은 이렇다.

공동체에 동의하지 못할 때 어떻게 살아야 할지 조언해줄 수 있냐고요? 물론이죠. 공동체와 분리된 채로 살지 마세요. (……) 지금 당신은 시한폭탄이에요. 언젠가는 더 이상 위장하지 못하고 솔직히 말해야 하고, 그러면 그쪽 교회는 엄청난 부수적 피해를 입고 좋지 못한 결과를 얻을 겁니다. 이제 움직일 때입니다. 당신이 믿는 것을 믿는 공동체를 찾아 나설 때예요. (……) 그러면 이전의 관계를 잃을 겁니다. 생각이 다르다는 데 동의하지 못하는 사람들이 있고 그런 관계는 폭력적으로 변할 수 있어요. (……) 소중한 사람들에게 더는 아무 말도 하지 못해서 무척 고통스러울 겁니다. (……) 과거의 관계를 지속하는 것은 불가능하고 무척 힘든 일입니다. 저는 거짓말을 하지 않을 겁니다. 쉽지 않은 일이죠.[11]

사이언스 마이크의 과학 이야기를 들어보면 그가 똑똑하고 생각이 깊다는 것을 알 수 있고, 지적知的으로 겸손한 태도를 보면 알지 못하는 것과 고심하는 주제의 복잡성을 잘 안다는 것도 느껴진다. 그는 거의 평생을 과학자들이 터무니없다고 치부하는 믿음을 부여잡고 살았다. 그리고 믿음을 의심하기 시작하자 삶과 가장 중요한 관계에 대격변이 일어났다. 이것이 문화의 힘이다. 우리의 신념은 우리 것이 아니다. 공동체에서 공유하는 것이다. 그래서 신념을 바꾸기가 그렇게 어려운 것이다.

사이언스 마이크의 경험을 통해 지식의 착각이 어디에서 발생하는지 추정할 수 있다. 개인은 대체로 새로운 기술과 과학의 발전에 관해 나름의 관점을 정립할 만큼 세세한 부분까지 알지 못한다. 우리에게는 선택권이 없다. 그저 우리가 신뢰하는 사람들의 입장을 수용할 뿐이다. 따라서 우리의 태도와 주변인들의 태도가 서로를 강화시킨다. 우리는 강력한 의견을 갖는다는 점에서 그 의견에 확고한 기반이 있다고 생각하므로 스스로 실제보다 많이 안다고 생각한다.

앞서 207쪽에서 소개한, 참가자들에게 과학 관련 퀴즈를 내고 기술을 대하는 태도에 관해 물은 연구에서 좋은 예를 발견할 수 있다. 우리는 추가로 참가자들에게 기술에 관해 얼마나 아는지도 평가해달라고 주문했다. 과학을 이해하는 능력science literacy과 자신의 지식에 대한 평가 사이에는 아무런 관계가 없었다. 이를테면 오답을 많이 말한 사람들은 정답을 많이 맞힌 사람들만큼 기술을 잘 안다고 보고했다.

이런 자신감이 합리적으로 보이는 이유는 검증된 적이 없어서다. 우리는 비슷한 생각을 가지고 비슷하게 무지한 사람들과 함께 산다. 우리는 지식 공동체 구성원이고 불행히도 공동체는 과학을 오해할 때가 있다. 과학을 이해하는 능력을 키우려는 시도는 공동체의 합의를 바꾸거나 학습자를 다른 공동체와 연결하지 못하면 아무런 효과를 거두지 못한다.

지금쯤 이런 내용이 익숙하게 들려야 한다. 사람들은 복잡한 문제에 관해 한정된 지식을 가졌으며 구체적인 정보(사실에 관한 질문의 답)를 받아들이는 데 어려움을 겪는다. 또 스스로 얼마나 아는지 제대로 파악하지 못한 채 지식 공동체를 신념의 기반으로 삼는다. 그러다 보면 열정적이고 극단적인 태도가 생겨서 변하기 어려워진다.

그렇다면 결핍 모형을 버려야 할까? 과학과 기술을 더 적극적으로 받아들이게 할 목적으로 교육을 시도하는 것은 정말 무의미할까?

⋀⋀⋀━●─●── 인과 모형과 과학 이해

과학에 대한 이해를 연구하는 분야의 주된 한계는 과학 지식을 사실 위주로 평가하는 데 치중한다는 점이다. 과학적 사실을 묻는 질문은 사람들의 태도를 결정하는 정보를 담아내지 못한다. '사실'은 기억하기 어렵다. 특히 깊은 이해가 바탕에 있지 않으면 더 기억하기 어렵다. 게다가 과학적 주제를 심도 깊게 이해하는 사람은 극소수다. 1장과 2장에서 다루었듯이 마음은 세부 정보를 기억하도록 설계되지 않았고, 세상이 어떻게 작동하는지에 대한 우리의 이해는 얕다.

앞서 본 퀴즈 문제를 예로 들어보자. "참인가 거짓인가: 항생제는 바이러스와 박테리아를 모두 죽인다." 이 문제에 대한 대답으로 과학 이해도를 평가한다면 오답을 말한 미국인의 50퍼센트에 주목해 이들이 나머지 50퍼센트와 비슷해지도록 어떻게 도울 수 있는지 알고 싶을 것이다. 한편 그리 너그럽지 않다면 이 사람들에게 도대체 무슨 문제가 있는 거냐고 개탄하리라. 언론은 너그럽지 못한 편이다. 매년 〈과학과 공학 지표〉 보고서가 발표될 때 "멍청이 101: 미국인 네 명 중 한 명은 지구가 태양 주위를 돈다는 사실을 모른다"라는 제목을 단 기사가 쏟아져 나온다.[12]

하지만 이것은 핵심을 벗어난 논의다. 같은 결과에 다르게 접근하자면 정답을 말한 사람들에게 주목해 그들이 실제로 나머지 50퍼센트와 큰 차이가 있는지 알아보는 방법이 있다. 항생제는 박테리아에만 효과가 있다는 사실을 아는 사람들도 대부분 별개의 사실로 알 뿐 더 자세히는 모른다. 우리 중에서 박테리아와 바이러스가 정확히 어떻게 다르고, 항생제가 어떤 역할을 하고, 항생제는 왜 박테리아에만 효과를 보이는지 상세히 설명할 수 있는 사람이 몇이나 될까? 놀라운 일은 아니다. 평범한 사람이 다양한 과학적 주제를 심도 깊게 이해할 것이라고 생각하는 것이 오히려 비현실적이다. 그래서 우리가 지식 공동체에 크게 의존하는 것이다.

3장에서 개인의 인지 체계는 인과관계를 추론하는 기능을 한다고 설명했다. 인간은 인과 모형을 구성하고 추론한다. 인과 모형은 인간이 세계에 관해 생각하고 추론하는 방식으로, 세계가 작동하는 원리에 대한 이해에 바탕을 둔다. 4장에서는 개인의 인과 모형은 단순하고 부정확할 때가 많아서 직접적인 경험에 순응하도록 왜곡된다고 보았다. 이런 인과 모형은 우리의 태도에도 기여한다.

다음으로 일반적인 인과 모형이 거짓 믿음으로 이어지는 사례를 소개한다. 소비자 연구자 베로니카 일류크Veronika Ilyuk, 로런 블록Lauren Block, 데이비드 파로David Faro의 연구에서 사람들은 힘든 일을 할 때 약물의 효과가 빨리 소진된다고 생각하는 것으로 나타났다. 예를 들어 활력 강화 캔디를 먹은 사람은 힘들게 일할 때 약효 지속 시간이 짧아진다고 믿는다. 실제로 대다수 약물이 작용하는 시간은 사람이 얼마나 힘들게 일하는지와 무관하다. 그런데도 이렇게 믿는 이유는 약효의 인과 모형을 많이 노력할수록 자원이 빨리 소진되는 다른 영역에서 습득했기 때문이다. 자동차가 오르막길을 오를 때는 평지를 달릴 때보다 연료를 더 많이 소모하고, 자전거로 오르막길을 오를 때는 내리막길을 내려갈 때보다 열량을 더 많이 소모한다. 이런 오류는 학문에만 해당하는 것이 아니다. 이런 잘못된 인과 모형 때문에 사람들이 약을 정량보다 더 많이 복용할 수도 있다.[13]

다시 기술에 반대하는 태도에 관한 사례로 돌아가 보자. GMO 식품은 논쟁이 많은 주제이지만 미국과학진흥회에 따르면 과학적으로는 확실하다. "현재 생명공학 분자 기술에 의한 작물 개량은 안전하다."[14] 유럽연합에는 GMO에 반대하는 목소리가 강하다. 하지만 유럽연합 집행위원회는 이렇게 명시한다. "25년 이상 동안 500개 이상의 연구팀이 관여한 130건 이상의 연구 프로젝트에서 내놓은 주된 결론은 생명공학, 특히 GMO가 그 자체로는 기존의 식물 교배 기술보다 위험하지 않다는 것이다."[15] 그런데 왜 반대하는 목소리가 끊이지 않는 것일까?

사실 사람들이 GMO에 반대하는 이유는 여러 가지이지만 유전자 공학 기술의 작동 방식에 대한 인과 모형이 정확하지 않은 탓도 있다. 스스로에게 유전자 공학을 얼마나 잘 아는지 물어보라. 평범한 사람은 잘 알지 못한다. 하지만 GMO에 구체적인 두려움을 느끼는 사람은 많다. 대체로 오염에 대한 두려움이 강하다. 우리의 연구에서는 응답자의 4분의 1 정도가 "식품에 삽입한 유전자가 식품을 섭취하는 인간의 유전자 코드에 침입할 수 있다"는 진술에 동의했다. 다른 4분의 1은 확실히는 몰라도 사실일 수 있다고 답했다. 사실이 아닌데도 사실로 믿으면 두려울 수밖에 없다. 따라서 이렇게 믿는 사람들이 우리 연구에서도 GMO에 강력히 반대하는 목소리를 낸 것이다.

GMO가 DNA를 변형할 수 있다고 생각하지 않는 사람들도 오염에 관한 공포를 느끼는 듯하다. 우리는 다른 연구에서 우리는 참가자들에게 몇 가지 가상 GMO 제품에 대한 태도를 물었다. 제품을 얼마나 받아들일 수 있는지 그리고 기존의 제품이 20퍼센트 높은 가격으로 시중에 나온다면 GMO 제품을 구입할 의사가 얼마나 되는지 스스로 평가하게 했다. 우리는 참가자가 제품과 접촉하고 싶은 정도를 다양하게 제시했다. 요거트와 채소 스톡처럼 먹는 제품, 로션처럼 피부에 바르는 제품, 향수처럼 공기에 뿌리는 제품, 마지막으로 배터리와 가정용 단열재처럼 신체에 거의 닿지 않는 제품도 있었다.

참가자들은 섭취하는 용도로는 GMO 제품을 원하지 않았다. 피부에 바르는 용도라면 조금 더 수용하고, 접촉이 거의 없는 제품은 더 많이 수용했다. 사람들은 GMO를 세균과 같은 것으로 생각하는 듯하다.

GMO에 대한 태도를 결정하는 또 하나의 주요 요인은 조작된 유기체와 유전자를 추출한 유기체 사이의 유사성이다. 가령 플로리다 오렌지에 흔한 감귤녹화병의 해결책을 찾는다고 해보자.[16] 감귤녹화병은 감귤류 나무를 파괴하는 전염성 강한 박테리아에 감염되어 생긴다. 이 병은 아주 빠르게 번져 근절하기 어렵다. 생산자들은 플로리다 오렌지 수확의 미래를 우려해서 감귤녹화병에 저항할 수 있는 유전자 공학 접근법을 실험했다. 성공적인 방법으로 돼지에서 추출한 유전자를 이식해서 저항력을 전달하는 단백질을 부호화하는 방법이 있었다. 하지만 오렌지 생산자들은 이 방법을 추진하지 못했다. 소비자들이 돼지 유전자가 이식된 과일을 원하지 않을 것이라고 판단했기 때문이다. 유전자 조작된 유기체가 공여체donor organism 의 특성을 받아서 부호화된 특정 단백질이 전달하는 특성만이 아니라 그 이상으로 영향받을 것이라고 여길 수도 있어서였다. 이를테면 오렌지에서 돼지 냄새가 살짝 날지도 모른다고 생각할 가능성 말이다.

오렌지 생산자들의 판단이 옳았을 수도 있다. 우리는 통제된 실험실에서 이런 효과를 구체적으로 재현했다. 참가자들은 GMO 제품에서 공여체가 수여체와 유사한 제품을 더 많이 수용했다. 다른 연구에서는 참가자의 절반 가까이가 오렌지에 시금치 유전자를 삽입하면 오렌지에서 시금치 맛이 날 것이라고 답했다(사실은 그렇지 않다).

유전자 공학의 작동 원리를 조금만 이해해도 이런 걱정에 사로잡히지 않는다. 하지만 직관적으로는 이렇게 걱정하는 것이 맞다. 사람들은 유전자 공학의 작동 원리를 잘 몰라서 다른 영역에서 습득한 인과 모형으로 세세한 빈틈을 채우려 한다. 사람들이 GMO를 반대하는 이유가 이런 걱정 때문만은 아니다. 환경을 걱정하는 사람도 있고, 대기업이 강력한 기술을 휘두르는 행태에 예민하게 반응하는 사람도 있고, 이것저것 다 걱정하는 사람도 있다("새로 나온 기술이라서 무슨 일이 일어날지 알 길이 없다"). 하지만 잘못된 인과 모형이 핵심이다.

여타 논란이 많은 기술에 반대하는 목소리도 기술의 작동 방식에 대한 잘못된 인과 모형 때문일 수 있다. 식품을 고에너지 방사선에 노출시켜서 병원균을 죽이는 식품 조사 기술을 예로 들어보자. 수십 년간 식품 조사는 식품 매개 질병을 감소시키고 유통기한을 늘리는 데 효과적이며 안전한 기술이라고 밝혀졌다. 하지만 널리 보급되지는 못했다. 사람들의 반대가 심한 이유는 방사선과 방사능을 혼동하기 때문이었다. 방사선radiation은 가시광선과 마이크로파를 비롯한 에너지의 방출이다. 방사능radioactivity은 불안정한 원자가 붕괴해서 생명체에 위험한 고에너지 방사선을 방출하는 것이다. 사람들에게 식품 조사에 반대하는 이유를 물으면 다수가 방사선이 식품에 "박혀서" 식품을 오염시킬까 봐 무섭다고 답한다. 과학적 근거가 전혀 없는 두려움이다.

연구자 얀메이 정Yanmei Zheng, 조 알바Joe Alba, 리사 볼튼Lisa Bolton은 이런 우려를 줄일 방법을 알아보았다. 비교적 효과적인 방법은 간단히 명칭만 바꿔서 방사능을 떠올리지 않게 만드는 방법이다. 냉저온 살균법cold pasteurization이라고 부르면 사람들은 식품 조사를 훨씬 쉽게 받아들인다. 또한 은유로 사람들의 인과 모형을 바꾸는 방법이 있다. 가령 이 기술을 창문으로 들어오는 햇살에 비유해 설명하면 햇살이 창문에 박히지 못하는 것은 당연하므로 평가가 좋아진다.[17]

백신 접종도 메커니즘에 대한 잘못된 믿음이 백신에 대한 반대로 이어질 수 있음을 보여주는 또 하나의 예다. 백신 접종에 반대하는 흔한 이유는 백신과 자폐증이 관계있다는 주장 때문이다. 잘못된 주장으로 밝혀졌지만 걱정은 여전하다. 백신에 반대하는 사람들은 주로 티메로살[thimerosal]이라는, 일부 백신에 들어 있는 수은이 함유된 화합물을 탓한다. 전혀 근거 없는 걱정은 아니다. 아이들은 수은은 독성이 강해서 먹으면 몸에 심각한 해가 된다고 배운다. 백신에 함유된 수은의 양은 해로운 영향을 미칠 정도는 아니지만 그래도 무서울 수 있다.

백신 반대자들이 흔히 내세우는 또 하나의 주장은 건강한 생활 습관을 기르면 백신 접종을 받지 않아도 된다는 것이다. 역시나 완전히 틀린 말은 아니다. 좋은 생활 습관이 면역력을 강화시킨다는 증거가 있기는 하지만 그런 효과의 성격과 정도가 완전히 밝혀진 것은 아니다. 생활 습관이 백신 접종을 대신할 수 있다는 개념은 면역계의 작동 원리를 과도하게 단순화한 결과다.[18] 면역계는 전반적인 보호 기제와 구체적인 감염에 저항하는 다양한 항체,[19] 이 두 가지 모두에 달렸다.[20] 백신은 구체적인 감염에 대한 면역력을 제공한다. 좋은 생활 습관이 이런 효과를 대체할 수 있다는 증거는 현재까지 없다.

⚡●─●─ 결핍을 메우다

신념을 바꾸기란 쉽지 않다. 신념은 우리의 가치관과 정체성에 감싸여 공동체에서 공유되기 때문이다. 게다가 우리의 머릿속에 든 것(인과 모형)은 빈약하고 잘못된 것일 때가 많다. 그래서 잘못된 신념을 솎아내기 어려운 것이다. 때로는 공동체가 인과 모형에 이끌려서 과학을 잘못 이해하기도 한다. 또한 지식의 착각은 우리가 스스로 얼마나 이해하는지 자주 혹은 깊이 확인하지 않는다는 뜻이다. 따라서 사람들은 비과학적 사고에 빠질 수 있다. 그렇다면 이를 개선할 방법이 있을까?

UC 버클리의 심리학자 마이클 래니Michael Ranney는 지난 몇 년간 사람들에게 지구온난화에 관해 알려서 과학적으로 합의된 사실을 지금보다 더욱 적극적으로 수용하게 만들 방법을 찾았다. 여기까지 읽은 독자들이라면 의외로 여기지 않겠지만 래니의 연구에서 사람들은 지구온난화가 어떻게 작동하는지 놀랄 만큼 이해하지 못한다는 결과가 나왔다. 래니는 샌디에이고의 공원에서 사람들 200명에게 다가가 기후변화의 메커니즘을 얼마나 이해하는지 알아보는 질문을 던졌다. 응답자의 12퍼센트만이 부분적으로나마 정확히 이해해서 대기 가스가 열을 가두어 생기는 현상이라고 응답했다. 실제로 기후변화의 메커니즘을 완벽하고 정확하게 설명하는 사람은 없었다.

다음으로 래니는 사람들에게 정보를 알려주려 했다. 몇 차례 연구에서 참가자들에게 지구온난화 메커니즘에 관해 400여 개의 단어를 사용해 간단한 설명을 제시했다. 그러자 인간이 유발한 기후변화에 대한 이해와 수용의 정도가 크게 향상되었다. 래니는 이런 결과를 바탕으로 지구온난화에 관한 웹 사이트를 개설해서 짧은 동영상으로 지구온난화를 설명했다.[21] 이 동영상은 저마다 원하는 방식으로 볼 수 있다. "자세히"를 눌러서 5분 정도 분량의 설명을 들을 수도 있고, 52초 동안 지구온난화 현상을 보여주는 짧은 동영상을 볼 수도 있다. 예비 테스트에서는 동영상이 의도한 효과를 거두는 것으로 나타났다.

래니의 실험 결과가 고무적이기는 하지만 우리는 단순한 개입으로 세상이 발터 보드머가 꿈꾸던 과학을 사랑하는 유토피아가 되리라고 생각할 만큼 순진하지 않다. 그래도 결핍 모형을 폐기하기에는 아직 이르다. 이 장에서는 과학적 이해와 태도에 효과적으로 영향을 미치려면 결핍 이면의 원동력을 알아야 한다고 밝혔다. 기존의 인과 모형을 거스르는 정보가 새로 들어오면 받아들이기는 어렵고 묵살하기는 쉽다. 특히 우리가 신뢰하는 사람들이 취하는 입장을 거스를 때는 더더욱 그렇다. 하지만 우리가 주어진 현상의 작동 원리를 이해하지 못한다는 발견을 묵살하기는 더 어렵다. 그래서 기후변화의 메커니즘에 주목한 래니의 방법이 성공했는지도 모른다. 잘못된 신념을 바로잡는 첫걸음은 사람들에게 그들과 그들의 공동체가 과학을 잘못 이해했을 수 있다는 가능성을 받아들이게 하는 것이다. 본인이 틀렸다는 사실을 알고 싶어 하는 사람은 아무도 없다.

chapter. NINE

정치를 생각하기

　최근의 쟁점 가운데 2010년에 법률로 제정된 "환자보호 및 부담적정보 험법"(일명 "오바마 케어")만큼 미국인(과 미국 정치권의 후보들)을 흥분시킨 사 안도 없을 것이다. 이 법은 수많은 논쟁을 불러일으켰고 공화당의 주요 의 원들이 버락 오바마Barack Obama 정권을 공격할 빌미를 주었다. 공화당 의 원들은 이 법을 폐지하거나 수정하는 입장에 여러 차례 표를 던졌다. 양 측 모두에서 거센 흥분과 입장을 끌어낸 법이지만 정작 이 법을 제대로 이 해하는 사람은 거의 없다. 실제로 2013년 4월에 카이저가족재단이 실시한 설문 조사에서 미국인의 40퍼센트 이상이 "환자보호 및 부담적정보험법" 이 법인지조차 모르는 것으로 나타났다(12퍼센트는 이미 의회에서 폐기된 것으

로 알았다. 물론 폐기되지 않았다).[1]

그렇다고 국민들이 이 법에 대해 확고한 입장을 취하지 않는 것은 아니다. 2012년에 대법원에서 이 법의 핵심 조항을 인정하는 판결을 내린 직후, 퓨리서치센터는 대법원의 판결에 찬성하는지 반대하는지 묻는 설문 조사를 실시했다. 당연하게도 입장은 극명히 갈렸다. 이를 36퍼센트는 지지하고 40퍼센트는 반대하고 24퍼센트는 모르겠다고 응답했다. 설문에서는 또한 대법원에서 판결한 내용을 물었다. 55퍼센트만 정확히 대답했다. 15퍼센트는 대법원에서 이 법을 기각했다고 답했고, 30퍼센트는 모르겠다고 답했다. 따라서 76퍼센트가 의견을 피력했지만 56퍼센트만이 해당 사안을 이해한 것으로 해석된다.

"환자보호 및 부담적정보험법"은 광범위한 문제의 한 예일 뿐이다. 대중의 의견은 정당한 이해의 수준보다 극단적으로 흐를 수 있다. 2014년에 미국이 우크라이나에 군사개입을 했을 때 이것을 강력히 옹호하는 사람일수록 지도에서 우크라이나의 위치를 제대로 짚지 못했다.[2]

다른 예를 들어보자. 오클라호마 주립대학의 농경제학과에서는 어떤 식품이 유전자 공학으로 생산되었다는 사실을 라벨에 의무적으로 표기해야 하는지 묻는 설문 조사를 실시했다.[3] 응답자의 약 80퍼센트가 의무화해야 한다고 답했다. 이런 결과는 관련 법을 옹호하는 주장을 뒷받침해주는 훌륭한 근거로 보인다. 사람들에게는 원하는 정보를 알 자격과 권리가 있다. 그러나 이들 80퍼센트는 DNA를 함유하는 식품에 대한 표기도 의무화해야 한다고 답했다. 식품에 DNA가 있다면 알 권리를 행사해야 한다고 믿는 것이다. 지금쯤 머리를 긁적이고 있을 독자를 위해 이야기하자면 모든 생물이 그렇듯 대부분의 식품에는 물론 DNA가 있다. 이 설문 조사의 응답자들에 따르면 모든 육류와 채소류와 곡류에 "주의-DNA 함유"라고 표기해야 한다. 하지만 DNA가 함유된 식품을 피한다면 우리는 모두 굶어 죽을 것이다.

라벨에 유전자 조작 식품이라고 표시해야 한다는 주장이 DNA가 함유된 식품에는 그 사실을 적시해야 한다고 생각하는 사람들의 주장이라면 얼마나 진지하게 받아들일 수 있을까? 아무래도 신뢰성이 떨어질 것으로 보인다. 물론 대다수가 어떤 의견을 강하게 선호한다고 해서 그들의 의견이 잘못된 정보에 기초한다는 뜻은 아니다. 대개 어떤 쟁점에 대한 강력한 감정은 깊은 이해에서 나오지 않는다. 오히려 이해가 부족할 때 강렬한 감정이 일어난다. 철학자이자 운동가였던 버트런드 러셀Bertrand Russell은 이렇게 말했다. "열정적으로 고수하는 의견에는 항상 충분한 근거가 없다." 클린트 이스트우드Clint Eastwood는 더 직설적으로 말했다. "극단주의는 아주 쉽다. 한번 입장을 정하면 끝이다. 오래 생각할 필요가 없다."⁴

그렇다면 왜 사람들은 잘 알지도 못하는 문제에 열정을 보일까? 아래는 소크라테스가 "정치 전문가"에게 해주는 답변이다.

나는 그 사람과 헤어지면서 생각했다. "실은 내가 이 사람보다 현명하구나. 우리

둘 다 중요한 것은 아무것도 모를 텐데도 이 사람은 모르면서도 아는 줄 알지만 나는 아무것도 모르므로 안다고 생각하지 않는다. 따라서 나는 적어도 이 사람보다는 한 가지 소소한 면에서는 현명해 보인다. 나는 모르면서도 안다고 생각하지 않는다."

— 플라톤, 《변명》(21d에서, 크리스토퍼 로우Christopher Rowe 번역)

소크라테스는 "이 사람"이 모르는 것은 그냥 모르는 것으로 끝났다고 했다. "이 사람"도 우리처럼 스스로 안다고 생각하는 것보다 덜 아는 평범한 사람이었던 것이다.

우리는 대체로 자기가 얼마나 모르는지 인정하지 못한다. 알량한 지식으로 전문가인 것처럼 행세한다. 전문가가 된 기분이 들면 전문가처럼 말하기 시작한다. 게다가 우리의 말을 듣는 상대도 많이 알지 못하는 듯 보인다. 그러니 상대에 비하면 우리는 전문가다. 그래서 더 전문가가 된 기분에 빠진다.

이런 상황에서 지식 공동체는 위험에 처한다. 우리는 서로 영향을 주고받는다. 집단 구성원들이 사실을 잘 모르는 채로 입장을 공유할 때는 구성원들끼리 이해한다는 느낌을 서로 강화한다. 그래서 확실한 근거가 되는 전문 지식이 없는데도 모두가 정당하고 명백한 사명을 가졌다고 여기는 것이다. 구성원들이 서로의 관점을 정당화해준다고 간주하므로 모두의 의견은 신기루 위에 선 것과 같다. 구성원끼리 서로 지적인 지지를 보내지만 집단을 뒷받침해줄 근거는 전혀 없다.

사회심리학자 어빙 재니스Irving Janis는 이런 현상을 집단 사고groupthink라고 불렀다.[5] 한 가지 공통적인 특징은 생각이 비슷한 사람들이 함께 문제를 논의할 때 더 극단적으로 흐른다는 점이다. 다시 말해서 집단이 토론하기 전에 어떤 입장이었든 토론이 끝난 뒤에는 자기 입장을 더 극단적으로 밀어붙인다.[6] 일종의 군중심리다.

사람들은 의료 서비스나 범죄, 총기 규제, 이민 정책, 사람들이 다니는 길에 싸놓은 개똥과 같은 갖가지 문제에 관해 조금 걱정하면서 저녁 식탁에 둘러앉는다. 그러면 그 자리의 다른 사람들도 같은 걱정에 휩싸인다. 그리고 식사가 끝날 때쯤에는 모두에게 공감대가 형성되어 다들 여러 문제에 정당한 조치를 요구할 권리가 있다고 생각한다. 요즘 특히 눈에 띄는 문제다. 인터넷 덕분에 우리는 비슷한 생각을 가진 사람들을 쉽게 찾아내 이미 확고한 신념을 다시 한번 확인할 수 있고, 또 포럼을 만들어서 세계관이 다른 사람들의 어리석음과 사악함을 성토할 수 있다. 남들도 어차피 우리와 소통하고 싶어 하지 않는다.

설상가상으로 우리는 스스로 거울의 집에 있는 줄 인지하지 못할 때가 많고 이런 편협함 때문에 더 무지해진다. 우리는 상대의 입장을 이해하지 못한다. 그리고 반대 입장의 의견을 들을 일이 거의 없고 설사 듣는다고 해도 우리 입장을 이해하지 못하는 상대가 무지해 보일 뿐이다. 상대는 또한 우리 입장의 미묘한 차이와 깊이를 모르므로 우리를 지극히 단순하다고 여긴다. 우리의 머릿속에는 온통 "저 사람들이 이해하기만 한다면"이라는 생각만 박혀 있다. 우리가 얼마나 관심이 있고 얼마나 개방적이며 우리의 생각이 얼마나 도움이 되는지 알아주기만 하면 상대도 우리처럼 생각할 것이라고 믿는다. 물론 상대가 어떤 사안의 중요한 세부 사항과 복잡성을 이해하지 못하는 것은 사실이다. 하지만 우리도 상대를 이해하지 못한다는 것이 문제다.

극단적으로 말해서 스스로 얼마나 이해하지 못하는지 모른다는 문제에 공동체의 지지까지 더해지면 실제로 위험한 사회적 메커니즘에 불이 붙을 수 있다. 역사를 잘 모르는 사람이라도 어떤 사회가 통일된 이념을 정립하기 위해 스스로 거대한 가마솥이 되어 선전이나 테러를 통해 독립적인 생각과 정치적 반대 입장을 펄펄 끓여 증발시킨 과거가 있다는 정도는 알 것이다. 소크라테스는 오염된 생각을 제거하려는 고대 아테네인들의 욕망에 희생되었다. 예수도 같은 이유로 로마인들의 손에 죽임당했다. 예루살렘에서는 이교도들을 물리치기 위해 최초의 십자군이 결성되었고, 1492년에서 1501년까지 스페인의 종교재판에서는 유태인과 이슬람교도 들에게 기독교로 개종하거나 스페인을 떠나라고 명령했다. 20세기에 들어서는 스탈린의 숙청과 처형과 대량학살부터 마오쩌둥의 대약진 운동(수백만 명을 농업 공동체와 공업 노동 집단에 투입했지만 결국 수많은 사람이 아사했다)까지 이념적 순수성이라는 악령에 지배받았다. 나치 독일의 감금과 죽음의 수용소는 두말할 것도 없다.

각 사건이 발생한 원인은 다면적이고 복잡하다. 우리가 20세기 전반부를 지배한 악령에 대한 통찰을 제시한 것은 아니다. 다만 그 시대의 모든 지도자가 야만적인 행위에 다소 의식적인 정당화를 이용한 사실을 짚고 넘어가고자 한자. 한마디로 그들은 사회를 미래로 인도하는 진정한 길을 가능하게 해주는 이념적 순수성에 대한 욕구를 이용했다. 돌아보면 그 당시 경직된 정통성을 설파하던 지도자들 중 어느 누구도 옳지 않았다. 그들 모두가 이해의 착각에 빠졌고 그들을 추종하던 군중들도 마찬가지였다. 그리고 착각의 결과는 처참했다.

⚡︎●━●━ 착각 깨트리기

사람들은 설명 깊이의 착각에 빠져서 실제로 근거를 댈 수 있는 정도보다 더 강력한 입장을 고수한다. 우리는 이런 특징을 확인하려고 1장에서 소개한 로젠블리트와 케일의 방법론을 이용해서 실험을 실시했다. 다만 이번에는 일상 용품이 아니라 다양한 정치적 사안에 관해 질문했다. 우리는 참가자들에게 실험을 실시한 2012년 당시 뜨거운 쟁점이었던 다양한 정책을 지지하는지 반대하는지 물었다.

- 국가 일률 과세가 있어야 하는가?

- 탄소 배출권 거래제가 있어야 하는가?
- 이란에 일방적인 제제를 가해야 하는가?
- 사회보장을 위한 은퇴 연령을 높여야 하는가?
- 국가 단일 의료보험제도를 도입해야 하는가?
- 교사 성과급제가 필요한가?

우리는 표준 절차에 따라 우선 사람들에게 1에서 7까지를 척도로 각 쟁점에 대한 자신의 이해 수준을 점수로 매기게 했다. 그런 다음 각 정책이 가져올 모든 효과를 설명하게 했다. 예를 들어 탄소 배출권 거래제에 관한 지시문은 이렇다. "탄소 배출권 거래제를 시행하면 나타나는 현상을 첫 단계부터 마지막 단계까지 아는 대로 자세히 설명하고 각 단계 사이의 인과적 연관성을 설명하시오." 마지막으로 각 쟁점에 대한 이해 정도를 다시 평가하게 했다.

이런 실험이 대부분 그렇듯 우리 실험의 참가자들도 제대로 설명하지 못했다. 극히 일부 예외가 있기는 하지만 대다수는 어떤 정책이 어떻게 작동하는지 설명하라는 주문에 거의 아무 대답도 하지 못했다. 정책의 메커니즘을 설명할 수 있을 만큼 잘 알지 못했다. 두 번째로 이해의 정도를 묻자 설명하지 못하는 결과와 일치하게 처음보다 점수를 낮추었다. 설명 깊이의 착각이 드러난 것이다.[7] 어떤 쟁점을 설명하려고 하자 그 쟁점을 제대로 이해하지 못했을 뿐 아니라 이해했다고 착각한 사실을 깨달은 것이다. 우리는 사람들이 변기와 병따개에 대한 이해 수준을 과대평가하듯이 정책에 대한 이해 역시 과대평가한다는 결론을 내렸다.

이 실험에서 우리가 궁금했던 것은 사람들이 착각을 일으키는지—혹은 착각을 즐기는지—의 여부가 아니었다. 어떤 문제를 설명하려고 시도하면 그 문제에 덜 극단적인 입장을 취하는지가 궁금했다. 직접 설명해보면 그 문제를 이해하지 못할 뿐 아니라 이해한다고 착각했다는 사실을 깨닫는다는 것은 이미 알았다. 다만 사람들이 이런 사실을 깨달으면 자신의 입장을 바꾸는지가 궁금했다. 어떤 문제를 설명하려다 실패하면 자기 입장이 옳다고 믿는 자신감이 줄어들고 겸손해질까?

우리는 이러한 궁금증의 답을 찾기 위해 사람들에게 다양한 쟁점에 대한 이해 수준을 스스로 평가하게 할 뿐 아니라 쟁점에 대한 자신의 입장에 1부터 7까지 점수를 매기게 했다. 여기서 1은 정책을 강력히 지지한다는 뜻이고 7은 강력히 반대한다는 뜻이다. 그다음으로 정책의 결과가 어떨지 설명하기 전과 후에 다시 점수를 매기게 했다. 마지막으로 사람들의 평가가 척도의 중앙값(4), 곧 의견이 어느 한쪽으로 치우치지 않는다는 의미인 값에서 어느 정도나 떨어졌는지 보고 입장이 얼마나 극단적인지를 측정했다. 1점(확고한 지지)과 7점(확고한 반대)은 둘 다 극단적인 점수이기 때문에 두 점수를 결합했다.

결과적으로 어떤 정책이 어떻게 작동하는지 설명해보면 이해의 감각이 줄어들 뿐 아니라 입장의 극단성도 약화되는 것으로 나타났다. 전체 집단을 보면 사람들이 평균적으로 덜 극단적이었다. 집단 전체가 설명 연습을 해본 뒤에 덜 극단적인 모습을 보인 것이다. 직접 설명해보면 입장이 하나로 수렴되는 경향이 나타난다.

이런 결과는 직관과 어긋난다. 우선 사람들에게 어떤 문제를 생각해보게 하면 스스로 얼마나 적게 아는지 깨닫고 결국 입장을 누그러뜨린다는 해석이 있다. 하지만 사람들에게 자신의 입장을 생각해보게 한 다른 여러 연구에서는 입장이 누그러지기는커녕 더 극단적으로 나아갔다. 집단으로 모여서 각자의 입장을 토론하게 하면 더 극단적인 방향으로 흐르기 때문이다.[8] 사람들은 대체로 어떤 문제에 대한 입장을 생각할 때 그 입장을 취한 이유를 떠올리고 이미 굳어진 입장을 옹호하는 주장을 찾아낸다. 해당 정책이 좋은 결과를 낳을지 나쁜 결과를 낳을지 인과적으로 설명하지 않는다.

이것은 전혀 다른 형태의 생각이다. 사람들은 정책에 관해 생각하고 말할 때 인과적으로 설명하지 않는다. 정책에 관한 담론은 대부분 우리가 왜 그렇게 믿는지에 관한 것이다. 이를테면 우리에게 동의하는 사람은 누구이고, 그 정책과 연관된 가치관을 고수하는 이유는 무엇이며, 얼마 전에 뉴스에서 그 정책에 관해 어떤 이야기를 들었는지가 관건이다. 우리 실험에서는 사람들에게 정책의 효과를 인과적으로 설명하기 위한 어렵고 색다른 과제를 내주었다. 정책의 세부 정보를 알고 정책이 복잡한 세상과 어떻게 상호작용하는지 간결하게 설명하는 과제였다.

인과적 설명은 어려울 수 있지만 배움의 기회 이상의 혜택을 준다. 인과적 설명의 묘미는 설명하는 사람이 자신의 신념 체계를 벗어나게 해준다는 점에 있다. 여러분의 지역에서 모든 사람의 수돗물 사용량을 하루에 약 40리터로 제한하는 새로운 법이 내일 당장 시행된다고 생각해보라. 단기간에는 어떤 결과가 나타날까? 장기간에는 어떤 결과가 나타날까? 여러분이 사는 집의 부동산 가치는 어떻게 될까? 청결의 기준이 달라질까? 모두 어려운 문제다. 이 질문에 답하려면 다른 세계—물을 훨씬 적게 쓰는 세계—를 상상하고 그곳에서는 어떻게 물을 쓸지 추론하는 수밖에 없다. 우선순위(몸을 먼저 씻을까? 빨래를 먼저 할까? 설거지를 먼저 할까?)를 생각해야 한다. 질문에 답하려면 자기에게만 집중해서는 안 된다. 남들이 어떻게 반응하고 무엇을 바꾸어야 할지 생각해야 한다.

자기가 정책을 어떻게 생각하는지만 되새겨서는 정책의 함의를 파악할 수 없다. 정책 자체의 의미를 생각하고 정책을 실제로 어떻게 실행하고 누가 실행하고 세상에 어떤 변화가 일어날지 생각해야 한다. 이처럼 자기를 넘어서 생각하는 태도가 정치적 의견의 극단성을 완화하는 데 중요하다. 사람들에게 자신의 관심사와 경험을 뛰어넘어 생각하게 만드는 방법은 자만을 줄이고 양극화를 줄이는 데 필요하다. 인과적 설명은 설명 깊이의 착각을 깨트리고 사람들의 태도를 변화시키는 유일한 사고 유형이다.

이것을 확인하기 위해 우리는 다른 실험을 실시했다. 이 실험에서도 첫 번째 실험 집단에 요구한 것과 상당히 유사한 과제를 요구했다. 다만 이번에는 인과적 설명을 찾는 대신 어떤 입장을 취하든 그 입장의 이유를 찾게 했다. 어떤 정책을 왜 그렇게 생각하는지 자신의 관점에서 자세히 설명하게 했다. 정책을 생각할 때 사람들이 보통 사고하는 방식이다. 첫 번째 실험과 요구 사항은 동일했다. 특정한 입장을 선택한 이유를 생각하기 전과 후에 주어진 쟁점에 대한 이해 수준과 자신의 입장에 점수를 매기게 한 것이다.

인과적 설명이 아니라 이유를 찾게 하자 참가자들은 상당히 다른 행동을 보였다. 이해의 감각이 줄어들지 않고 입장도 누그러지지 않았다. 인과적 설명을 요구할 때와는 달리 자기 입장의 이유를 찾으라고 하자 이해의 착각은 전혀 흔들리지 않은 채 이전의 극단적인 입장을 고수했다. 이유를 찾는 것은 쉬운 편이다. 탄소 배출권 거래제가 환경에 도움이 된다는 신념을 앞세워 자기 입장을 정당화할 수 있다. 이 쟁점에 대한 이해가 얼마나 얕은지 모르고도 주장을 펼치는 것이 가능하다. 반면에 인과적 설명을 찾으라는 요구를 받으면 지식의 빈틈에 직면해야 한다.

인과적 설명이 그만큼 예외적이라는 뜻이다. 사람들에게 어떤 사안을 생각하게 해서 입장을 누그러뜨리게 할 수는 있지만 우리가 평소 정치적 사안을 생각하는 방식으로 생각하게 해서는 안 된다. 자기 입장의 이유를 생각하면 이미 생긴 확신이 더 굳어지기만 한다. 어떤 사안을 그 자체로서 생각하고 정확히 어떤 정책이 시행되길 바라고 그 정책의 직접적인 결과는 무엇이며 그런 결과의 결과는 어떨지 생각하기만 하면 된다. 상황이 어떻게 돌아갈지 남보다 더 깊이 생각해야 한다.

참가자들이 정책에 대한 태도를 보여주는 점수를 바꾼다는 결과가 그리 놀랍지는 않다. 점수는 실제 태도가 아니라 실험자들에게 전하고 싶은 생각을 반영할 뿐이다. 따라서 우리는 새로운 실험에서 참가자들을 조금 더 밀어붙였다. 우선 집단을 둘로 나누었다. 이전 실험과 마찬가지로 한 집단에는 인과적 설명을 찾으라는 과제를 주고 다른 집단은 예전처럼 이유를 찾게 했다. 그다음으로 두 집단 모두에게 결정을 내리게 했다. 이번에는 자신의 입장에 점수를 매기게 하지 않고 두 집단에 소액의 돈을 나눠준 뒤 아래 네 가지 중 하나를 선택하게 했다.

1. 자신의 입장을 지지하는 시민단체에 돈을 기부한다.
2. 자신의 입장에 반대하는 시민단체에 돈을 기부한다.
3. 그냥 돈을 갖는다.
4. 돈을 거절한다(실험자에게 돈을 돌려준다).

예상대로 2번이나 4번을 선택한 참가자는 거의 없었다. 입장의 이유를 찾아야 하는 집단은 우리의 예상대로 행동했다. 처음에 입장을 확고히 정한 사람들은 온건한 입장을 취하는 사람들보다 기부할 가능성이 높게 나온 것이다. 하지만 인과적 설명을 찾아야 하는 집단에서는 이런 차이가 사라졌다. 처음에 극단적인 입장을 취하던 사람들도 온건한 입장을 취하던 사람들만큼 기부하는 비율이 높지 않았다. 따라서 인과적 설명을 요구하자 극단주의자들의 확신이 흔들리고 불확실성에 의해 행동도 달라졌다. 스스로 이해의 한계를 깨닫자 입장을 밀어붙이는 식으로 행동하고 싶은 마음이 줄어든 것이다.

사람들은 흔히 다양한 쟁점에서 확고한 입장을 취하지만 대개는 기반이 부실해서 제대로 설명하지 못한다. 어쩔 수 없는 현상은 아니다. 우리의 연구에서는 사람들에게 구체적인 인과적 설명을 찾게 해서 이해의 착각을 깨트리면 극단적으로 흐르는 경향이 줄어드는 것으로 나타났다. 극단주의의 부정적인 결과—정치적 교착상태, 테러, 전쟁 따위—를 생각하면 바람직한 방법으로 보인다.

〰●─● 가치관 vs. 결과

어떤 정책에 대한 태도를 결정하는 요인은 무엇일까? 앞서 보았듯이 정책의 결과를 신중히 분석하는 과정은 생각만큼 중요하지 않다. 개인이 속한 공동체가 훨씬 중요하다. 하지만 사람들의 입장을 결정하는 또 하나의 중요한 요인도 살펴봐야 한다. 각자가 신성시하는 가치관이 있다. 토론을 아무리 많이 해도 가치관은 웬만해서 바뀌지 않는다.

조너선 하이트Jonathan Haidt는 도덕적 결론은 추론보다 직관과 감정에서 나온다고 말한다.[9] 하이트는 이런 주장의 근거로 "도덕적 말문 막힘moral dumbfounding"이라는 현상을 사례로 든다. 그리고 이 주장을 입증하기 위해 아래의 상황을 제시했다(주의-불편함을 유발하도록 설계된 지문이다).

줄리와 마크는 남매다. 둘은 대학교 여름방학을 맞아 함께 프랑스를 여행하는 중이다. 그러던 어느 날 밤 바닷가 오두막에 둘만 묵었다. 둘은 사랑을 나누면 재미있겠다고 생각했다. 새로운 경험이 될 것 같았다. 줄리가 이미 피임약을 먹고 있었지만 마크도 안전을 위해 콘돔을 썼다. 둘 다 즐겁게 성관계를 가졌으나 다시는 하지 않기로 했다. 그날 밤 일은 절대 비밀에 붙이기로 했고, 덕분에 둘 사이는 더 친밀해졌다.[10]

사람들은 대체로 이 이야기에 두 가지 반응을 보인다. 우선 역겨움을 느낀다. 다음으로 줄리와 마크를 비난하면서 둘의 행동을 도덕적으로 용납할 수 없다고 말한다. 아직까지는 그리 놀랄 것이 없다. 대다수 사회에서 근친상간은 금기되는 일이다. 이보다 중요한 사실은 사람들이 자신의 반응을 정당화할 근거를 대지 못한다는 점이다. 다들 더듬거리면서 그저 근친상간은 잘못이라거나 금기라고만 말한다. 이것은 도덕적 반응을 표현하는 한 방식일 뿐이다. 그저 "그런 행동은 잘못이다"는 말밖에 하지 못한다.

하이트는 줄리와 마크의 행동에서 부정적인 결과를 제거해 사람들이 도덕적으로 격분할 만한 가장 흔한 이유가 배재되도록 시나리오를 빈틈없이 구성했다. 가령 친남매가 아기를 낳으면 선천적 기형을 안고 태어날 가능성이 높으므로 성관계를 가져서는 안 된다고 생각할 수 있다. 그러나 줄리와 마크는 두 가지 방법으로 피임했으므로 기형아를 낳을 가능성이 사라진다. 두 사람의 관계가 더욱 친밀해졌다고 하니 남매 관계를 망칠 것이라고 주장할 수도 없다. 또 아무도 모르는 비밀이기 때문에 두 사람을 중심으로 한 다른 인간관계에 해로울 것이라는 주장도 성립되지 않는다. 그래도 사람들은 강력하게 부정적 반응을 보이며 자기 입장을 고수한다. 이유는 중요하지 않다.

강력한 도덕적 반응에는 이유가 없어 보인다. 강력한 정치적 견해도 마찬가지다. 정책의 결과를 이해하는지의 여부가 중요하지 않을 때가 있다. 이런 태도는 인과적 분석을 근거로 하지 않는다. 정책이 좋은 결과를 낳을지 나쁜 결과를 낳을지는 중요하지 않다. 중요한 것은 그 정책이 뒷받침하는 가치관이다.[11]

누구나 몇 가지 정책에 이런 태도를 보일 수 있다. 가령 여성의 낙태권을 뒷받침하는 정책을 지지할 수도 있고 반대할 수도 있다. 여성의 "낙태권"을 적극 지지하는 입장이든 태아의 "생명권"을 적극 지지하는 입장이든 어느 쪽도 낙태 관련 정책에 들어가는 비용이나 낙태가 여성의 건강에 어떤 의미가 있는지 혹은 경제적으로 어떤 결과를 야기할지에 관해서는 관심이 없다. 다들 낙태 정책이 비용과 혜택에 좌우되어서는 안 된다고 주장할 것이다. 옳고 그름에 따라 좌우되어야 한다는 것이다. 낙태권 옹호 입장이라면 여성에게 선택할 기본권이 있으므로 누구도 여성의 몸에 대해 이래라 저래라 할 수 없다고 주장할 것이다. 생명권 옹호 입장이라면 누구에게도 순수한 태아의 생명을 끝낼 권리가 없으며 낙태는 살인이고 살인은 죄라고 주장할 것이다. 어느 쪽이든 정책을 인과적으로 분석해서 나온 입장이 아니다. 결과와 무관하게 어떻게 행동해야 하는지를 지배하는 신성한 가치관을 따른 것이다.

조력자살assisted suicide에 대한 입장도 결과가 아니라 신성한 가치관을 따른다. 한쪽에서는 극심한 고통과 절망에 시달리는 사람이라면 전문가에게 인도적인 방법으로 생명을 끝내달라고 부탁할 권리를 갖는다고 믿는다. 다른 한쪽에서는 타인의 생명을 끊는 행위는 그 사람이 죽음을 원하든 원하지 않든, 그 사람이 죽고 싶어 하는 이유가 무엇이든 상관없이 명백한 살인이라고 믿는다. 죽을 권리의 결과─비용과 절약, 결과로 나타나거나 피하게 될 죄책감과 고통 따위─는 신성한 가치관에 따라 태도를 정하는 모든 사람에게 중요하지 않다. 이들에게는 옳고 그름이 중요하다.

지금까지 우리는 결과에 대한 인과적 추론에 주목했다. 우리는 설명 깊이의 착각을 깨트리면 사람들이 어떤 정책의 결과를 이해하지 못할 뿐 아니라 이해한다고 착각했다는 사실을 깨달아서 극단적으로 생각하는 경향이 줄어들고 더 나아가 극단적인 입장을 취하는 태도를 재고할 수 있다고 주장했다. 하지만 사람들의 입장이 결과가 아니라 신성한 가치관에 따라 결정된다면 착각을 깨트려도 소용이 없을 것이다.

사실이 그렇다. 우리는 사람들에게 신성한 가치관에 따라 입장을 취하는 두 가지 팽팽한 쟁점에 관해 물었다. 하나는 낙태에 관한 문제고(여성이 임신 3개월 안에 중절 수술을 받아도 되는지), 다른 하나는 자살을 도와주는 문제였다(의사가 극심한 고통에 시달리는 환자를 위해서 자살을 승인할 수 있는지). 두 쟁점에 관해서는 인과적으로 설명하기 전과 후에 자신의 이해 수준에 대한 판단이 동일하다. 설명 깊이의 착각이 나타나지 않은 것이다. 또 입장이 누그러지는 현상도 나타나지 않았다. 인과적으로 설명한 뒤에도 이전과 똑같이 극단적인 입장을 취했다.

따라서 인과적 설명이 의견을 온건하게 만드는 간단하고 효과적인 방법이라는 우리의 주장은 가치관에 따른 의견이 아니라 결과에 따른 의견일 때만 적용된다. 그래도 다양한 쟁점이 여기에 해당된다. 사실 대다수의 의견은 결과를 고려해서 형성되기 때문이다. 사회가 원자력 발전을 지지해야 하는지부터 교육과 의료보장에 이르기까지 모든 문제에 대한 의견에서 사람들이 중요하게 생각하는 것은 가장 바람직한 결과를 끌어낼 방법이 무엇이냐다.

그러나 매번 이런 식으로 논의하는 것은 아니다. 어떤 정치적 입장을 지지하는 사람들은 흔히 대다수 사람이 결과주의(행위의 선악은 그 결과에 의해서 판단해야 한다는 이론 - 역주)로 바라보는 정책을 제시한다. 무지를 숨기고 의견이 온건해지지 않도록 막고 타협의 여지를 차단하기 위해서다. 의료보험 논쟁이 딱 들어맞는 사례다. 대다수는 그저 가장 적절한 금액에 많은 사람이 최선의 의료보험 혜택을 받기 바랄 뿐이다. 이런 바람을 실현할 방법에 관해서는 국가 차원의 논의가 이루어져야 한다. 그러나 이런 논의는 전문적이고 지루하다. 그래서 정치인과 이익집단은 이 같은 논의를 신성한 가치관의 문제로 만든다. 한쪽 입장에서는 정부가 의료보험에 대한 의사 결정을 내려야 할지 물으면서 사람들에게 제한된 정부의 중요성에 대해 생각하도록 만든다. 다른 입장에서는 모든 국민이 적절한 의료보험 혜택을 받을 자격이 있는지 물으면서 관용과 남에게 폐를 끼치지 않는 태도의 가치를 고민하게 한다. 양쪽 모두 핵심을 놓쳤다. 누구나 기본적으로 비슷한 가치관을 가졌다. 다들 본인과 타인 모두 건강하기를 바라고, 의사와 의료 전문가가 제대로 보상받기를 바라면서도 보험료를 많이 내고 싶어 하지 않는다. 의료보험 문제에서는 가치관이 중요한 것이 아니므로 논쟁이 이쪽으로 흘러서는 안 된다. 최선의 결과를 끌어내기 위한 최선의 방법이 무엇인지가 가장 중요하다.

그렇다면 정치인과 이익집단이 다양한 정책의 인과적 결과보다 신성한 가치관에 따라 입장을 정하는 이유는 무엇일까? 우선 논점을 흐리기 위해서다. 그들에게 표나 돈을 가져다줄 정책적 입장은 결과주의 분석에 따른 것이 아니므로 일부러 결과주의 분석을 피하려는 것이다. 또 하나는 정책의 결과를 파악하기 어렵기 때문이다. 이것은 매우 어려운 일이다. 신성한 가치관을 읊는 진부한 의견으로 무지를 덮는 편이 훨씬 수월하다. 정치인의 오랜 책략이다. 지난 천년간 설득의 기술에서 가르쳐온 비법은 바로 가치관에 따라 태도를 결정할 때는 결과가 중요하지 않다는 점이다.

모르테자 데가니Morteza Dehghani와 동료들이 이란의 핵 프로그램 추진 문제에 대한 태도를 조사한 연구를 보면 이런 냉소주의를 확인할 수 있다. 이란은 21세기에 들어서 10년 동안 핵 보유 능력을 끈질기게 개발했다. 국제사회에서 이란에 대한 적대감이 팽배한 사이 이란 지도자들은 핵 보유 문제를 신성한 가치관 문제로 전환하기 위해 국민들을 상대로 선전 전략을 펼쳤다. 그들은 핵무기를 보유하기 위한 노력은 이란의 수백 년 역사와 종교적 명령에 따른 이란 국민의 천부적 권리라고 선전했다. 현재의 국제관계를 외세의 압력에 시달리던 역사적 상황에 빗대어 민족주의와 민족자결 논의로 전환하려 한 것이다. 데가니의 연구에서는 안타깝게도 이런 식의 선전이 얼마나 효과적인지 나타난다. 핵무기를 신성한 가치로 받아들이는 국민들은 이란의 핵 야심을 무력화하려는 모든 거래—정말 좋은 거래라도—에 반대했다.[12] 다행히 이란 국민들이 모두 같은 입장을 취한 것은 아니다.

서양에서도 비슷한 예를 얼마든지 찾을 수 있다. 동성 결혼에 대한 미국인들의 태도에는 최근 몇 년 사이 구조적 변화가 일어났다. 퓨리서치센터에 따르면 2004년에는 미국인의 60퍼센트가 동성 결혼에 반대하고 31퍼센트만 찬성했다. 시계를 앞으로 돌려 2015년에는 55퍼센트가 찬성하고 39퍼센트만 반대했다.[13] 그사이 논쟁은 가치관 중심의 논의("동성 결혼은 잘못이다" vs. "누구에게나 결혼할 권리가 있다")에서 결혼 제도의 장단점에 관한 결과주의 논쟁으로 넘어갔다. 논쟁의 프레임이 바뀐다고 반드시 태도 변화가 일어나는 것은 아니다. 정반대일 수도 있다. 태도가 바뀌어서 사람들이 근본적인 가치관보다는 결과를 많이 논의하는 것일 수도 있다. 아마 둘 다 맞을 것이다. 논쟁의 프레임이 바뀌면 주어진 문제를 다르게 바라보고 자기 입장을 바꾸는 사람이 생긴다. 입장을 바꾸는 사람이 많아지면 그 문제에 관해 논의하는 방식에도 변화가 일어난다.

어떤 주제를 결과에 따라 논의하는지, 신성한 가치관에 따라 논의하는지는 협상에서 타협을 끌어낼 가능성에도 영향을 미친다. 이스라엘-팔레스타인 분쟁을 생각해보라. 어느 쪽에 비판적인 입장이든 다들 양쪽 모두에게 우울한 상황이라는 사실을 인정할 것이다. 양쪽 모두가 더 잘 살 수 있는 대안이 존재할 것이다. 그러나 불행히도 분쟁은 점점 심해지고 서로에 대한 불신과 적대감에 가려 해결책은 보이지 않는다. 협상은 지지부진하게 반복되다가 비난과 결렬로 끝날 것이다.

협상이 진전되지 않는 이유는 양측 모두 신성한 가치관으로 해석되는 불만을 품었기 때문이다. 이런 상황에서는 타협이 불가능하다. 뉴욕 뉴스쿨의 심리학자 제러미 긴지Jeremy Ginges는 팔레스타인 사람들과 이스라엘 사람들을 대상으로 가능한 해결책에 대한 태두를 알아보았다. 분쟁이 신성한 가치관에 달렸다고 생각하는 사람들은 물질적 보상으로 문제를 해결하는 방식에 격분한다.[14] 작은 결과주의가 팔레스타인이든 이스라엘이든 더 나은 세상을 이루는 데 도움이 될 수 있다. 하지만 양측 모두 상대로부터 부당한 취급을 당했다고 믿는다. 따라서 이들에게 결과를 중심으로 접근하는 방법은 논점을 벗어나 보이는 것이다.

신성한 가치관으로 접근하면 문제가 단순해지기 때문에 매력적이다. 번거롭고 구체적인 모든 인과적 분석을 피할 수 있다. 게다가 신성한 가치관이 옳을 수도 있다. 황금률에 반박할 사람이 누가 있을까? 누구나 정말 어쩔 수 없는 상황이 아니라면 남에게 해를 끼치는 상황을 피해야 한다고 믿는다. 다른 신성한 가치관도 얼마든지 확인할 수 있다. 가령 인간은 생명과 자유와 행복을 추구할 양도할 수 없는 권리를 가지고 태어난다는 말에 누구나 동의한다. 신성한 가치관도 나름의 역할이 있지만 사회 정책의 결과에 대한 인과적 추론을 방해해서는 안 된다.

∿∿•—•— 통치와 리더십에 관하여

이런 논의는 정치 문화에도 여러 가지 함의를 갖는다. 우선 정치적 담론에 관한 명백한 사실을 확인해준다. 정치적 담론이 사실은 놀랍도록 피상적이라는 점이다. 일반 국민이든 평론가든 정치인이든 어떤 법안이 상정되면 우선 입장부터 정한 다음에 찬반 토론에 임할 때가 많다. TV 프로그램도 뉴스처럼 보이지만 사실은 출연자들이 서로에게 악다구니를 쓰다가 끝나는 경우가 많다. 불가피한 현상은 아니다. 개인은 무지한 편이다. 하지만 전파는 잘못된 정보를 바로잡고 진지한 전문가들이 목소리를 내게 해주는 중요한 수단이다. 아무도 TV 프로그램이 편향적이지 않을 것이라고 기대하지 않는다. 모든 보도는 어느 정도 한쪽으로 치우칠 수 있다. 다만 대중은 분석적인 보도를 제공받을 권리가 있다. 대중은 어떤 정책의 실질적인 결과를 고려해야 한다. 구호와 의견에 압도당해서는 안 된다. 좀 더 상세한 분석을 접하면 의사 결정에 좋은 영향을 받을 수 있다.

그렇다고 모든 사람이 모든 주제의 전문가가 되어야 한다는 것은 아니다. 애초에 불가능한 일이다. 한 가지 주제에서 전문가가 되기도 쉽지 않다. 세상은 개인이 이해할 수 있는 수준보다 훨씬 복잡하다. 사람들은 지식 공동체에 산다. 공동체가 잘 돌아가려면 인지 노동을 분배해야 한다. 공동체에서 지식이 제대로 공유되려면 주어진 쟁점에 관해 신뢰할 만한 정보를 많이 가진 사람이 전문가 역할을 맡아야 한다. 모두가 모든 것을 알아야 하는 것은 아니다. 공동체가 모든 구성원에게 의료보험을 제공할 방법을 결정할 때는 가장 효율적이고 효과적으로 의료보험 혜택을 분배할 방법에 정통한 사람들이 공동체를 이끌어야 한다. 도로를 건설하는 문제를 결정할 때는 기술자를 믿고 일을 맡겨야 한다. 다만 전문가는 자기가 원하는 결론을 공동체에 강요해서는 안 된다. 결정은 공동체가 내려야 한다. 전문가는 공동체에 어떤 선택이 가능하고 어떤 선택을 내릴 때 어떤 결과가 생길지 조언할 뿐이다.

이것이 엘리트주의적 입장일까? 전문가에게 기대는 것이 곧 해당 쟁점에 이해관계가 있는 교육받은 계층에 의존하는 것일까? 전문가에게 의지하다 보면 예상 밖의 갖가지 문제가 불거진다. 전문가는 자기가 가장 잘 아는 주제에 이기적인 관심을 갖는다. 의료보험을 잘 아는 사람은 해당 산업에 종사하면서 의료보험의 분배 방식으로 경제적 이득을 볼 수 있다. 기술자는 원래 도로 닦는 일을 하는 사람이므로 도로를 더 많이 건설하고 싶을 수 있다. 도로를 많이 건설할수록 일거리가 많아지기 때문이다. 이보다 미묘한 이해관계가 얽힌 경우도 있다. 학자들은 상황을 객관적으로 냉정하게 분석하고 나서 그 결과를 조언하지 않는다. 사실 학자들은 자신의 이론적 입장을 고집하는 사람들로 유명하다. 어느 경제학 교수가 자유무역협정FTA을 체결하라고 권고한다면 공개시장의 중요성에 관한 논문을 썼기 때문일 수 있다. 심리학자는 아이를 키워본 경험도 없이 학습 이론을 토대로 양육에 관해 조언할 수도 있다. 또 인지학자 두 명이 사람들은 이해의 착각 속에 살면서 스스로 무지하다는 느낌을 달래려 한다고 주장하는 책을 쓸 수도 있다.

전문 지식을 가진 사람이 누구이고, 또 그 사람의 전문 지식이 편향되었는지 여부를 판단하기란 어렵다. 그렇다고 불가능한 것은 아니다. 사회에는 도움을 주는 기관들이 있다. 전문가는 자신의 지식과 신뢰성이 반영된 권고안을 내놓는다. 우리는 그들의 이력과 평판을 알아보고 평가할 수 있다. 인터넷에서 찾은 정보가 꼭 정확한 것은 아니지만 해당 전문가에 대한 의뢰인들의 평가를 보고하도록 개발된 유용한 인터넷 산업이 있다. 의뢰인의 수가 충분하며 전문가에 대한 평가를 수집해서 보고하는 믿을 만한 웹 사이트가 있다면 이런 산업이 효과적으로 작동할 것이다. 전문가의 신뢰성을 확인하는 방법이 모두가 전문가가 되는 방법보다 수월할 뿐 아니라 사회문제를 해결하는 사실상 유일한 방법이다.

사회문제에 대한 결정을 전문가에게 맡기고 정부가 테크노크라트 technocrat, 기술 관료에게 의존해야 한다는 개념은 미국 정치의 강력한 흐름을 거스르는 생각이다. 20세기 초 미국의 가장 큰 문제는 부와 권력이 소수의 기업과 트러스트에 집중되는 현상이었다. 다수의 주 의회가 강력한 이익집단에 크게 신세를 졌다. 그러자 직접 민주주의를 통해 주 의회가 기업에 미치는 정치적 영향력을 뒤엎으려는 운동이 발생했다. 기업들은 주나 지방자치단체의 시민들이 직접 투표하는 무기명 투표로 중간에 주 의회를 건너뛰어 정치인들의 손에서 권력을 빼앗았다. 무기명 투표는 주민 법안 발의와 법률 개정안과 국민 투표를 비롯한 다양한 형식으로 시행되었고, 현재도 여러 주에서 활발히 시행된다.

민주적인 무기명 투표 제도는 원래 전망이 밝았지만 얄궂게도 특수한 이해집단이 이런 제도를 만들고 홍보하는 과정에 개입하면서 본래의 취지를 무색하게 만들었다. 2015년의 악명 높은 무기명 투표 주민 법안 발의인 "캘리포니아 남색자 억제" 법안에는 몇 가지 권한이 포함되어 있었다. 이 법안에는 동성과 성관계를 맺는 사람은 "머리에 총알을 박아 죽인다"라는 조항도 있었다. 다행히 이 주민 법안 발의는 법정에서 사형에 처해졌다. 이 사건은 직접 민주주의도 여느 통치제도만큼 조작에 취약하다는 사실을 여실히 드러내는 사례로 남았다.

시민들이 직접 투표하는 무기명 투표 제도에 비판적인 이유는 여러 가지다. 우선 이런 제도는 지식의 착각을 간과한다. 개인이 복잡한 사회 정책을 충분히 이해하고 결정한다고 생각해도 사실 제대로 아는 경우는 드물다. 모든 시민에게 투표권이 주어지면 군중의 지혜가 전문 지식을 압도해서 현명한 판단으로 이어지지 못할 수 있다.

세금을 줄여준다고 하면 얼핏 좋게 들린다. 그러나 캘리포니아의 주민 발의 13호를 살펴보자. 1978년에 캘리포니아 주민들의 직접 투표로 통과된 이 주민 발의는 주택, 사업체, 농업 재산에 대한 세금에 제약을 두는 법안으로서 세금을 재산 매매가의 평균 3퍼센트에서 1퍼센트로 줄였다. 또 재산세 증가율이 연간 2퍼센트를 넘지 못하게 제한했다. 주민 발의 13호가 통과되자 다양한 결과가 나왔다. 우선 부동산 시장이 활기를 띠던 지역에 주택을 가진 사람들로서는 폭발적으로 증가하는 세금 부채로 집을 떠나야 하는 일이 없어졌다.

하지만 긍정적인 결과만 나타난 것은 아니었다. 많은 도시와 소도시가 부동산 세수에 의존한다. 주민 발의 13호로 세금의 상한선이 설정되자 당장 자치 당국은 막대한 재정 부담을 떠안아야 했다. 또한 이것은 여러 가지 방식으로 부동산 시장을 왜곡했다. 우선 주택 소유자들은 매매를 꺼렸다. 부동산 시장이 과열된 캘리포니아주의 여러 지역에서 주택을 팔면 사정액이 늘어나고 소유주에게 부과되는 세액이 증가해서 재산 가치가 떨어지기 때문이었다. 주민 발의 13호는 또한 거액의 재산세를 납부해야 하는 최근의 매입자와 세액 상한선이 정해졌던 시기의 매입자 사이에 막대한 불평등을 낳았다.

주민 발의 13호로 야기된 불평등은 잘못된 판단에서 기인했다. 1978년에 일반 시민들은 이 주민 발의가 왜 이런 결과에 이르렀는지 이해하기 어려웠을 것이다. 그러나 재산세율 변경의 효과를 연구한 전문가라면 부작용을 예견했을 수 있다. 주에서 지자체의 재원에 변화를 주면 복잡한 결과가 양산된다. 하지만 정보를 충분히 섭렵해서 복잡한 결과를 예측하는 사람은 드물다. 정치인들은 정보를 섭렵하고 전문가와 상의하도록 선출된 사람들이다. 일반 시민은 그럴 시간도 없고 그런 노력을 들여 얻을 이익도 없다. 일반 시민이 최종 결정의 주체가 되어야 하는 것은 아니다.

윈스턴 처칠Winston Churchill이 "민주주의에 대한 최고의 반론은 평범한 유권자와 나누는 5분의 대화다"라고 한 말은 물론 너무 지나쳤다. 다만 이 언급은 "민주주의는 최악의 통치 체제다. 다른 모든 형태의 통치 체제를 제외한다면"이라고 말한 맥락에서 이해해야 한다. 우리도 민주주의를 신뢰한다. 다만 인간이 무지하다는 사실은 직접 민주주의가 아니라 대의 민주주의의 논거가 된다고 생각한다. 우리는 대표를 선출한다. 대표는 좋은 결정을 내리기 위해 전문 지식을 탐색할 시간과 기술을 확보해야 한다. 물론 자기 뒷주머니를 채우느라 그럴 시간이 없는 경우도 많지만 이것은 또 다른 문제다.

 앞서 보았듯이 극단주의를 줄이고 지적 검손을 늘리기 위해서는 어떤 정책이 어떻게 작동하는지 설명하게 하는 방법이 있다. 그러나 이 방법에는 대가가 따른다. 사람들은 스스로 착각한 사실을 깨달으면 실망할 수 있다. 우리가 경험한 바로는 누군가에게 본인이 제대로 이해하지 못한 정책을 설명하게 하면 그 사람과의 관계가 좋아지지 않았다. 대개는 그 문제에 관해 더 이상 이야기하고 싶어 하지 않는다(그리고 더는 우리와 말도 섞고 싶어 하지 않는다).

 우리는 이해의 착각을 깨트려 사람들이 주어진 주제에 더 흥미를 가지고 새로운 정보를 더 많이 수용하기를 바랐다.[15] 하지만 그런 결과는 나오지 않았다. 오히려 잘못 이해했다는 사실을 깨달으면 새로운 정보를 찾으려는 경향이 줄어들었다. 인과적 설명은 착각을 깨트리는 효과적인 방법이지만 사람들은 착각을 깨고 싶어 하지 않는다. 볼테르Voltaire는 이렇게 말했다. "착각은 모든 쾌락의 으뜸이다." 사람들의 착각을 깨트리면 그들의 마음까지 잃을 수 있다. 누구나 성공한 기분을 맛보고 싶어 하지 무능한 감정에 빠지고 싶어 하지 않는다.

 좋은 지도자는 사람들이 스스로를 어리석다고 생각하지 않게 하면서 무지를 일깨워야 한다. 결코 쉽지 않은 일이다. 우리가 제시하는 한 가지 방법은 어느 한 사람만이 아니라 모두가 무지하다는 사실을 보여주는 것이다. 무지는 그 사람이 얼마나 많이 아는지와 관계있는 개념이지만 어리석음은 나와 타인을 비교하는 상대적인 개념이다. 모두가 무지하다면 아무도 어리석지 않다.

　지도자는 또한 스스로 무지하다는 사실을 인식하고 사람들의 지식과 기술을 효과적으로 활용할 줄 알아야 한다. 강력한 지도자는 특정 주제를 깊이 이해하는 사람들을 주위에 두어서 지식 공동체를 활용한다. 나아가 전문가의 말에 귀를 기울일 줄도 안다. 시간을 들여서 정보를 수집하고 사람들과 충분히 의논한 이후에 결정하는 지도자는 자칫 우유부단하고 나약하고 비전이 없는 사람으로 비춰질지도 모른다. 그러나 성숙한 유권자라면 세상이 복잡하고 이해하기 어렵다는 점을 인식하는 지도자를 가려내려고 노력한다.

chapter. TEN

똑똑함의 새로운 정의

마틴 루서 킹Martin Luther King Jr.이 누군지 잘 모른다면 북아메리카의 지식 공동체에 깊이 뿌리내린 사람이 아닐 것이다. 1950년대와 1960년대에 인권운동이 일어났고, 킹 목사는 인권운동의 지도자이자 연설가로서 꿈에 관해 감동적인 연설을 해 많은 사람에게 영감을 불어넣었다. 그 뒤 1968년에 테네시주 멤피스에서 총에 맞아 무참히 살해되었다. 킹 목사는 마땅히 미국의 평등과 인종 차별 금지의 상징적인 인물로 떠올랐다. 현재 매년 1월 셋째 주 월요일은 킹 목사를 기리는 미국의 국가 공휴일이다.

안타깝게도 사람들이 마틴 루서 킹에 관해 아는 지식은 이것이 전부다. 그가 훌륭한 연설가였다는 것은 누구나 안다. 하지만 킹 목사가 누구인지,

연설 내용이 무엇인지, 킹 목사가 연설할 때 구체적으로 무엇을 이루고 싶어 했는지는 잘 모른다.[1]

킹 목사를 유명하게 만들어준 인권운동에 관해서는 아는 것이 더 없다. 킹 목사가 인권운동의 핵심 인물이었던 것은 사실이지만 1960년대에 공민권법(인종·피부색·종교·출신 국가에 따른 차별을 철폐할 목적으로 제정된 연방법-역주) 제정을 위해 각고의 노력을 기울인 유일한 사람인 것은 아니다. 지도자가 킹 목사뿐이었던 것도 아니다. 위대한 지도자들 중에는 킹 목사와 함께 남부기독교지도자회의Southern Christian Leadership Conference라는, 인종 차별 철폐에 헌신한 단체를 결성하는 데 기여한 사람들이 있었다. 베이어드 러스틴Bayard Rustin, 엘라 베이커Ella Baker, C. K. 스틸C. K. Steele 목사, 프레드 셔틀스워스Fred Shuttlesworth, 조셉 로리Joseph Lowery, 랠프 애버내시Ralph Abernathy 같은 활동가들 모두 대단한 용기와 결단력을 보여주었다. 게다가 킹 목사 이전에도 공민권법은 위대한 인물들의 손에 달려 있었다. 노예제 폐지론자 프레더릭 더글러스Frederick Duglass와 여성 참정권 운동가 수전 B. 앤서니Susan B. Anthony뿐만 아니라 코레타 스콧 킹Coretta Scott King, 로자 파크스Rosa Parks, 연좌 농성으로 인권운동에 불을 붙인 아프리카계 미국인 대학생 네 명과 같은 인권운동의 최전선에 선 사람들이 있었다. 이 대학생들은 노스캐롤라이나주 그린즈버러의 대형 슈퍼마켓 울워스Woolworth에서 백인 전용 간이식당에 자리를 잡고 앉았다가 거부당했지만 협박과 위협에도 굴하지 않고 끈질기게 버텼다. 이들을 비롯한 수많은 사람이 1960년대 미국에서 소수자의 법적 지위를 높이는 데 앞장섰다. 킹 목사는 풍요로운 역사적 토대 위에서 활동하면서 존 F. 케네디John F. Kennedy와 린든 존슨Lyndon Johnson의 지지와 관심까지 받았다.

인권운동은 진공상태에서 터진 것이 아니다. 1960년대는 여러 방면에서 중요한 문화적 격변이 일어난 시기였다. 가장 큰 변화는 전쟁과 마약과 섹스에 대한 미국의 태도 변화였다. 무엇보다 1967년은 "사랑의 여름"이었다. 인권운동은 1960년대에 일어난 사회혁명의 일부였을 뿐이다.

마틴 루서 킹은 인권운동의 주요 활동가이자 위대한 지도자였지만 그가 단독으로 공민권법을 제정한 것은 아니다. 하지만 킹 목사는 인권운동의 얼굴이 되었다. 마하트마 간디가 인도 독립의 얼굴이고 수전 B. 앤서니가 미국 여성 참정권의 얼굴인 것과 같다. 세 사람 모두 위대한 지도자였지만 뒤를 받쳐주는 공동체가 없었다면 아무것도 이루지 못했을 것이다. 이들은 혼자서 활동한 것이 아니다.

이런 인물들을 추앙하고 이들이 대표하는 공동체의 역할을 제대로 이해하지 못한다면 복잡다단한 역사를 단순화하는 셈이다. 우리가 위인들에게 덧씌우는 이미지가 그들이 참여한 사건을 생각하는 방식을 결정한다. 지도자들은 각자가 참여한 운동의 상징이 되었고―대중의 상상에서―지도자들은 곧 그 운동이 되었다. 우리는 흔히 "마틴 루서 킹이 의회를 설득하여 공민권법을 통과시켜 미국의 얼굴을 바꾸었다"라거나 "간디가 없었다면 인도는 지금도 여왕의 지배를 받았을 것이다"라고 말한다. 단순히 비유만은 아니다. 사람들은 대개 공민권법에 관해서든 인도 독립에 관해서든 아는 것이 별로 없어서 위대한 지도자가 엄청난 변화를 이루었다는 정도 이상은 모른다. 인지적으로 표현하면 인물이 곧 운동이 되고 수많은 사람이 가담한 복잡한 역사적 사건의 영예를 독차지하는 것이다.

우리가 복잡한 실체의 자리에 개인을 집어넣는 태도는 정부기관을 표현하는 방식에서도 드러난다. 미국인들은 아이젠하워 행정부나 케네디 행정부라고 말하면서 마치 미국 대통령이 행정부의 모든 역할을 수행하는 것처럼 말한다. "환자보호 및 부담적정보험법"은 약 2만 쪽의 난해한 법률 용어로 가득한 법안이다. 흔히 "오바마 케어"라고 부르는 이 법안에서 버락 오바마가 직접 작성한 부분은 얼마나 될까? 아마 한 글자도 없을 것이다. 대통령이 위대한 지도자일 수도 있고 아닐 수도 있지만 그들도 분명 인간이다. 그들에게 행정부 활동을 책임지게 하는 것은 물론 정당하지만 대부분의 결정에서 대통령은 상징, 곧 행정부의 얼굴일 뿐이다.

개인을 추어올리는 태도가 정치에서만 나타나는 것은 아니다. 오락 산업에도 영웅 숭배가 지배적이다. 사람들은 개인을 미화하는 동시에 문제가 생기면 개인에게 책임을 묻는다. 할리우드 영화의 제임스 본드 같은 주인공들은 혼자서 재앙을 막아낼 뿐 아니라 와인 전문가이자 무술 고단수이면서 마지막에는 항상 여자를 얻는다. 머리가 아주 비상한 것은 두말할 것도 없다. 그리고 전 세계 사람들이 할리우드 영화를 좋아한다.

진실은 이보다 훨씬 재미없다. 영국의 비밀 요원은 사실 잠도 자야 하고 불안도 견뎌야 하고 항상 《피플People》의 가장 아름다운 사람들 후보에 오를 만큼 인물이 좋은 것도 아니다. 물론 우리는 여왕 폐하의 비밀 경호대를 높이 사지만 경호대의 임무가 액션 영화의 슈퍼맨들이 하는 일과 같은지는 의심스럽다. 내부 사정을 모르기는 해도 사실 영국 비밀정보국은 평범한 사람들이 모여서 다양한 특수 임무를 수행하는 공동체일 것이다.

과학과 철학을 이해하는 데서도 비슷한 편견이 나타난다. 흔히 어떤 학문 분야를 위대한 남자(드물게는 위대한 여자)와 연결한다. 그리고 이들을 당대의 편협한 사고방식과 정신을 뛰어넘은 인물로 그린다. 이들은 공동체의 사고방식이 맞닥뜨린 한계를 알아채고 뛰어난 지능으로 혁신적인 패러다임을 제시한다. 위대한 인물은 대개 기득권자와 핵심 권력자 들과 싸워야만 성공한다. 유명한 역사적 사건을 예로 들자면 소크라테스는 신념을 자유롭게 펼칠 권리를 위해 독미나리로 만든 독약을 마셨고,[2] 코페르니쿠스는 교회에서 논문 발표를 금지시키자 지구가 태양 주위를 돈다는 이론을 보류했으며, 갈릴레오는 아르체트리의 작은 농장으로 추방당한 뒤 그곳에서 생을 마감했다.

이들이 아주 똑똑한 사람들이었을 수는 있지만 이들과 연결된 모든 공을 혼자 차지할 자격이 있는지는 의문이다. 이들은 모두 다른 많은 사람의 노고 위에서 업적을 쌓았다. 코페르니쿠스의 태양계 지동설은 고대 그리스인들에게 큰 빚을 졌다.[3] 고대 그리스인들은 결정적인 사실을 잘못 이해했지만―태양계가 지구를 중심으로 돈다―코페르니쿠스의 이론은 동일한 관찰을 기반으로 프톨레마이오스로부터 내려온 동일한 이론 체계를 많이 참조한다. 코페르니쿠스는 주로 그리스인들이 고안한 천체 체계의 행성들에 새로운 궤도를 제안했다. 일부 위대한 과학자들은 남들이 과학의 밭에서 쟁기질을 하고 거름을 준 덕분에 이론의 씨앗을 심을 수 있었다고 인정한다. 아인슈타인이 그랬다. 아인슈타인은 위대한 선배 과학자들이 없었다면 상대성 이론은 세상에 나오지 않았을 것이라고 말했다.[4]

이런 위대한 과학자들이 특별해 보이는 이유는 이들이 세상을 바꾸었기 때문이다. 이들이 없었다면 세상은 아직도 어둠의 시대에서 납을 금으로 만드느라 여념이 없었을 것이다. 그러나 어느 한 개인이 결정적인 역할을 했는지는 명확하지 않다. 이들이 태어나지 않았다면 다른 누군가가 같은 것을 발견했을 수도 있다. 과학의 역사에는 비슷한 시기에 각자 따로 연구해서 거의 비슷한 결과를 도출한 연구자들에 관한 기록이 자주 나온다.[5] 원소 주기율표는 다들 알 것이다. 화학 시간에 주기율표를 외워야 해서 좋았던 혹은 괴로웠던 기억이 나는 사람도 있을 것이다. 주기율표는 현대 화학의 핵심으로, 모든 원소―자연의 기본 구성단위―를 서로의 관계 방식과 각 원소의 성질을 나타내는 방식으로 배열한 표다. 다들 드미트리 멘델레예프Dmitri Mendeleev가 주기율표를 공식화했다고 배웠을 테지만 멘델레예프 혼자서 모든 연구를 수행하지는 않았다는 데 동의할 것이다. 멘델레예프는 프랑스의 화학자 앙투안 라부아지에Antoine Lavoisier 같은 과학자들의 연구를 기반으로 주기율표를 만들었다. 그는 가장 큰 영예를 가져갔을 뿐이다. 과학계는 그를 중요한 인물로 여겨 새로운 원소에 그의 이름을 따 멘델레븀mendelevium이라는 이름을 붙였다.

에릭 셰리Eric Scerri는 최신 논문에서 주기율표에 관한 가장 중요한 인물로 멘델레예프를 내세우는 입장에 이의를 제기했다.[6] 거의 비슷한 시기에 주기율표를 발견한 과학자가 다섯 명이나 되고 모두 멘델레예프의 논문이 나온 1869년 이전에 연구 결과를 발표했다. 그중 한 논문(프랑스의 지질학자 베귀예 드 상쿠르투아Alexandre-Émile Béguyer de Chancourtois의 논문)은 멘델레예프의 논문보다 7년이나 일찍 발표되었다.

요컨대 멘델레예프가 아무것도 없는 데서 주기율표를 만든 것은 아니다. 멘델레예프는 공동체 안에서 연구했다. 그의 공동체는 유럽은 물론 그 너머로 펼쳐진 지역이었을 것이다. 공동체에는 편지도 있고 논문도 있고 교재도 있고 과학학술회의도 있다. 멘델레예프가 공동체에 크게 이바지한 것은 사실이지만 공동체가 없었다면 아무것도 이루지 못했을 것이다. 주기율표는 지식 공동체에서 나온 결과물이다.

이것은 멘델레예프만에게만 해당되는 이야기가 아니다. 과학계에서 동시에 같은 것을 발견하는 예는 요즘도 흔하다. 이 책을 쓰는 현재는 DNA 사슬을 편집하는 데 쓰이는 "CRISPR/Cas9"[7]이라는 방법에 대한 특허권을 누가 가져가야 하느냐는 문제로 논쟁이 한창이다. 논쟁이 심화된 이유는 두 연구팀이 거의 동시에 이 방법의 기본 개념을 발표했기 때문이다.

과학이 발전하는 이유는 어느 날 천재가 출현해서만이 아니라 특정한 발견을 위한 적절한 조건이 조성되었기 때문이다. 또한 적절한 배경 이론이 정립되고 적절한 데이터가 수집되었기 때문이다. 무엇보다도 적절한 대화가 오갔기 때문이다. 과학자 공동체는 함께 지혜를 모아서 그때의 적절한 질문, 그러니까 답이 나올 시기가 무르익은 질문에 집중한다.

인간의 기억은 유한하고 인간의 추론에는 한계가 있다. 역사학도가 이해할 수 있는 지식에도 한계가 있다. 그래서 결국에는 단순화하게 된다. 단순화의 방법으로 중요한 인물과 그 인물이 대표하는 지식 공동체를 엮어서 영웅으로 추앙하는 방법이 있다. 거대한 복잡성을 이해하기 위해 여러 사람이 다양한 목표를 추구하면서 모든 것을 기억하려고 노력하기보다는 사건을 작은 공에 집어넣어 한 사람과 연결하는 편이 수월하다. 그러면 불쾌하고 구구절절하며 방대한 사연을 무시할 수 있을 뿐 아니라 한 편의 이야기로 전달할 수 있다. 위대한 인물의 삶이 공동체를 이루는 복잡다단한 인간관계와 사건을 대신하는 것이다. 정치와 오락과 과학을 생각할 때 이렇게 진실의 자리에 한 개인의 이야기를 놓을 때가 많다.

〰─●─●─ 지능

누군가의 첫인상은 그 사람의 개인적 자질, 가령 재능이나 기술, 아름다움이나 명민함으로 첫 만남에서 결정된다. 물론 그 사람의 배경과 상황에 관해, 이를테면 성장 배경과 남들에게 받은 도움과 가정환경이나 직장 환경을 조사해 알아낼 수도 있다. 하지만 처음에는 개인적 자질, 곧 그 사람이 소유한 자질에 주목한다. 그 사람 자체가 주의를 사로잡아 첫인상을 형성하는 것이다. 그리고 그 사람의 배경과 상황을 알아가면서 이미 형성된 인상을 수정해나간다.

신입 사원 면접을 본다고 해보자. 지원자가 학교를 1등으로 졸업했다는 정보가 주어진다. 부모가 엄격해서 열심히 공부했다고 추측하겠는가? 주위의 특출한 친구들에게 자극받아 잘했다고 추측하겠는가? 이런 배경까지 알아내려는 면접관도 있겠지만 대개는 그 지원자가 똑똑할 것이라고 추정한다. 지원자가 잘해서 1등으로 졸업한 것이다. 그러면 곧장 지원자가 똑똑하다는 결론으로 넘어간다. 전혀 이상한 추론이 아니다. 자명한 결론이다. 지원자는 분명 지능이 높아서 좋은 성적을 거두었을 것이다. 하지만 이장의 뒷부분에서는 이것이 전부가 아니라는 주제를 다루고자 한다. 큰 성공을 거두는 데는 개인의 지능 이상이 필요하다.

우리가 지능을 말할 때 무엇을 의미할까? 좋은 예를 얼마든지 찾을 수 있다. 아인슈타인은 지능이 (매우) 높았다. 게다가 정신이 이상한 사람은 누구고, 지능의 사다리에서 맨 밑바닥에 있는 사람이 누구인지(여기에 당신이 가장 싫어하는 정치인을 넣어라)에 관해서도 다들 비슷하게 생각한다. 하지만 우리가 지능을 이야기할 때 무엇을 말하는지 제대로 아는가? 혹시 설명 깊이의 착각에 빠지지 않는가? 일단 설명해보면 스스로 많이 알지 못한다는 사실을 깨달을까?

지능 이론에서는 지능을 여러 구성 요소로 구분한다. 구성 요소가 무엇인지에 관해서는 거의 합의가 이루어지지 않았다. 일반적이고 비교적 오래된 구분이 유동지능Fluid intelligence과 결정지능Crystallized intelligence이다.[8] 유동지능은 어떤 사람을 "똑똑하다"고 말할 때 떠오르는 개념이다. 똑똑한 사람은 어떤 주제에서든 신속히 결론에 이르고 새로운 사실을 알아낸다. 결정지능은 기억의 저장고에 자유롭게 꺼내 쓸 수 있는 정보가 얼마나 많은지를 의미한다. 결정지능에는 어휘력과 일반 상식이 포함된다.

지능은 또한 지능을 구성하는 세 가지 능력을 기준으로 구분할 수도 있다.[9] 어떤 이론에서는 언어 능력, 세계를 정확히 지각하는 속도와 능력, 머릿속으로 공간 이미지를 조작하는 능력으로 구분한다. 다른 이론은 더 나아가 지능의 기저에 여덟 가지 차원이 있다고 이야기한다.[10] 언어 차원, 논리와 수학 차원, 공간 차원, 음악 차원, 자연주의 차원, 신체 운동 차원, 대인관계 차원, 개인내intrapersonal 차원이다. 어떤 연구자는 실용적인 관점으로 접근해서 지능은 사람들이 목표를 구성하고 성취하는 능력을 반영하는 개념이라고 주장한다. 여기서는 새롭고 창의적인 생각을 떠올리는 기술, 분석적인 기술, 실용적인 기술, 긍정적인 윤리적 가치를 주입해서 공동선을 이루는 데 도움이 되는 지혜와 관련된 기술로 구분한다.[11]

학자마다 지능을 구성하는 기술을 각기 다르게 구분해 논쟁이 끊이지 않는다. 심리학자들은 100년 이상 지능을 연구했지만 아직도 지능의 성격을 설명할 방법에 대한 합의점을 찾지 못했다. 지능을 인간 사고의 심오하고 지속적인 속성으로 보는 입장에서는 좋은 소식이 아니다. 개인의 기본 인지 기술을 찾으려는 시도가 인간의 마음을 이해하는 가장 생산적인 방법이 아닐 수 있다는 뜻이기 때문이다.

⚡◆─◆─ 지능 검사의 간략한 역사

심리학자들은 사람들이 실제 세계에서 하는 행동을 기준으로 심리 개념을 정의하고 싶어 한다. 심리학자들은 실제 인간 행동을 바탕 삼아 객관적으로 정의할 수 있는 개념[12]을 좋아한다. 그래서 원초아^{id}와 초자아^{superego} 같은 프로이트의 개념이 현대 심리학의 관심에서 멀어진 것이다. 프로이트의 개념은 실제 세계에서 측정할 방법이 확실하지 않다. 그러나 지능은 다르다. 측정이 가능하다. 현대 심리학에서 개인의 지능은 그 사람이 지능 검사를 얼마나 잘 수행했는가를 의미할 뿐 그 이상도 이하도 아니다. 사람들에게 검사 문항을 주고 수행 점수를 매기고 개인의 지능을 그 사람의 지능 검사 점수로 정의한다.

여러 가지 지능 검사 가운데 우리의 논의에 가장 적합한 지능 검사를 선택해보자. 최초의 현대적인 지능 검사는 1904년에 알프레드 비네^{Alfred} ^{Binet}와 그의 제자 시어도어 시몽$^{Theodore\ Simon}$이 개발한 검사다.[13] 두 사람은 아이들에게 단순한 지시에 따르는 문제부터 일곱 자리 숫자를 원래 순서대로 기억하는 문제까지 난도가 점점 높아지는 과제 30개를 내주었다.

검사를 이런 식으로 만든다고 하면 임의적으로 들릴 수 있다. 지능에 대한 정의가 없다면 그냥 아무 검사나 만들어서 점수별로 사람들을 나열하는 것과 다르지 않기 때문이다. 사실 이것이 현재 지능 검사 방식이기도 하다. 심리학에서 지능 연구란 몇 가지 인지 능력에 따라 사람들을 평가하는 방법을 탐구하는 분야다. 비네는 보조 교육을 받아야 할 학생들을 추려내기 위해 연구를 시작했다. 검사의 적중률이 얼마나 높은지에 따라 검사를 선택할 수 있으므로 이런 검사가 꼭 임의적인 것만은 아니다. 심리학자들은 실용적인 사람들이므로 누가 잘하고 누가 못할지 예측할 방법을 찾으려 한다. 헤드헌터, 기업 인사과, 대학원, 아이비리그 입학부는 각기 선호하는 지능의 스펙트럼에서 상위를 차지하는 소수를 선발하고 싶어 한다. 최고의 검사는 그 사람이 성공할 가능성을 정확히 예측해서 인재를 효과적으로 선발하게 돕는 검사다.

심리학자들이 최고의 검사를 개발하려고 시도하면서 발견한 사실은 매우 놀랍다. 충분히 다양한 범주의 정신 능력에 대한 수행을 측정하기만 하면 어느 검사를 택하든 크게 중요하지 않다. 어떤 활동으로 수행을 평가하든 동일한(적어도 아주 비슷한) 측정치가 나온다. 그래서 모든 인지 검사가 정적正的 상관관계를 보이는 것이다. 이것은 찰스 스피어먼Charles Spearman의 획기적인 연구를 통해 1904년부터 알려진 사실이기도 하다.[14] 사람들에게 어려운 수학 문제를 풀게 하든, 베르길리우스의 〈아이네이드^{Aeneid}〉를 읽히든, 불빛이 들어올 때 버튼을 누르는 속도(반응 속도)를 측정하든, 뭐든 집중해서 생각하는 능력을 측정하는 검사이기만 하면 작지만 정적인 상관관계가 나타난다. 요컨대 한 가지 과제를 잘하는 사람은 다른 과제에서도 남들보다 조금이라도 더 잘하고, 못하는 사람은 다른 과제에서도 조금 더 못할 가능성이 높다. 모든 검사에서 상관관계가 나타난다는 점을 토대로 모든 검사를 아우르는 공통점이 있다고 추정된다. 이를테면 모든 검사에서 뛰어난 사람과 떨어지는 사람을 가르는 무엇이 있다고 보는 것이다. 스피어먼은 이런 공통점을 일반지능^{general intelligence}이라고 불렀다.

스피어먼은 개인의 검사 결과를 요인분석^{factor analysis}으로 풀어 그 사람의 지능 점수를 배정하는 정교한 수학적 방법을 고안해서 유명해졌다. 요인분석이란 검사별로 모두의 점수를 취합하여 모든 검사에 공통된 기본 차원을 찾아내는 방법이다. 그리고 기본 차원의 점수가 바로 지능 점수다.

요인분석에서 도출된 기본 차원을 "g"라고 한다. 물론 일반지능이라는 뜻이다. 심리학자들이 이 개념을 좋아하는 이유는 숫자로 된 측정치를 구하고자 하는 욕구를 채워주기 때문이다. 검사 배터리(지능, 적성, 능력 등을 측정하는 종합 검사-역주)를 실시해서 요인분석으로 지능 점수를 구할 수 있다. 따라서 "g"는 통계적 구성 개념이다. "g"는 한 가지 지능 검사에서 얼마나 잘했는지만이 아니라 모든 검사에서 얼마나 비슷한지도 보여준다. 검사 배터리에서 남들과 비교해 전반적으로 얼마나 좋은 수행력을 발휘했는지 보여주는 것이다. "g" 점수의 장점은 뚜렷이 구분되는 다양한 사고(공간적, 언어적, 수학적, 유추적, 단순한, 복잡한 사고들)를 적절히 다루는 검사이기만 하면 모든 검사에 적용된다는 것이다. 심리학자들이 "g" 점수를 좋아하는 또 다른 이유는 "g" 점수를 기준으로 일상에서 다양한 결과를 예측할 수 있기 때문이다. "g" 점수가 높은 사람들은 학교생활도 잘하고 직장생활도 잘한다. 일부 연구에서는 "g" 점수가 직업적 성공 여부를 가장 정확히 예측해주는 요인 중 하나로 나타났다.[15] 어느 보고서에서는 127개의 연구에서 총 2만 명 이상을 검사한 자료를 종합해서 단순한 "g" 측정치와 직업적 성공을 의미하는 몇 가지 측정치 사이의 정적 상관관계를 발견했다.[16]

그밖에 지능이 실생활의 숙련된 인지 수행과 관련이 있는지에 의문을 제기한 연구도 있다. 1980년대의 경마에 관한 연구에서는 20년 이상 경마장에 다닌 사람들을 포함해서 전문가와 비전문가 모두를 검사했다.[17] 가장 일반적인 "g" 측정 방법인 IQ 검사를 포함시켰다. 결과적으로 어떤 사람의 IQ 점수를 아는 것은 그 사람이 경마에서 최고의 말을 고르는 능력을 예측하는 데 도움이 되지 않았다. IQ 점수는 경마에서 사람들이 결정하는 과정에서 수행하는 복잡성과도 관련이 없었다.

하지만 이런 몇몇 예외의 결과만으로는 "g" 점수가 사람들이 일상을 얼마나 잘 수행하는지 예측한다는 결론에 실질적인 이의를 제기하지 못한다. 그래도 신중할 필요는 있다. 개인의 지능 점수를 과대평가해서는 안 된다. 검사 배터리의 한 가지 점수는 다양한 요인에 영향받는다. 문제를 이해하는 수준, 자신감의 정도, 그날 마신 커피의 양, 남자친구한테 방금 차였는지 아닌지 따위의 수많은 사건들이 점수에 반영된다. 더구나 개인의 가치를 말해주는 요인은 검사 배터리로 받는 점수 외에도 많다. 이를테면 남들을 배려하는 능력을 꼽을 수 있다(혹은 그 사람이 회사 소프트볼팀에 얼마나 기여하는지도 한 가지 요인이다).

그런데도 사람들을 분류하기 좋아하는 이들에게 "g" 점수는 최고의 기준이다. 정신 능력이 필요한 분야에서 성공할 사람이 누구인지 판단할 때 현재로서는 "g" 점수만 한 방법이 없다.

⟋⟍⟋⟍●━●━ 지식 공동체에서 받는 영감

사회에서는 "g" 점수를 중시한다. "g" 점수가 사람마다 가진 정신 능력의 차이를 보여준다는 증거가 있지만 그 정신 능력이 과연 무엇인지는 명확하지 않다. 말하자면 "g" 요인은 어떤 사람이 학교와 직장 생활을 성공적으로 해낼 것이라고 예측할 때는 도움이 된다. 하지만 지능이 무엇이고 지능이 무엇을 측정하는지에 관해서는 대답해주지 않는다. 어쩌면 우리가 지능을 잘못된 방식으로 이해했을 수도 있다. 기본적으로 지능은 개인의 지적 능력에 대한 측정치이고 지능의 측정치는 사람들이 각자 가진 엔진의 크기로 평가하는 수단이다.

지식이 공동체에 있다고 보면 지능을 다른 식으로 이해할 방법이 생긴다. 지능을 개인의 자질로 보는 것이 아니라 개인이 공동체에 기여하는 정도로 이해하는 것이다. 생각이 집단에서 나오거나 팀과 관련된 사회적 개념이라면 지능은 팀에 속하지 개인의 것이 아니다. 이제부터 지능을 평가하는 최선의 방법은 개인이 집단의 성공에 기여하는 정도를 평가하는 것이라는 주장을 펼치려고 한다. 개인은 팀에 기여하고, 실제로 일하는 주체는 팀이므로 팀이 중요하다. 개인의 지능은 그 사람이 팀에서 얼마나 중요한 인물인지를 반영한다.

이렇게 접근하면 지능이란 더 이상 개인이 문제를 추론하고 해결하는 능력이 아니다. 그보다는 개인이 집단의 추론과 문제 해결에 기여하는 정도를 의미한다. 이제는 뛰어난 기억력과 신속한 처리 능력과 같은 개인의 정보 처리 능력 이상을 고려해야 한다. 타인의 시각을 이해하고 타인의 입장에 서보고 타인의 정서 반응을 이해하고 타인의 말을 경청하는 능력을 포함해야 한다. 지능을 지식 공동체의 개념으로 이해하면 훨씬 폭넓은 개념이 된다. 사람들은 각자 다른 방식으로 공동체에 기여할 수 있다. 창조적인 통찰로 공동체에 기여할 뿐 아니라 위대한 연설가가 되기도 하고 위대한 탐험가가 되기도 하며 오랫동안 고된 노역을 기꺼이 떠맡기도 한다.

결과적으로 집단이 잘 굴러가려면 "g" 점수가 높은 사람이 많아야 하는 것이 아니다. 그보다는 각기 다른 능력을 가진 사람들이 서로 조화를 이루어야 한다. 어떤 과제가 주어지든 가령 먹을 것을 찾든, 집을 짓든, 배를 타고 항해하든 과제를 잘 수행하려면 여기에 필요한 기술을 두루 갖춘 팀이 가장 유리하다. 그리고 함께 일할 때야말로 모든 기술을 활용할 수 있다. 서로 보완하는 기술을 갖춘 팀일수록 인지 노동의 분배로 모든 요구를 충족시킬 가능성이 가장 높아진다. 따라서 팀의 일원으로 선발할 때는 개인의 "g" 점수보다 집단에 기여하는 능력이 중요하다. 개인의 지능을 검사할 것이 아니라 팀 전체를 검사해야 한다.

그러면 비유를 통해 이 문제를 생각해보자. 이 책에서는 줄곧 인지 노동의 분배 측면에서 마음을 이해해야 한다고 주장했다. 이를테면 마음은 개인의 것만이 아닌 집단의 것이고 집단 전체가 생산적으로 기능하는 과정에서 개인은 저마다 다른 역할을 수행한다. 자동차의 각 부품이 운송 노동의 분배에 기여하는 역할에 비유할 수 있다. 부품마다 역할이 있고 모든 부품이 모여서 자동차가 굴러가게 한다. 따라서 개인의 지능을 측정하는 방법은 자동차를 구성하는 각 부품의 성능을 측정하는 것과 같다. 정교한 검사 배터리로 각 부품을 검사할 수는 있다. 중량을 알아보고 강도와 수명과 광택을 측정하고 가격을 정할 수도 있다. 질 좋은 부품은 품질이 떨어지는 재료보다 더 좋은 재료로 제작되고 더 가볍고 더 강하고 더 윤이 나고 따라서 가격도 더 높을 수 있다. 지능 검사처럼 각 부품 검사에서도 모든 검사가 다른 모든 검사와 상관관계를 보일 것이다. 그리고 부품의 품질을 중요하게 측정할 것이다. 그런데 이것이 가장 중요한 요인일까? 자동차의 가장 중요한 요인은 자동차로서의 특징이다. 자동차를 평가할 때는 속도, 주행 거리, 신뢰성이 중요하다. 각 부품의 특징 자체는 그리 중요하지 않다. 좋은 부품을 쓰고자 하는 이유는 부품 자체의 특징 때문이 아니라 좋은 부품을 쓰는 것이 결국 좋은 자동차를 만드는 것으로 이어지기 때문이다.

가끔은 검사 배터리에서 부품의 품질이 약간의 편차를 보일 것이다. 제일 좋은 타이어가 반드시 광택이 최고여야 하는 것은 아니고, 최고의 휠 캡이 가장 비싸야 하는 것도 아니다(물론 휠 캡에 무엇을 바라느냐에 달렸다). 제일 좋은 퓨즈가 가장 강해야 하는 것도 아니고, 제일 좋은 라디오가 반드시 가벼워야 하는 것도 아니다. 검사는 무엇이 좋은지에 관한 힌트만 줄 뿐이다. 보통은 차량 부품이 한 가지 방식으로 기능하기를 바라지 다른 방식으로 기능하기를 바라지 않는다. 힌트는 힌트일 뿐이다. 최고의 품질을 자랑하는 부품이 최악의 성능을 보이기도 한다. 따라서 검사는 우리가 관심 있는 요소를 직접 측정하는 방법이 아니다. 우리는 자동차가 얼마나 잘 굴러가는지에 관심이 있다. 소비자는 자동차가 잘 굴러가게 해주는 부품을 원하지, 하나하나 모두 똑같이 기능하는 부품을 원하는 것이 아니다.

집단으로 일하는 사람들에게도 같은 원리가 적용된다. 대부분의 과제를 수행하기 위해서는 각기 다른 방식으로 기여하는 사람들이 필요하다. 회사를 운영하려면 신중한 직원, 위험을 감수할 줄 아는 직원, 숫자에 능한 직원, 동료들과 잘 어울리는 직원이 골고루 있어야 한다. 남들과 잘 어울리는 사람이 숫자도 잘 다루어야 한다면 골치 아플 수 있다. 또 고객들은 알아뜰지도 못하는 복잡한 계산을 들이대면서 바보가 된 기분을 안겨주지 않는 판매원을 더 편하게 생각한다.

사람들은 대체로 집단을 이루어 일하기 때문에 우리에게 가장 흥미로운 대상은 과제를 수행하는 집단의 능력이다. 의사든 기술자든 연구자든 디자이너든 최종 결과물을 내는 주체는 집단이지 어느 한 사람이 아니다. 중요한 것은 최종 결과물이다. 따라서 정작 필요한 것은 집단의 수행 능력을 측정하는 방법이지 개인의 지능을 측정하는 방법이 아니다. 테퍼 경영대학원의 애니타 울리Anita Woolley 교수의 연구팀은 이것을 측정하는 한 가지 방법을 내놓았다.[18] 울리의 연구팀은 사람들을 개별적으로 검사하지 않고 세명씩 묶어 40개의 집단을 만든 후, 집단을 대상으로 벽돌 한 개의 여러 가지 용도를 브레인스토밍해서 생각해내는 과제, 간략한 지능 평가로 자주 쓰이는 레이븐 검사Raven's Advanced Progressive Matrices라는 공간 추론 과제, 도덕 추론 과제, 쇼핑 경로 계획 과제, 집단 타이핑 과제 수행을 포함한 다양한 검사를 실시했다.

개인에 관한 연구에서는 인지 검사가 다른 인지 검사와 정적 상관관계를 보이는 것으로 나타났다. 집단지능Collective Intelligence 가설에서는 집단에도 유사한 상관관계가 나타날 것으로 간주한다. 이를테면 모든 집단 과제의 수행이 상관관계를 보이므로 집단 수행 분석에서 "g"와 유사한 요인(연구자들은 집단지성collective intelligence을 의미하는 "c"로 불렀다)을 추출할 수 있다는 것이다. 그리고 원하는 결과를 얻었다. 상관관계가 매우 낮은 과제도 있었지만 모든 과제가 정적 상관관계를 보였다. 말하자면 한 가지 과제를 잘한 집단이 그 과제를 잘하지 못한 집단보다 다른 과제에서도 잘할 가능성이 높다는 뜻이다. 결과적으로 울리의 연구팀은 "c" 요인을 밝혀냈다.

연구팀은 또한 "c" 요인이 다른 개별 지능 점수보다 이후의 다른 집단 과제에서의 수행을 더 정확히 예측할 것으로 추정했다. 다시 말해서 집단지능의 총합이 부분보다 더 클 것이라는 가설을 검증하고자 했다. 이 가설을 검증하기 위해 집단마다 무관한 과제(컴퓨터 검색 프로그램)를 주고 "c" 요인이 개별 지능 측정치보다 컴퓨터에 대한 집단의 수행을 더 잘 예측하는지 알아보았다. 그 결과 더 잘 예측하는 것으로 나타났다. "c" 요인은 동영상 검색 프로그램 과제에서 집단의 수행 능력을 예측한 반면에 개별 지능 점수는 이런 능력을 예측하지 못했다. 집단의 수행을 예측하려면 집단을 들여다보아야 한다. 개별 지능 점수는 큰 도움이 되지 않는다. 예를 들어 업체를 불러서 주방을 개조할 계획이라면 단합이 잘되는 반숙련공들을 부르는 편이 낫지, 자기 일은 완벽하게 해내지만 계측기로 찬장 하나 짜 맞추지 못하는 잘난 사람들끼리 모인 업체는 도움이 되지 않는다.

이제 집단지능 "c"의 측정치를 생각할 방법이 생겼으므로 원점으로 돌아가 지능에 관한 처음의 질문을 다시 고민해보자. "c" 요인은 실제로 무엇을 측정하는가? 유능한 팀과 유능하지 못한 팀을 나누는 특징은 무엇이고, 유능한 팀이 다른 팀에 비해 집단 과제를 얼마나 잘해낼지 예측하는데 도움이 되는 특징은 무엇인가?

울리의 연구팀은 이 질문에 대한 답의 단초를 제공했다. 각 집단을 추가로 측정해서 응집력, 동기, 만족도 지표가 그 집단의 수행 능력을 예측해주지 않는다는 점을 발견한 것이다. 그보다는 사회적 민감성, 집단이 교대하는 빈도, 집단 내 여성의 비율과 같은 여러 측정치에서 예측성이 나타났다. 여성의 비율이 높을수록 사회적 민감성이 높아져서 집단에 도움이 되는 것으로 나타났다(남학생 탈의실에 있어본 사람에게는 그리 놀라운 결과가 아닐 것이다).

집단지능을 측정한다는 개념은 새로운 개념이다. 아직 어려운 질문이 많이 남았다. 사회적 민감성 같은 개념은 집단이 제대로 기능하는 데 중요하지만 모든 것을 설명해주지는 않는다. 사회적 민감성이 높은 집단 역동은 어떤가? 집단이 함께 검색 프로그램을 수행하는 데 사회적 민감성이 왜 중요한가? 모든 집단 구성원의 말을 들어주어야 할 뿐 아니라 검색 프로그램을 수행하기 위한 좋은 아이디어도 나와야 하고 전체 집단이 어떤 아이디어가 최선인지 파악해야 한다. 그밖에도 집단이 수행을 잘할 때가 언제인지 말해주는 아이디어는 많지만 "c" 요인이 무엇을 측정하는지에 관한 판단은 유보된 상태다.[19] 새로 나오는 자료들은 집단의 성공이 개별 구성원의 지능에 의해 좌우되는 것이 아니라는 사실을 보여준다. 집단의 성공은 구성원들이 일을 얼마나 함께 잘하는지에 따라 결정된다.

﹏﹏✦﹣✦﹣ 집단지능과 그 함의

지능의 개념은 큰 혼란을 야기했다. 누군가가 지적으로 행동하는 데는 공동체의 덕이 큰데도 사람들은 그것을 개인의 행동으로 간주한다. 이런 혼란은 성공한 회사를 생각하는 태도에서도 확인된다. 인터넷 신생 벤처기업들도 우리처럼 혼동한다. 아이디어가 최고라고 여기는 것이다. 벤처기업의 성공 비결은 시장을 사로잡고 수백만 달러를 벌어들이는 획기적인 아이디어라는 것이 통념이다. 페이스북의 마크 주커버그[Mark Zuckerberg]와 애플의 스티브 잡스[Steve Jobs]의 사고방식이다. 지능을 개인의 것으로 간주하기 때문에 뛰어난 인물의 아이디어를 그의 소유로 생각해서 모든 공적을 그에게 돌린다. 하지만 신생 벤처기업에 자금을 대는 벤처 투자자들에 따르면 벤처기업은 그런 식으로 굴러가지 않는다. 애빈 랍헤루[Avin Rabheru][20]라는 투자자는 이렇게 말한다. "벤처 투자자들은 팀을 지원하지 아이디어를 지원하지 않는다."

초창기 기술 벤처 산업을 선도하던 와이콤비네이터[Y Combinator]라는 창업 지원 및 육성 회사의 관점을 살펴보자. 이 회사의 전략은 성공한 벤처기업이 처음의 아이디어를 활용하는 사례가 설령 있다고 해도 매우 드물다는 믿음을 따른다. 아이디어는 변형된다. 가장 중요한 것은 아이디어가 아니다. 좋은 아이디어보다 훨씬 중요한 것은 팀의 자질이다. 좋은 팀이 성공적인 벤처기업으로 성장할 수 있는 이유는 시장이 어떻게 작동하는지 파악해서 좋은 아이디어를 발견하고, 그 아이디어를 구현하기 위해 일하기 때문이다. 좋은 팀은 개별 기술을 활용하는 방식으로 노동을 분배하고 분산한다. 와이콤비네이터는 1인 벤처기업에는 투자하지 않으려고 한다. 설립자가 한 명이면 노동을 분배할 팀이 없다는 이유 때문만은 아니다. 팀워크라는 기본 원칙 때문이다.[21] 설립자가 한 명이면 함께하는 친구들을 실망시키지 않도록 막아주는 소속감이 부족할 수밖에 없다. 팀은 일이 잘 풀리지 않을 때 더 열심히 한다. 구성원들끼리 서로를 격려해주기 때문이다. 팀을 위해 일하는 것이다.

우리가 지식 공동체에서 산다는 사실을 인정하면 대다수 연구자들이 엉뚱한 데서 지능의 정의를 찾으려 한다는 것이 명백해진다. 지능은 개인의 자질이 아니다. 팀의 자질이다. 어려운 수학 문제를 잘 푸는 사람은 물론 팀에 기여한다. 하지만 집단 역동을 잘 관리하는 사람이나 중요한 만남을 세세히 기억하는 사람 역시 팀에 기여한다. 지능은 개인을 혼자 방에 들여보내서 검사를 치르게 하는 방법으로 측정할 수 없다. 그 사람이 속한 집단의 생산성을 평가하는 방식으로만 측정이 가능하다.

개인이 집단의 수행에 기여하는 정도를 제대로 측정할 방법은 무엇일까? 이것은 이제껏 크게 주목받은 질문은 아니다. 이 질문의 답을 알아보기 위해 우선 개인은 어느 집단에 속하든 일관되게 기여한다는 단순한 가정을 세워보자. 한 개인이 여러 집단에 기여하는 정도를 측정하는 방법이 있다. 아이스하키팀에서 플러스마이너스 점수로 각 선수의 기여도를 측정하는 방법이다. 이 방법은 우리 팀에서 좋은 선수가 출전하고 상대 팀이 점수를 적게 내면 우리 팀이 골을 많이 넣을 것이라고 가정한다. 따라서 한 선수의 실력은 플러스마이너스 점수, 곧 그 선수가 출전한 동안 팀이 올린 점수에서 상대 팀이 올린 점수를 뺀 숫자로 표시된다. 개인이 집단의 문제 해결에 기여하는 정도도 같은 방식으로 측정할 수 있다. 그 사람이 있을 때 집단은 얼마나 자주 성공하고 얼마나 자주 실패하는가? 집단의 수행에 확실히 기여해서 플러스마이너스 점수를 많이 받은 사람은 그런 의미에서 "지적"이다. 그렇다면 집단지능의 의미를 개인이 지식 공동체와 일관된 방식으로 공동체에 기여하는 정도로 축소할 수 있다.

이런 식의 측정 방식은 현실에 적용하기 어려울 수 있다. 우선 현실에서 성공과 실패는 아이스하키처럼 명확하지 않을 때가 많다. 어떤 물건을 만들어 상을 받았지만 그 물건이 팔리지 않는다. 그렇다면 이것은 성공일까, 실패일까? 또 하나의 문제는 두 사람이 자주 함께 일한다면 한 사람의 성공이 다른 사람의 기여를 반영한다는 것이다.

하지만 원칙은 그대로다. 어떤 경영자는 밝고 적극적이고 언변이 뛰어나며 주위에 영감을 주는 사람으로 보일 수 있다. 하지만 그 사람이 참여한 프로젝트가 계속해서 실패한다면 보너스를 많이 받지 못할 것이다. 관리자가 직원을 감독할 때는 그 사람의 인간적인 장점과 기여도를 혼동해서는 안 된다. 고용자는 해당 직원이 관여한 프로젝트가 다른 직원들에 비해 성공하는 편이냐 실패하는 편이냐를 따져야 한다.

농부들은 농사에서 가장 힘든 일이 땅을 다지는 과정이라는 것을 안다. 씨를 뿌리고 작물이 자라는 것을 지켜보기는 쉽다. 과학과 사업에서도 공동체 전체가 토양을 준비한다. 그런데도 사회는 우연히 잘 자라는 씨를 심은 개인에게 모든 공을 돌리는 경향이 있다. 씨를 심는 데는 대단한 지능이 필요하지 않다. 씨앗이 잘 자라게끔 환경을 조성하는 동안 머리를 써야 한다. 과학이든 정치든 사업이든 일상에서든 우리는 공동체에 더 많은 공을 돌려야 한다.

마틴 루서 킹은 위대한 인물이다. 그의 가장 큰 강점은 사람들이 온갖 역경을 이겨내고 힘을 합쳐 인종에 대한 사회적 편견을 바꾸고 공정한 법질서를 세우도록 영감을 불어넣은 능력이다. 하지만 그의 업적을 제대로 이해하려면 한 개인을 뛰어넘어서 봐야 한다. 그를 위대한 모든 것의 현현顯現으로 추앙할 것이 아니라 미국이 위대해질 수 있다는 비전을 보여준 과정에서의 역할을 인정해야 한다.

chapter. ELEVEN

똑똑한 사람 만들기

1980년대의 브라질은 살기 팍팍한 곳이었다. 극심한 인플레이션으로 화폐 가치가 순식간에 추락했다.[1] 1년 사이에 커피 한 잔 가격이 브라질 화폐로 1달러에서 2000달러 가까이 치솟았다. 브라질 빈민들은 살아남기 위해 뭐든지 해야 했다. 가난에 찌든 아이들은 학교가 아니라 거리로 나가서 물건을 팔았다. 사탕이든 귤이든 튀긴 밀이든 닥치는 대로 팔았다. 아이들은 지식을 얼마나 가지고 있었을까? 이 아이들은 학교에 다니지 못했다. 그러니 이들이 브라질 문학이나 세계 지리나 대수학의 거목으로 자란다면 이상하지 않은가? 그 대신 아이들은 열심히 장사를 했다. 팔 물건을 떼어 오고 수익을 낼만큼 가격을 붙이고 돈을 거슬러주는 경험을 쌓았다. 모두 산수가 필요한 일이었다. 더욱이 인플레이션이 심해서 큰 수를 다루어야 했다. 그렇다면 이 거리의 장사꾼들은 자연스레 산수의 기초를 터득하지 않았을까? 학교 교육은 제대로 받지 못했지만 학교에 다닌 아이들보다 산수 하나는 잘하지 않았을까?

이 질문의 답을 알아보기 위해 몇몇 교육학자들이 거리에서 물건을 파는 아이들과 이 아이들이 다녔을 법한 학교에 다니는 10세에서 12세 사이의 또래 아이들을 만났다. 그리고 모두에게 산수와 숫자 문제를 냈다.

연구자들이 처음 발견한 결과는 아이들에게 수학을 가르쳐본 사람이라면 놀라지 않을 내용이었다. 두 집단 모두 큰 수의 값을 읽는 등 기초적인 과제도 잘하지 못했다. 큰 수의 여러 자리 숫자가 무엇을 의미하는지도 이해하지 못했다. 그러나 숫자를 비교할 수는 있었다. 두 집단 모두 두 가지 숫자 중에서 어느 쪽이 큰지 올바르게 답했다. 다만 덧셈과 뺄셈에서는 차이가 있었다. 거리의 판매상들이 뛰어나게 잘하는 반면에 학교에 다니는 아이들은 어려워했다. 거리의 아이들은 학생들보다 큰 수의 비율도 훨씬 잘 이해했다. 생계가 걸린 기술에서는 경험이 정규교육보다 나은 것으로 나타났다(적어도 브라질의 가난한 아이들이 받은 정규교육보다는 나았다).[2]

인간은 기본적으로 행동하도록 설계되었다. 수업을 듣고 기호를 조작하고 사실을 암기하도록 설계되지 않았다는 말이다. 적어도 교육학자라면 교육철학자 존 듀이John Dewey가 1938년에 아래와 같이 말한 이래로 잘 아는 사실이다.

어린 학생에게도 잠시나마 조용히 생각할 시간을 주어야 한다. 다만 그 시간이 진정으로 생각하는 시간이 되려면 그전에 외적으로 활동하는 시간을 보내야 하고, 생각하는 시간에는 뇌 이외에 손과 기타 신체 부위로 활동하면서 학습한 내용을 정리해야 한다.[3]

경험 많은 교사와 학생 들은 아무 생각 없이 수업을 듣고 사실을 암기하는 것은 최선의 학습법이 아님을 안다. 활동이 필요하다. 우리는 목표를 이루는 데 필요한 행동을 하기 위해 알아야 할 내용을 배운다. 길모퉁이에서 잔돈을 거슬러주고 수익을 내는 것이 목표라면 이런 일에 필요한 산수를 배운다. 그렇다고 학교가 소용없다는 뜻이 아니다. 학교에서 배우는 대수학은 대규모 금융회사에서 일하거나 수학 이론을 증명하거나 로켓을 달에 쏘아 보낼 방법을 알아내고 싶은 사람에게는 매우 중요하다.

하지만 대개의 학교 교육은 학생들이 관심을 갖는 목표와 동떨어져 있다.[4] 학생들은 살면서 독해와 작문과 산수가 정확히 어디에 유용할지 이해하지 못한다. 그래서 그저 공부를 위해 공부하는 것이지 살아가기 위해 배우는 것은 아니라고 생각한다. 이 때문에 학생들이 읽고도 이해하지 못한다고 불평하는 교사가 그렇게 많은 것이다. 학생들 역시 열심히 읽었다고 생각했는데 다 읽고도 제대로 이해하지 못했음을 알고 크게 놀란다. 학생들이 놀라는 이유는 이해력 시험에서 형편없는 점수를 받기 때문이다. 공부하고 또 공부하면서 충분히 이해한 줄 알았는데 주어진 자료에 관한 기초적인 질문에도 답하지 못한다. 아주 흔한 일이라 따로 명칭도 있다. 이해의 착각illusion of comprehension.[5] 설명 깊이의 착각이 떠오르는 명칭이다.

이해의 착각이 일어나는 이유는 사람들이 이해를 낯익음 혹은 인식과 혼동하기 때문이다. 눈으로 텍스트를 한번 훑고 난 다음 같은 텍스트를 보면 낯익어 보인다. 오랜 시간이 흐른 뒤에 다시 봐도 마찬가지다. 극단적인 예로 심리학자 폴 콜러스Paul Kolers는 사람들에게 반전된(글자의 상하가 뒤집힌) 텍스트를 읽혔다.[6] 그로부터 1년 후 다시 실시한 실험에서 사람들은 전에 읽었던 텍스트를 다른 텍스트보다 더 빨리 읽었다. 1년이 지나도 텍스트를 읽는 방법에 대한 기억이 남은 것이다.

학생들이—사실은 우리 모두가—겪는 문제는 주어진 자료에 대한 이런 낯익은 감각을 이해한다는 감각과 혼동할 수 있다는 점이다. 어떤 텍스트가 낯익거나 더 나아가 텍스트를 암기하는 것은 텍스트의 의미를 제대로 이해하는 것과는 다른 문제다. 미국 학생들은 국기에 대한 맹세를 뜻도 모른 채 읊을 수 있다. 그래서 자주 이상한 버전이 들린다. "하나님의 보호 아래 하나의 국가, 나누어질 수 없는One nation, under God, indivisible"이라는 구절을 어떤 학생들은 국가가 사라졌다고 생각하는지 "하나님의 보호 아래 하나의 국가, 보이지 않는One nation, under God, invisible"이라고 외운다. 또 국가가 초자연적인 힘에 정복되기라도 했는지 "그것이 상징하는 공화국the republic for which it stands"이 아니라 "마녀들을 상징하는 공화국and to the republic, for witches stand"이라고 외운다. 그리고 록 음악 마니아들은 사람들이 왜 지미

헨드릭스Jimi Hendrix의 〈퍼플 헤이즈Purple Haze〉에서 "scuze me while I kiss this guy"라고 따라 부르다가 깜짝 놀라 고쳐 부르지 않는지 의아해한다. 지미가 남자 한둘과 키스를 했는지는 알 길이 없지만 사실 이 노래의 가사는 "excuse me while I kiss the sky"다.[7] 텍스트를 암기한다고 해서 반드시 이해하는 것은 아니다.

텍스트를 이해하려면 한 글자 한 글자 신중히 보고 찬찬히 처리해야 한다. 또한 저자의 의도도 파악해야 한다. 이 사실이 누구에게나 명확하게 이해되지는 않는 듯하다. 많은 학생이 공부와 가벼운 독서를 혼동한다.

따라서 우리가 앞에서 도달한 결론, 곧 사람들은 스스로 생각하는 것보다 더 피상적이고 지식의 착각에 잘 빠진다는 결론은 교육에도 적용된다. 학습하려면 정보를 더 깊게 처리해서 습관을 깨트려야 한다.

〰●─● 모르는 것을 알기

우리가 지식의 착각에 빠지는 이유는 전문가가 아는 것과 자기가 아는 것을 혼동하기 때문이다. 다른 사람의 지식에 접근하면 이미 그 내용을 아는 것만 같다. 교실에서도 비슷한 현상이 나타난다. 학생들은 필요한 지식에 접근할 수 있다는 이유로 이해의 착각에 빠진다. 필요한 지식이 교재에도 있고 교사에게도 있고 공부를 잘하는 학생들의 머릿속에도 있기 때문이다. 인간은 모든 과목을 통달하도록 설계되지 않았다. 인간은 공동체에 참여하도록 설계되었다(이것은 존 듀이가 오래전에 제안한 또 하나의 특징이기도 하다).[8]

우리의 역할이 인지 노동에 기여해서 지식 공동체에 참여하는 것이라면 교육의 목적이 사람들에게 독립적으로 생각하기 위한 지식과 기술을 주입하는 데 있다는 잘못된 믿음[9]을 피해야 한다. 우리가 학교에 다니는 목적은 남들이 대신 배워서 알기를 기대하는 지식을 배우는 데 있고, 교육의 목적은 사람들을 지적으로 독립시켜주는 데 있다. 가령 자동차 정비공이 되고 싶다면 차를 고치는 데 필요한 기술을 배우기 위한 수업을 들어야 하고, 일단 수업을 다 마치면 차를 고칠 수 있을 것이라고 기대된다. 몇 가지 자원—도구, 부품, 차고 같은 것—이 필요할 수는 있지만 이것만 해결되면 순조롭게 일을 시작할 것이다. 역사학자가 되고 싶다면 학교에 가서 역사—사실, 동향, 연대표—를 배우고 최소한 과거에 관한 질문에 대답하는 능력을 증명해야 한다. 과학자가 되고 싶다면 학교에 가서 해당 분야의 이론과 자료를 탐구해야 한다. 학교를 마치면 새로운 사실을 발견하거나, 더 발전된 이론을 제시하거나, 배운 것을 가르치거나, 배운 지식을 적용해서 새롭고 나은 장치를 만들 수 있어야 한다.

이렇듯 교육이 지적 독립을 가능하게 해준다는 개념이 전적으로 옳지 않은 이유는 문제가 많은 가정에 기반을 둔 생각이기 때문이다. 교육의 목적은 개인의 지식과 기술을 넓히는 것이고 어떤 분야를 공부하든 교육을 받은 이후에는 머릿속에 정확한 지식이 더 많이 들어가 있어야 한다는 가정은 잘못되었다.

이런 개념은 틀렸다기보다 불완전하다. 교육이 지적 독립을 가능하게 해준다는 개념은 학습을 매우 편협하게 바라보는 관점이다. 또한 지식이 남에게 의존한다는 사실을 무시하는 관점이다. 정비공들이 자동차를 고치려면 부품을 공급하는 업자가 누구이고, 배달할 사람은 누구이며, 리콜 조치된 차를 확인할 방법은 무엇이고, 혁신적인 디자인을 배울 방법은 무엇인지 알아야 한다. 오늘날의 자동차는 세계 각지의 기술에 의존한다. 유능한 자동차 정비공은 자동차 산업의 지식 공동체에 분산된 지식에 접근할 수 있어야 한다. 따라서 학습은 새로운 지식과 기술을 개발하는 것만이 아니다. 학습에서 중요한 또 하나의 요인은 사람들과 협력하면서 우리가 제공해야 할 지식은 무엇이고 남들이 채워 넣어야 할 틈새는 무엇인지 알아내는 것이다.

스페인의 역사를 공부한다고 해보자. 스페인 국경 안에서 벌어진 사건만 배워서는 부족하다. 로마제국과 십자군과 무어인의 역사 외에도 더 많은 것을 알아야 한다. 스페인의 역사를 안다는 것은 어찌 보면 그 역사를 둘러싼 전후 사정을 이해한다는 뜻이다. 시시콜콜 다 알 필요는 없지만(사실 다 아는 것이 불가능하다. 세부적인 사실이 지나치게 많다) 스페인의 역사적 맥락을 개략적으로는 이해해야 한다. 이렇게 이해한 상태에서는 다른 정보를 누구에게 어떻게 얻을 수 있는지 알기가 훨씬 수월하다.

진정한 교육에는 특정한 정보(많은 정보)를 모른다는 사실을 배우는 과정이 포함된다. 자신의 지식을 들여다보기보다는 자기가 모르는 지식을 외부에서 찾아내는 법을 배운다. 그러려면 우선 자만심을 버려야 한다. 모르는 것을 모른다고 인정해야 한다. 모르는 것을 배우는 것은 지식의 경계를 보면서 그 너머에 무엇이 있는지 궁금해하는 행위다. "왜?"라고 묻는 것이 핵심이다. 스페인에서 일어난 사건에 관해 묻는 법을 배우기보다는 다른 나라들이 스페인에 어떤 영향을 미쳤는지 물어볼 줄 알아야 한다. 나눗셈만 배우는 것이 아니라 나눗셈의 원리처럼 자기가 모르는 것을 질문하는 법을 배워야 하는 것이다.

　개인이 아는 것은 미미하다. 그렇다고 어떻게 할 수도 없다. 알아야 할 것이 넘쳐난다. 물론 사실과 이론을 배워 기술을 개발할 수 있다. 하지만 다른 사람들의 지식과 기술을 활용하는 법도 배워야 한다. 사실 이것이 성공의 열쇠다. 우리가 접근할 수 있는 지식과 기술은 대부분 남들에게 있기 때문이다. 지식 공동체에서 개인은 퍼즐 맞추기의 한 조각일 뿐이다. 자기가 어디에 끼워 맞춰지는지 알려면 내가 아는 것뿐 아니라 나는 모르지만 남들이 아는 것이 무엇인지 알아야 한다. 지식 공동체에서 자기 위치를 파악하려면 자기 외부의 지식, 곧 나는 모르지만 내가 아는 것과 관련된 것이 무엇인지 알아야 한다.

〰〰◆─◆─ 지식 공동체와 과학 교육

무엇을 모르는지 아는 것이 중요하다고 생각한 사람이 우리가 처음은 아니다. 이것은 과학 교육자들이 이미 주목한 개념이다. 컬럼비아 대학교에는 2006년부터 "무지"라는 제목의 강의가 개설되었다.[10] 과학자들을 초빙해서 그들이 무엇을 모르는지 논의하는 강의다. 여러 분야의 과학자들이 "그들이 알고 싶은 것, 반드시 알아야 한다고 생각하는 것, 그것을 알아낼 방법, 이런저런 사실을 알아내면 어떻게 되는지, 알아내지 못하면 무슨 일이 생기는지"에 관해 논의한다. 이 강의는 교재에 없는 내용에 주목해 학생들에게 알지 못하는 것과 알 수 있는 것에 관해 생각해보게 한다. 학생들이 모르는 것만이 아니라 과학계 전체가 모르는 것에 주목해서 학생들 스스로 과학계의 한계가 어디인지 질문을 던지게 한다는 취지다. 학생들은 과학 이론과 관련 자료를 생각할 뿐 아니라 공동체가 완벽히 밝혀냈거나 밝혀내지 못한 것을 이해해야 한다.

모르는 것을 배우는 좋은 방법은 해당 지식 분야에서 연구를 수행하며 배우는 것이다. 과학자는 자기 분야의 최전선에서 연구한다. 과학자의 소임은 미지의 것을 지식으로 만드는 작업이다. 따라서 과학자처럼 행동하는 법을 배우려면 미지의 것을 밝혀내야 한다. 여러 분야의 협회에서 과학 교육에 대한 이런 접근법을 옹호한다. 미국사회과교육자협회National Council for the Social Studies[11]에서는 역사학자처럼 역사를 공부해서 역사를 배우는 방법을 강조한다.[12] 미국국립학술연구원U.S. National Research Council, NRC에서는 "과학의 본질"[13]이라는 훈령에서 과학을 가르치기 위한 철학[14]을 소개한다. 이를테면 과학 교육은 실제 과학을 반영해야 하고 학생들은 실제 과학을 연구하는 방식으로 학습해야 한다고 주장한다. 하지만 이런 개념을 내세우기는 쉬워도 실천하기는 어렵다. 대체로 NRC의 훈령을 따르지 않는다. 세계의 주요 과학 학술지—이름도 적절하게 《사이언스Science》—의 편집장에 따르면 대학의 과학 개론 수업 수준에서도 실제로 과학을 연구하는 방식을 배우기보다 사실을 암기하는 교육을 중시한다. 초등학교, 중학교, 고등학교에서는 문제가 더 심각하다. 교육 이론가 데이비드 퍼킨스David Perkins는 "과학 교재는 피상적이고 일관성 없는 정보로 두툼해졌다"고 말한다.[15] 각자가 나름의 의도를 가지고 교재를 만들었기 때문이다. 이를테면 다양한 이익단체와 학자 들이 모여서 제각각 선호하는 주제를 집어넣으려고 하기 때문이다. 모두의 취향을 충족시키려다 보니 교재가 아무런 영혼도 없는 사실과 개념의 장황한 설명—굵직한 통합의 원칙도 없는 설명—으로 가득해져 결국 아무도 만족시키지 못한다.

이제부터는 이 책의 저자들이 조금 안다고 주장하는 과학을 좀 더 자세히 들여다보자. 실제로 과학을 어떻게 하는가? 과학자들은 혼자 실험실에 들어앉아 자연의 신비를 밝혀내는 것이 아니다. 과학은 공동체가 하는 일이다. 인지 노동의 분배가 일어나야 한다. 곧 과학자는 자기 분야의 전문가이고 과학 지식은 과학자의 공동체로 분산된다. 인지 노동을 분배한다는 것은 과학자 한 사람의 지식은 적기 때문에 지식의 총합은 모두에게 달렸다는 뜻만은 아니다. 인지 노동의 분배가 항상 일어나므로 공동체는 과학자가 수행하는 모든 활동에 스며든다는 뜻이다. 과학자가 사용하는 모든 기술, 과학자가 제기하는 모든 이론, 과학자가 가진 모든 개념이 공동체에 의해 가능해진다.

예를 들면 당신은 식물이 어떻게 번식하는지 알아내고 싶은 현대의 분자생물학자다. 엄마 식물과 아빠 식물의 DNA가 어떻게 결합하고 어떻게 복제되어 아기 식물이 만들어지는지 알아내려고 한다. 당신은 세포에 관한 정보를 전달하는 데 RNA라는 분자가 어떤 역할을 하는지에 관한 새로운 연구 결과를 읽는다. 결과를 받아들이기 전에 동일한 실험을 직접 해보았는가? 그런 일은 거의 없다. 그래봐야 남의 연구를 반복하느라 시간과 자원만 소진할 뿐이다. 대신 그냥 결과를 믿는다(당신이 읽은 연구가 틀렸을 가능성도 염두에 둔다). 마찬가지로 자료를 분석하는 멋진 방법을 새로 배웠다고 해서 직접 모든 증거와 근사치를 확인하면서 그 방법을 확인하지는 않는다. 그러면 이미 출간된 책을 전부 다시 쓰는 데 걸리는 것보다 시간이 더 많이 들 것이다. 공동체에서 어떤 방법이 좋다고 알려주면 보통은 그냥 그 방법을 따른다.

과학에서는 정당성을 입증하는 것이 관건이다. 정당성을 입증할 수 있는 결론에만 도달한다. 정당성을 입증하는 양식은 다양하다. 우선 직접 관찰하는 방법이 있다(현미경으로 정자와 난자가 수정되는 순간 아버지의 염색체가 어머니의 염색체와 결합하는 과정을 관찰할 수 있다). 다른 방법으로 추론이 있다 (유전학자 그레고르 멘델Gregor Mendel은 부모에게서 자식으로 특질이 전달되는 과정을 관찰해서 염색체의 존재를 추론했다).

하지만 과학의 결론은 대개 관찰이나 추론에 기초하지 않는다. 그보다는 교재나 학술지 논문이나 전문가 지인에게 들은 내용과 같은 권위에 근거를 둔다.[16] 지식 공동체의 한 역할이기도 하다. 직접 입증하기에는 시간과 비용이 지나치게 많이 들거나 입증하기 어려울 때 공동체에서 사실을 제공하는 것이다. 지식 공동체는 우리의 지식에서 방대한 세부 정보를 채워준다. 모든 사람의 이해는—과학자든 아니든—타인의 지식에 의존하므로 학생으로서는 사실과 정당성을 직접 알아내기보다 이미 알려진 사실과 남들이 정당화할 수 있는 사실을 이해하는 것이 더 중요하다. 분자생물학자의 실험실에서는 완전히 이해하지는 못하지만 분자생물학 공동체에서 널리 받아들여진 도구와 방법론을 활용해야 연구가 진전을 보인다. 대개의 지식은 과학자의 머릿속에 저장되어 있지 않으므로 과학자도 남들처럼 신뢰를 토대로 연구한다. 우리는 자동차가 굴러가게 만드는 놀라운 기술을 잘 모르는 채로 운전하고, 스위치의 작동 원리도 모르는 채로 전등을 켠다 (요즘 스위치는 생각보다 복잡하다). 과학자들이 진실이라고 간주하는 것은 대부분 믿음의 영역이다. 신에 대한 믿음이 아니라 남들이 진실이라고 말하는 것을 믿어주는 것이다. 이런 믿음이 종교적 믿음과 다른 점은 더 높은 힘에 기댈 수 있다는 점이다. 바로 입증의 힘이다. 과학적 주장은 확인할 수 있다. 과학자가 결과를 사실대로 밝히지 않거나 실수를 저지른다면 결국 발각된다. 중요한 주제에 관한 연구라면 다른 누군가가 같은 실험을 반복했을 때 동일한 결과가 도출되지 않을 것이기 때문이다.

과학자는 진실을 중시하지만 일상의 행동은 진실 탐구보다는 지식 공동체에 수반되는 사회생활에서 나온다. 제인 도$^{Jane\ Doe}$라는 연구자가 학자로서 성공하는 동안 실험실에서 발견한 중요한 결과가 얼마나 많은지는 부차적인 영향만 미친다. 하버드에서 종신 교수직을 받고 계속 대학에 남으려면 저명한 매체에 연구가 노출되어야 한다. 따라서 연구를 진행하는 노력만큼 연구의 중요성을 알리는 노력도 연구자의 필수 업무다. 그리고 연구를 알리려면 동료 검토자와 편집자에게 유명한 매체에 실어도 된다고 확신을 주는 논문을 써야 한다. 과학자들은 이렇게 끊임없이 서로의 기여도를 평가한다. 좋든 싫든 평가는 사회적 과정이다.

과학자들은 또한 자금과 자원을 확보해서 연구를 진행하고 학생과 조교들에게 연구비를 지급하고 회의와 워크숍 같은 공동체 행사에 참여하기 위해 각지를 돌아다녀야 한다. 자원은 다른 사람들, 이를테면 정부 당국과 재단과 협회에서 나온다. 자원을 누구에게 나눠줄지 결정하는 사람들 중 일부는 다른 과학자들이다(그밖에 정치인과 기업 관계자 들도 있다). 따라서 과학자들은 이들을 찾아가서 연구비를 대주면 공동체(혹은 기부자의 개인적인 관심사)에 유익할 것이라고 설득해야 한다. 과학자가 공동체에 의존하는 또 하나의 방식이다.

따라서 과학 교육이 과학 자체를 반영해야 한다고 믿는다면 과학 교육에서는 학생들이 다른 사람들의 지식에 의존하도록 훈련시켜야 한다. 그러면 신중하며 환경과 조화를 이루는 개인을 길러낼 수 있다. 법적인 이유에서도 중요하다. 과학자가 아니어도 과학 지식을 바탕으로 해로운 결과를 예상하지 못한 책임을 져야 할 수 있다. 우리 저자들 중 한 사람은 어릴 때 가정용 백색 청소 세제를 코카인이라고 속여 판 사람의 이야기를 들었다. 아주 어린 나이였지만 그런 행동이 불법일 뿐 아니라 악한 행동이라는 것은 알았다. 생각할 수만 있다면 생화학을 모르더라도 사람이 가루 세제를 흡입했을 때 목숨에 치명적이라는(혹은 더 심각할 거라는) 정도는 안다. 또한 엔진오일을 하수구에 버리면 환경에 어떤 종류의 심각한 영향을 끼치는지 모른다고 해도 실제로 아주 나쁜 영향을 준다. 무지는 변명이 되지 않는다. 과학자가 아니고서야 자기가 한 행동의 결과를 제대로 이해하기는 어렵지만 꼭 과학자가 아니어도 결과에는 책임을 져야 한다. 따라서 일상의 행동은 과학자의 지식에 의존해서 법의 테두리를 넘지 않아야 한다. 삶의 모든 영역에서 지식은 상호 의존적이다. 내가 법적으로 책임지는 지식이 꼭 내 머릿속에 들어 있어야 하는 것은 아니다.

요즘은 지식의 상호 의존성이 과거 어느 때보다 중요해졌다. 과학의 다양한 분야가 학제 간 연구로 확장되는 추세라서 여러 학과를 아우르는 지식의 범위가 그만큼 넓어졌기 때문이다. 따라서 과학 연구에 필요한 모든 지식을 섭렵하는 것은 불가능하다. 우리들의 전공인 인지과학 분야가 좋은 예다. 최근에 나온 인지과학의 여러 획기적인 방법은 매우 다양한 분야에서 왔다. 앞에서 설명했듯이 컴퓨터 과학은 항상 인지과학에서 중요한 역할을 했다. 또 인지학자들은 신경과학에서 개발된 방법을 사용한다. 물리학은 뇌 기능을 측정하는 데 쓰이는 기계에 기여하고 학습과 정보의 흐름에 관한 복잡한 수학 모형도 제공했다. 이 책은 인류학과 문화심리학과 사회심리학의 개념을 인지심리학자들이 융합한 결과물이다. 우리는 이 책이 많은 연구의 방향을 바꿔주기 바란다. 이 책에서 논의한 개념을 여러 분야의 연구자들이 읽고 융합해주기 바란다.

이처럼 더 크고 다양한 공동체로 나아가는 추세를 보여주는 한 지표로서 학술지 논문의 평균 수치는 단순히 증가하기만 한 것이 아니라 엄청난 비율로 폭증했다. "MEDLINE"은 생의학 분야의 논문 수백만 건을 담은 데이터베이스다. 논문 한 편의 평균 저자 수는 1950년에 약 1.5명에서 2014년에는 거의 네 배나 증가한 5.5명에 이른다.[17] 논문 한 편을 발표하기까지 여섯 명에 가까운 과학자의 노력과 전문 지식이 필요하다는 뜻이다. 다른 여러 지식 분야와 마찬가지로 과학 공동체도 팀워크를 중심으로 굴러간다.

과학 교육에서도 과학 이론과 사실만 가르쳐서는 안 된다. 학생들은 지식의 한계에 주목하고 공동체 안에서 공부해 지식의 공백을 메우는 방법을 배워야 한다. 누구를 신뢰해야 하고 실제 전문 지식이 어디에 있는지 배워야 한다. 누군가 과학적 주장을 펼칠 때 그 사람이 하는 말을 믿어야 할까? 과학자든 아니든 누구에게나 중요한 질문이다. 자기를 믿기보다 전문가를 믿어야 할 때가 많기 때문이다.[18]

직접 딴 버섯을 먹을지 말지 판단해야 할 때는 버섯 따는 취미를 가진 친구가 말해주는 경험법칙(가령 파라솔 모양의 버섯은 피하라는 조언)을 따르거나 전문가에게 물어볼 수 있다. 아니, 전문가에게 반드시 물어봐야 한다. 특히 자식에게 버섯을 먹이려고 한다면 전문가에게 물어볼 책임이 있다. 살다 보면 전문가에게 조언을 구하는 것만이 유일하게 양식 있는 행동일 때가 많다. 예컨대 피부에 생긴 이상하고 평편한 변색 부위가 뭔지 모를 때, 자동차의 제동장치에서 연기가 날 때, 평생 모은 저축으로 괜찮아 보이는 신생 회사(혹은 브루클린의 다리)의 주식을 살지 고민할 때, 다이어트 콜라와 염산을 섞어서 포크와 나이프의 녹을 닦아낼지 고민하는 중이라면 전문가에게 문의해야 한다.

당신이 얻는 조언이 전문가의 조언인지 어떻게 알까? 배경의 과학을 이해하면 주장을 직접 평가할 수 있다. 그러나 대다수 사람은 그만한 지식을 갖추지 못했다. 다음으로는 그 주장이 반복 검증이 가능한 증거를 근거로 하는지 아니면 친구의 친구에게서 전해 들은 지혜인지 따져볼 수 있다. 동료 연구자들의 평가를 거쳐서 과학 학술지에 게재되었는가? 〈뉴욕타임스 New York Times〉에 실렸는가? 슈퍼마켓에서 파는 타블로이드 신문에 실렸는가? 과학의 특징—과학적 절차, 과학 사기의 사례, 동료 평가의 특징, 과학적 변화와 불확실성—을 이해해야 과학적 주장을 평가하기 위한 기술을 습득할 수 있다.

과학의 경제학을 이해하는 것도 중요하다. 나쁜 과학으로 수익을 내는 사람은 누구인가? 신빙성이 부족한 연구를 내세워서 자기네 제품이 효과가 있다고 주장하는 건강 보조 식품 제조업체만이 아니다. 사람들은 다양한 방식으로 과학을 이용해서 수익을 낸다. 영리를 추구하는 매스컴에서는 과학적 주장을 선정적으로 다루면서(사실 뇌의 사랑 중추는 아직 발견되지 않았다) 지나치게 단순화한다. 실제로 과학자들은 매체가 그들의 연구를 다루는 방식에 자주 실망한다. 뉴스에서도 연구를 제대로 소개하는 경우가 드문 것은 물론 기이하고 잘못된 방식으로 소개할 때가 많기 때문이다. 그래서 과학자들은 뉴스의 과학 관련 보도를 걸러서 듣는 편이다. 교육의 한 가지 목적은 과학자가 아닌 사람들도 매체 정보를 비판적으로 받아들이게 해주는 데 있다. 독자들이 충분히 비판적인 시각을 기르면 매체도 과학 관련 뉴스를 제대로 보도하려고 노력할 것이다.

교육의 핵심은 어떤 주장이 타당한지, 누가 아는지, 그 사람이 진실을 말해줄 것 같은지를 배우는 과정이다. 명쾌한 답은 없다고 해도 교육받은 사람이 교육받지 못한 사람보다 분명 더 나은 판단을 내릴 것이다. 비단 과학만의 사정은 아니다. 법이든 역사든 지리학이든 문학이든 철학이든 우리가 가르치는 모든 학문에 해당된다.

〰️ ⦿ ─ 학습 공동체

이상의 논의가 실제 교실에는 어떤 의미를 줄까? 듀이의 조언을 받아들여 "한 개인"[19]을 가르치기보다는 세계와 타인에게 의지해 학습하고 상호작용해 사실을 알아내[20] 정보를 보유하는 인간을 교육해야 한다.

교육학자 앤 브라운Ann Brown은 몇몇 기관에서 짧지만 인상적인 경력을 쌓으면서 좋은 교육법을 찾아냈다. 학습자 육성 공동체Fostering Communities of Learners라는 프로그램을 통해 학습에서 팀워크의 중요성에 주목한 것이다. 이 프로그램에서는 초등학교의 한 학급을 대상으로 동물이 어떻게 사는가와 같은 주제를 내준다. 학급을 두 개의 연구 집단으로 나누어 각각 다른 구성 개념에 주목하게 한다. 가령 한 집단은 동물의 방어 방식에, 다른 집단은 포식자-피식자 관계나 비바람으로부터의 보호 전략이나 번식 전략에 주목하게 한다. 집단마다 다양한 자원—교사, 초빙 전문가, 컴퓨터, 문서 자료 등—을 활용하지만 궁극적으로는 각 집단이 연구를 책임진다. 교사는 최소한으로 개입한다. 학생들은 각자의 집단에 주어진 주제를 섭렵해서 그에 관해 가능한 한 많이 학습해야 한다.

그다음으로 인지 노동을 분배한다. 각 연구 집단의 구성원을 한 명씩 포함해서 전체 학급에 발표하는 교수 집단을 재구성한다. 이 과정을 조각 그림 맞추기라고 부른다. 학생이 퍼즐의 한 조각처럼 하나의 역할을 하기 때문이다. 이제 학생들에게 완성해야 할 퍼즐이 주어진다. 가령 "미래의 동물을 설계"하는 과제를 내줄 수 있다. 각 학생은 첫 단계를 마치면 그 주제의 전문가가 된다. 따라서 2단계의 교수 집단은 집단이 풀어야 할 퍼즐의 요소들을 잘 아는 전문가들로 구성된다.

이런 집단 구성 및 재구성 전략에서 지식 공동체의 모형을 엿볼 수 있다. 앤 브라운은 이렇게 말한다.

전문 지식은 계획적으로 분산되지만 한편으로는 학생들이 각기 다른 지식 분야에 집중하면서 자연스럽게 습득한 결과이기도 하다. 학습과 교육은 연구와 실무의 공동체를 이루고 유지하고 확장하는 과정에 크게 의존한다. 공동체 구성원은 서로에게 많이 의존한다. 인간은 누구도 섬이 아니고, 모든 것을 다 아는 사람은 아무도 없으며, 생존에는 공동의 학습이 필요하다. 이런 상호 의존성은 공동 책임의 분위기와 상호 존중과 개인과 집단의 정체성을 촉진한다.[21]

이런 전략은 최고의 성과—흥미로운 동물 생각해내기—를 올리는 데만이 아니라 학생들에게 동물의 생태에 관해 가르치는 데도 효과적이다. 학생들은 조각 그림 맞추기에서 연구 집단에 들어가 함께 생각을 나누고 새로운 아이디어를 찾아내면서 서로에게 영향을 미친다. 집단 사고는 개인이 연구에 빠져들 수 있는 풍부한 지적 환경을 조성한다.

모두 인상적인 결과다. 앤 브라운이 1999년에 쉰다섯의 이른 나이로 세상을 떠나지 않았다면 훌륭한 연구가 더 많이 나왔을 것이다. 앤 브라운

이 위의 연구에서 중요하게 꼽은 한 가지는 교실의 다양성[22]을 위한 논거를 제시한다는 점이다. 학습과 수행에서는 전문 지식의 범위가 넓을수록 유리하다. 다양한 배경과 계층, 성별, 인종으로 집단을 다채롭게 구성하면 범위가 더 넓어진다.

이런 공동체 학습을 초등학교 이상에서 적용하지 못할 이유가 없다. 전문 지식을 먼저 학습하고 그 지식을 각기 다른 전문 지식을 학습한 사람들의 집단에 적용하는 교수법은 보편적으로 적용할 수 있다. 예를 들어 대학생들에게 각자 다양한 기초 과학 수업을 듣게 하고, 다음으로 각기 다른 과정을 이수한 학생들을 집단으로 묶어 집단마다 다른 과제를 내준다. 가령 물 사용량을 줄이는 과제나 더 나은 컴퓨터 인터페이스를 설계하는 과제 말이다. 이런 집단은 공통의 관심사나 친구 관계로 구성된 집단보다 더 생산적이고 창의적일 수 있다.

조각 그림 맞추기 외에도 다양한 공동체 학습 기법이 시도되어 얼마간의 성과를 냈다. 주로 "또래 교육"[23]이라는 이름을 단 이런 기법에는 동료 가르치기와 공동 학습과 동료 협력이 포함된다. 이 기법을 활용할 때는 동료 집단이 작업장과 자원을 공유해야[24] 최상의 성과를 거둘 수 있으며 집중력과 공동 작업이 효과적으로 분배된다. 그밖에도 다른 학습 원리를 활용하지 못할 이유가 없다. 가령 자신이 아는 것을 타인에게 직접 설명해보면[25] 학습이 잘되므로 이 방법도 시도할 수 있다.

모두에게 모든 것을 가르치려고 해봐야 소용없다. 그보다 개인의 강점에 주목해서 각자 가장 잘하는 역할을 제대로 수행하게 해주는 편이 낫다. 그리고 다른 사람들과 함께 일하는 기술, 이를테면 공감이나 경청의 기술도 중요하게 다루어야 한다. 사실을 가르치는 데만 급급할 것이 아니라 생각의 기술을 가르쳐 의사소통을 통해 생각을 나누게 해야 한다. 이것이 바로 직업을 구하는 데 필요한 교육[26]과는 다른 교양 교육의 가치다.

이런 교육 전략은 사람들이 과학만이 아니라 전반적인 정보를 건강한 방식으로 소비하게 만드는 데 목적이 있다. 누구나 의심의 눈으로 매체를 해독해야 한다. 일상적인 선정성과 무지한 보도 이외에도 사악한 의도를 담은 거짓 정보를 조달하는 사람들에게 경종을 울리는 뉴스가 있다. 에이드리언 첸Adrian Chen은 〈뉴욕타임스〉에 러시아의 "댓글 농장"[27]에 관한 기사를 썼다. "댓글 농장" 직원들은 주로 여러 개의 가짜 ID를 만들어 블로그나 소셜 미디어에 게시물을 올리고 뉴스 사이트의 댓글란을 점령해 친정부적이고 근거 없는 정보를 퍼트린다. 사실 정치와 상업 모두에서 일상적으로 벌어지는 일이다. 마케팅 에이전시에서는 항상 제품에 관한 고객들의 긍정적인 평가를 게시한다. 다만 새로운 것이 있다면 첸이 인터넷 리서치 에이전시라는 회사를 최근의 몇몇 거짓 뉴스와 연결했다는 점이다. 그중에는 2014년 9월 11일에 루이지애나주 세인트 매리 패리시에서 화학 공장이 폭발했다는 가짜 뉴스도 있다. 그 당시 화학 공장이 폭발했다는 보도가 다양한 소스를 통해 삽시간에 퍼져나갔다. 미국 국토안보부의 지역 책임자에게 간 문자를 비롯한 수많은 문자 메시지, 기자와 정치인들에게 간 트윗, 충격적으로는 이 사건이 전국 뉴스로 보도되었다고 보여주는 CNN 웹 사이트의 스크린샷, IS가 자기네 짓이라고 주장하는 텔레비전 보도를 시청하는 남자의 모습이 담긴 유튜브 동영상, 지역 TV 언론사의 미러 사이트(mirror site, 다른 사이트와 내용은 같으면서 주소는 다른 웹 사이트-역주), 이 사건을 다룬 위키피디아 페이지까지 모두 날조된 정보였다. 다행히 우리가 일상적으로 소비하는 정보의 출처가 이렇게 사악한 경우는 드물다. 하지만 신뢰하지 못할 뉴스도 상당히 많으니 항상 경계해야 한다.

우리는 타인에게 의존해서 지식을 얻는다. 그러니 우리의 이런 특성을 악용해서 거짓을 퍼트리는 사람들에게 취약할 수밖에 없다. 학생들에게 과학을 가르치고 정확한 진술과 쓰레기 정보를 구별하게 해주는 교육은 단순히 보고서 쓰는 법을 가르쳐주는 것 이상의 의미를 갖는다.

chapter. TWELVE

더 똑똑하게 결정하기

수전 우드워드Susan Woodward는 미국증권관리위원회U.S. Securities and Exchange Commission와 미국 주택도시개발부U.S. Department of Housing and Urban Development 의 수석 경제학자로 일한 금융경제학자다. 주로 사람들이 바람직한 재무 결정을 내리도록 도와줄 방법을 연구했다.

우드워드는 학계에서 금융을 가르치기 시작하면서 스탠퍼드, UCLA, 로체스터 대학교를 거쳤다. 금융과 경제학을 전공한 우드워드는 소비자들이 정보를 충분히 알아보고 최선의 이익을 보장하는 선택을 할 것이라고 믿었다. 하지만 미국 주택도시개발부에 들어가서 소비자들과 소통하기 시작하면서 이 믿음이 흔들렸다. 처음으로 무엇인가 빠졌다고 감지한 때는 연방주택관리국 융자라는 정부 보조 담보 대출의 금리를 들여다보면서부터였다. 이 융자는 다른 것들과 비슷한 혜택을 제공하므로 대출자에게 부과되는 이자율이 크게 차이가 나서는 안 되는 데 차이가 있었다. 우드워드는 이런 차이가 발생한 원인을 대출자들이 담보 대출 약관을 제대로 이해하지 못하고, 대부업체들은 이런 허점을 악용한 탓으로 보았다. 대부업체들은 대출자의 이해 수준을 평가해서 정보를 충분히 숙지하지 못한 사람들에게 불리한 조건을 제시하는 것으로 보았다.

이후 우드워드는 정부의 다른 부서와 민간 기관으로 옮기면서 뮤추얼 펀드 같은 금융 산업을 연구했다. 그사이 모든 유형의 재무 결정에 대한 사람들의 이해가 극히 제한적이라는 증거가 계속 쌓였다. 우드워드는 전반적으로 이렇게 평가했다. "나는 SEC증권관리위원회에서 일할 때 포커스 그룹뿐 아니라 누가 이런 문제를 이해하는지 알아보는 조사 연구에 참여하기 시작했다. 그리고 거의 아무도 모른다는 결과가 나왔다."

우드워드의 통찰은 연구 증거로 뒷받침된다. 재무 관련 의사 결정을 내릴 때는 저축이나 부채가 시간이 흐르는 동안 어떻게 변화하는지를 평가하는 것이 가장 중요하다. 오늘의 결정은 미래에 대한 기대에 달렸다. 오늘 저축을 시작하는 이유는 앞으로 돈이 필요할 때 절벽으로 내몰리지 않기 위해서다. 사람들이 주택 담보 대출이나 자동차 대출을 부담 없이 신청하는 이유는 적당한 기간 안에 상환할 것이라고 예상하기 때문이다. 사람들은 변화가 단조로울 때는 수량이 얼마나 변하는지 잘 맞히는 편이다. 어떤 것이 꾸준히 변한다면 그래프에서 변화의 추이가 직선으로 그려지기 때문에 선형線形적 변화라고 부른다. 매달 20달러씩 침대 밑에 넣어두면 1년 뒤 240달러가 침대 밑에 있을 것이라고 예측하기는 쉽다(12개월 동안 매달 20달러씩 선형적으로 증가한다). 그러나 금융은 비선형적으로 변화하는 경우가 많아서 대다수 사람이 이해하기 어렵다. 그래서 실제로 나쁜 결정을 내리기도 한다.

저축 행동이 좋은 예다. 사람들은 대개 저축을 충분히 많이 하지 않고 충분히 빨리 시작하지도 않는다. 사람들이 저축하지 않는 이유에는 여러 가지가 있지만 무엇보다도 복리의 위력을 이해하지 못하기 때문이다. 예금 계좌에 이자가 붙으면 이자가 예금에 쌓이고 예금이 불어난다. 그러면 증가한 예금에 이자가 더 많이 붙어서 예금이 더 불어난다. 따라서 예금이 증가하는 것은 비선형적이다. 몇 년 지나면 실제로 복리가 증가한다. 하지만 사람들은 이런 복리의 원리를 이해하지 못한다. 대신 예금이 증가하는 것을 선형적 변화로 간주한다. UC 샌디에이고의 심리학자 크레이그 맥켄지Craig McKenzie와 현재 메릴린치 자산 관리의 행동금융 책임자 마이클 리어쉬Michael Liersch는 한 연구에서 사람들에게 다음과 같이 물었다.

연이율이 10퍼센트씩 붙는 퇴직 적금 계좌에 매달 400달러씩 저축한다고 해보자. (예금은 한 푼도 인출하지 않는다.) 10년, 20년, 30년, 40년 후 계좌에 들어 있는 금액(이자 포함)은 얼마일까?[1]

정답은 얼마일까? 응답자들이 예상한 40년 후 적금의 중앙값은 22만 3000달러였다. 사실 정답은 약 250만 달러다. 이것이 복리의 힘이자 저축을 일찍 시작하고 자주 했을 때 보는 혜택이다.

선형적 사고로 금융을 오해하는 예를 하나 더 들어보자. 신용카드 채무가 있는가? 그렇다면 매달 고지서를 받고 얼마를 상환할지 결정해야 한다. 고지서의 정보에는 최소 지급액이 있다. 신용카드 회사에 지급해야 하는 최소 금액을 의미한다. 대개 이런 최소 금액을 지급하는 방식을 선택한다. 최소 지급액을 선택할 생각이라면 채무를 상환하는 데 얼마나 걸릴지 따져보라.

듀크 대학교의 경영학 교수 잭 솔Jack Soll과 동료들의 연구에서는 사람들이 비선형적 특성을 제대로 이해하지 못해서 상환에 필요한 시간을 과소평가할 수 있는 것으로 나타났다.[2] 가령 연이율 12퍼센트로 1만 달러를 대출하고 매달 110달러씩 상환한다고 해보자. 채무를 청산하기까지 얼마나 걸릴까? 답을 알면 놀랄 것이다. 241개월, 그러니까 20년이 조금 넘게 걸린다. 이렇게 오래 걸리는 이유를 알아보자. 첫 달에 내는 110달러는 대출금에 대한 이자 100달러(총 이자 1200달러의 12분의 1)에 원금 10달러를 더한 금액이다. 두 번째 달에도 비슷하지만 이번에는 원금이 약간 줄어들고 원금에 대한 이자도 조금 줄어든다. 지급금이 이자보다 조금 높은 정도라서 대출 청산 시기가 한참 뒤로 미뤄진다. 갚아야 할 원금이 0에 가까워지는 사이 청산 시기는 무한정 미뤄진다. 그러나 지급금을 늘리면 청산 시기가 급격히 빨라진다. 지급금을 매달 10달러에서 120달러로 늘리면 5년 일찍 대출을 청산할 수 있다.

241개월도 긴 시간이지만 무한대보다는 짧다. 2003년 이전에는 신용카드 회사가 최소 지급금을 원하는 만큼 낮게 책정할 수 있었다. 어떻게 되었을까? 많은 사람이 최소 지급금을 지불했다. 이것은 때로 이자도 안 되는 금액이었다. 그래서 사람들은 무한정 채무 상태로 남았다. 때로는 채무가 늘어나기까지 했다! 비선형 함수를 이해하지 못한 순진한 사람들은 한 달 동안 "제 역할을 다하고도" 다음 달에 똑같은 신용카드 고지서를 받아보고서 화가 치밀었을 것이다.

2003년에 신용카드 회사에 "합리적인 기간 동안" 채무를 청산하는 수준으로 최소 지급액을 설정하도록 강제하는 법이 통과되었다. 은행에서는 최소 지급금 설정과 관련해서 다른 규칙을 선택한다. 예를 들어 체이스Chase 은행은 최소 지급금이 이자와 원금의 1퍼센트 이상을 포함하도록 결정했다.[3]

주택 담보 대출은 난해한 비선형 그래프를 그리는 또 하나의 사례다. 주택 담보 대출은 주로 채무 기간 내내, 주로 15년이나 30년 동안 매달 동일한 금액을 지급하는 방식이다. 매달 지급금의 일부는 이자를 갚고 일부는 원금을 상환한다. 채무 기간이 길면 매달 지급금이 줄어들고 매달 원금의 상환금이 적으면 다음 달에 남은 원금에 대해 지급해야 할 이자가 늘어난다. 가령 이자율 5퍼센트로 25만 달러의 주택 담보 대출을 받는다고 해보

자. 15년에 걸쳐 상환하면 은행에 총 35만 5000달러를 지불한다. 대출금 25만 달러와 이자로 약 10만 5000달러를 지급하는 셈이다. 대신 35년 대출을 선택한다면 은행에 총 48만 3000달러를 지급하게 되고, 이자로 15년 대출이자의 두 배가 넘는 23만 3000달러를 낸다. 실제로는 차이가 더 클 수 있다. 대개 채무 기간이 짧을수록 이율이 좋기 때문이다. 이렇게 큰 차이에 놀라는 이유는 역시나 비선형 문제이기 때문이다. 주택 담보 대출을 받는 사람들은 대출이 어떻게 작동하는지 제대로 이해하지 못한다. 대신 매달 지급금을 최소로 줄이려는 시도처럼 단순한 추단법(시간이나 정보가 충분하지 않거나 체계적이고 합리적인 판단을 할 필요가 없는 상황에서 재빨리 하는 어림짐작-역주)을 채택하는 경향이 있다.

ᚊᚊᚊ●━●━ 설명에 열광하는 사람과 적대적인 사람

이해는 깊이가 얕다. 비단 재무 결정을 내릴 때만이 아니다. 사람들은 어떤 물건을 사든 세세한 부분까지 관심을 갖지 못한다. 일회용 밴드를 사러 가서 새로운 기능을 광고하는 근사한 제품을 발견했다고 해보자.

밴드 안쪽에 기포가 있어서 베인 상처를 빨리 낫게 해준다.

돈을 더 주고 이 제품을 사겠는가? 살 수도 있지만 이런 의문이 들 수도 있다. 기포가 어떤 작용을 할까? 설명이 조금 나온다면 그것을 믿고 돈을 더 낼 가능성이 높아진다. 거의 모든 사람이 약간의 설명에 만족하는 것으로 나타났다.[4] 일회용 밴드 광고에 아래와 같이 설명을 덧붙이자 사람들은 이 제품을 더욱 좋아했다.

기포가 상처 부위의 공기 순환을 향상시켜서 세균을 죽인다. 그래서 베인 상처가 더 빨리 낫는다.

사람들은 밴드에 기포가 들어 있는 이유를 읽고 인과관계를 이해했다. 하지만 이 설명도 사실 매우 피상적이다. 기포가 공기 순환을 높이는 방식이나 공기 순환으로 세균이 죽는 이유는 말해주지 않는다. 마침 사람들도 이런 구체적인 질문의 답까지는 원하지 않았다. 우리는 설명을 조금 더 덧붙여 보았다.

기포로 인해 밴드 안쪽이 상처에서 떨어져 공기가 순환한다. 공기 중의 산소가 세균의 대사 과정을 방해해서 세균을 죽이고 상처가 더 빨리 아물게 해준다.

이런 설명을 덧붙이자 제품에 대한 평가가 하락했다. 인과관계 설명이 지나치게 길어지자 흥미가 떨어진 것이다.

사람들은 대체로 결정을 내릴 때 **설명에 적대적**이다. 골디락스 (Goldilocks, 너무 뜨겁지도 너무 차갑지도 않은 딱 적당한 상태-역주)와 비슷하다. 설명의 구체성에는 지나치게 간략하지도 지나치게 상세하지도 않은 적당한 지점이 존재한다는 뜻이다. 예외인 사람들도 있다. 이들은 선택을 내리기 전에 세부 정보를 모두 숙지하고 싶어 한다. 며칠씩 정보를 찾아 읽고 모든 새로운 기술을 상세히 습득한다. 이런 사람들을 **설명에 열광하는 사람**이라고 한다.

두 유형의 차이를 어떻게 설명할까? 4장에서 다룬 인지 성찰에 답이 있다. 인지 성찰 검사에서 높은 점수를 받은 사람은 스스로 얼마나 잘 이해하는지 성찰하기 때문에 속임수 질문에 넘어가지 않는 편이다. 만족스러운 설명에 대한 기대치도 높다. 이런 사람들에게는 첫 번째의 피상적인 설명은 물론 두 번째 설명도 충분하지 않다. 더 많이 알고 싶어 한다. 하지만 대다수 사람은 설명에 적대적이다. 세 번째 설명이 나오기도 한참 전에 만족한다. 세부 정보를 너무 많이 붙이면 제품이 복잡하다고 느낄 뿐이다. 세균의 대사 과정이 일회용 밴드를 고르는 것과 관련이 있을지 누가 알겠는가? 또 누가 관심이 있겠는가?

그러면 설명에 열광하는 편이 나을까, 적대적인 편이 나을까? 정답은 없다. 둘 다 장단점이 있다. 세상은 복잡하고 모든 것을 다 알기란 불가능하다. 시간을 투자해서 별로 중요하지도 않은 세부 정보를 숙지하면—설명에 열광하는 사람들처럼—시간 낭비일 수 있다. 게다가 자기 전문 분야—가정

용품이나 클래식 자동차나 오디오 장비—에서는 설명에 열광하다가도 별로 관심이 없는 문제에서는 설명에 적대적일 때가 많다.

시장은 세부 정보를 원하지 않는 사람들에 맞춰 설정된다. 대개의 광고는 가장 모호한 수준의 타당성에 의존한다. 광고는 광고주가 원하는 대로 시청자의 공감을 살 만한 개인(평범해 보이는 건설 노동자)이나 시청자가 역할 모델로 삼고 싶어 할 사람(욕정 어린 눈빛의 섹시한 남자)으로 시선을 돌려 제품이 어떻게 시청자의 삶을 향상시켜줄지 모호하게 이야기하면서도 사기성 주장은 피한다. 어느 항우울제 TV 광고에서는 5초 동안 임상 효과 증거를 제시하고 55초 동안 부작용을 설명하면서 배경에는 빛을 바라보고 작은 것에서 기쁨을 찾는 이웃집 여자와 같은 이미지를 보여준다. 다른 광고에서는 간단히 "도움이 됩니다"라고만 말하고 45초 동안 부작용을 설명하더니 역시나 삶을 되찾은 여자들의 이미지를 보여준다. 다만 이번에는 중년 여자들이다. 그냥 섹시한 젊은 남녀가 멋진 시간을 즐기는 모습을 내보내는 맥주 광고보다는 그나마 정보가 있는 편이다.

스킨케어 산업은 설명을 싫어하는 사람들의 관심을 끄는 방식으로 세워진 산업의 좋은 사례다.[5] 화장품 회사는 "DNA를 보수한다"거나 "20년 더 젊어 보이게 해준다"고 약속하면서도 주장을 뒷받침하는 임상 증거는 거의 제시하지 않는다. 그러면서 작은 크림 한 통에 엄청난 가격을 매겨서 돈을 쓸어 모은다. 어떻게 이런 일이 가능할까? 유사 과학의 전문용어로 치장해서 마치 과학적 근거가 있는 것처럼 보이게 만드는 것이다. 스킨케어 산업 전체가 유사 과학을 중심으로 발전했다. "피부 과학 클리닉"에서는 그럴듯한 영상 장치를 들여놓고 "안색 분석 소프트웨어" 같은 시선을 끄는 기술을 선보이지만 사실 임상 증거는 없다. 화장품을 팔기 위한 영업 전략일 뿐이다.

본질을 호도하는 주장과 잘못된 설명에 취약한 인간의 성향은 바꿀 수 없다. 우리가 내리는 온갖 결정에는 세계가 어떻게 작동하는지에 관한 추론이 필요하다. 어떤 다이어트 계획이 가장 효과적인지, 눈 오는 날에는 어떤 타이어가 가장 적합한지, 은퇴 계획으로는 어떤 투자가 최선인지 짐작해야 한다. 세상은 복잡다단하고 결정해야 할 것들의 범위가 너무 넓어서 한 사람이 세세한 부분까지 모두 파악할 수 없다. 고작 일회용 밴드 하나를 사기 위해 세균의 대사 과정까지 공부해야 한다면 다들 상처가 곪아터지게 놔둘 것이다. 그래서 사람들은 그냥 괜찮아 보이는 쪽을 선택하고 대개는 그런 선택이 잘 통한다.

∿●─●─ 해결책은 더 많은 정보가 아니다

소비자의 피상적인 성향을 알면 대개 교육을 통해 무지를 줄이려고 시도한다. 사람들에게 필요한 정보를 가르쳐주면 현명하게 선택할 것이라고 기대하는 것이다.

사람들이 재정 면에서 좀 더 바람직한 의사 결정을 내리도록 많이 시도되어온 방법이다. 재무 관련 결정이야말로 우리가 살면서 내려야 할 가장 중요한 결정(주택 구입, 노후 저축, 대학 학자금)이기 때문이다. 얼마나 많은 사람이 금융 재난의 벼랑 끝에서 살아가는지는 가히 충격적이다. 미국 가정의 경제적 취약성을 보여주는 무서운 통계 수치가 있다. 미국 가계의 4분의 1만이 30일 안에 2000달러를 마련할 수 있다.[6] 사고나 질병이 생기거나 가장이 해고당하면 어떻게 될까? 무서운 통계 수치가 하나 더 있다. 퇴직을 앞둔 미국인들은 평균 3년 동안 생활할 비용만 저축해놓았다.[7] 결코 넉넉한 금액이 아니다.

세계 각지의 정부와 시민단체는 이 문제를 해결하기 위해 재무 교육 프로그램에 수십 억 달러를 투입했다. 그러나 아무런 성과를 거두지 못했다. 2014년까지 발표된 201편 이상의 논문에서 노후 자금 저축하기, 불황에 대비해서 자금 마련하기, 부도 수표와 신용카드 연체 피하기, 신용도 개선하기와 같은 바람직한 재무 행동을 습득할 방법을 알려주는 교육의 효과를 탐색했다. 결과적으로 이런 교육 프로그램은 거의 효과가 없는 것으로 나타났다.[8] 아주 사소한 효과마저 교육을 시작한 지 몇 달 만에 사라졌다. 8장에서 결핍 모형을 기반으로 과학 지식을 높이려고 시도했지만 실패한 사례가 떠오른다.

이런 접근이 잘못된 시도라고 생각하는 데는 이유가 있다. 결정의 무게를 전적으로 개인에게 떠넘기기 때문이다. 결정을 내리는 주체는 개인이므로 현명한 결정을 내리기 위한 교육을 받아야 한다. 그러다 일이 잘못되면 책임은 그 사람 몫이다.

이 책에서 지금까지 살펴본 잘못된 추론을 되풀이하는 셈이다. 우리는 혼자서 결정하지 않는다. 남들이 선택지를 만들어서 우리에게 제시하고 조언한다. 게다가 우리는 남들이 내린 결정을 그대로 따라 할 때도 있다(예를 들어 주식시장의 거물 워런 버핏Warren Buffett이 산 주식을 사람들은 따라 산다). 의사 결정은 공동체의 관점에서 바라봐야 한다. 의사 결정에 필요한 지식은 개인의 머릿속에 있을 뿐 아니라 지식 공동체에 크게 의존한다.

사람들을 호도하는 주장과 잘못된 설명도 지식 공동체에 의존한다. 남들이 대신 생각하게 맡기는 우리의 성향 때문이다. 우리는 그저 공동체를 언급하기만 해도 충분히 이해한다고, 적어도 직접 결정을 내릴 수 있을 만큼 잘 안다고 생각할 때가 많다. 결국 제품에 어떤 장점이 있는지 실질적으로 아무것도 주장하지 않지만 왠지 괜찮아 보이는 제품에 끌린다. "천연"과 "유기농" 같은 표현을 천연이거나 유기농이 아닌 제품에 붙여서 사람들을 호도할 수 있다. 마찬가지로 글루텐 프리gluten-free 식품을 신성시하는 요즘에는 원래 글루텐이 들지 않은 식품에도 "글루텐 프리"라고 표시해 판매하는 것을 자주 볼 수 있다. "생균제probiotic" 상태가 어떤 식으로 건강 보조제에 이익을 주는지 아는 사람이 몇이나 될까?

지식 공동체의 역할을 인정하지 못하는 태도는 포착하기 어려울 수 있다. 사람들은 시장에서 온갖 기술 용어가 깨알 같은 글씨로 적힌 수백 가지의 복잡한 선택지를 헤치고 나가다가 결국 압도당해 포기할 수 있다.

연금 역설이라는 경제학 수수께끼를 살펴보자. 연금의 한 유형으로 보험 증권이 있다. 일시불로 지급하고 남은 평생 매달 정해진 금액을 수령하는 방식이다. 지불금의 액수는 연금을 얼마나 냈고 혜택을 받기 시작한 나이가 몇 살인지에 따라 다르다. 경제학자들은 연금이 좋은 투자인데도 이것을 사는 사람이 거의 없다고 말한다. 소비자들이 연금을 매력적인 투자 대상으로 보지 않는 이유를 밝히는 데 초점을 맞춘 연구가 다수 나왔다. 우선 한 가지 이유는 소비자들이 연금을 이해하지 못하기 때문이다.

우리는 콜로라도 대학교의 동료들과 공동으로 실시한 연구에서 은퇴를 앞둔 사람들을 실험실로 불러 컴퓨터 화면으로 연금 책자를 읽은 후 내용을 평가하게 했다. 그리고 시선 추적기라는 장치로 참가자들이 책자를 읽으면서 정확히 어디를 보는지 관찰했다. 일상생활에서 집중을 방해하는 요인을 재현하기 위해 다양한 내용의 웹 페이지가 화면 반대편에 돌아가면서 뜨게 했다. 우리는 사람들이 연금 책자에서 얼마나 자주 시선을 떼는지에 관심이 있었다. 한 집단에는 대형 금융 서비스 회사에서 직접 가져온 책자를 보여주었다. 다른 집단에는 세부 정보를 요약해서 길이를 줄인 축약형 책자를 보여주었다.

일반적인 연금 책자를 보면 우리 실험의 결과를 예상할 수 있을 것이다. 연금 책자는 길고(21쪽) 전문 용어가 가득하며 위압적인 숫자 정보도 잔뜩 들었다. 시선 추적기의 데이터에도 우울한 양상이 펼쳐졌다. 처음에는 참가자들이 책자에 집중하려고 무던히 애쓰는 모습을 엿볼 수 있었다. 사람들은 한참 동안 처음 몇 쪽을 꼼꼼히 들여다보면서 주의를 빼앗는 웹 페이지에는 눈길도 주지 않으려 했다. 하지만 시간이 흐르자 집중력이 흐트러지더니 결국 완전히 무너졌다. 책자의 마지막 즈음에 이르자 사람들의 시선은 책자를 전혀 보지 않고 웹 페이지로 떠돌았다. 축약형 책자를 본 참가자들은 이보다 훨씬 나았지만 그들 역시 계속 집중하기는 어려워했다.

이 참가자들이 게으르다거나 무지하다고 탓하기는 어렵다. 다들 열심히 집중해서 정보를 받아들이려고 했지만 집중력이 떨어진 것이다.

비단 연금 책자만의 이야기가 아니다. 우리 저자들 중 하나는 최근에 옛 고용주로부터 편지를 받았다. 아래는 편지의 일부다.

귀하에게는 5년간의 연금 귀속vesting 서비스가 있고 XXX에서 귀하 대신 납부한 퇴직 연금에 100퍼센트 귀속됩니다. 따라서 상실되는 퇴직연금은 0퍼센트입니다. 귀하가 서비스를 이행하지 않은 채 1년 이상 지나면 상실된 연금이 귀하의 계정에서 제거됩니다. 가까운 시일 내에 제거될 예정입니다. 연금 귀속 서비스에는 학생과 계약직뿐 아니라 정규직에 대한 서비스도 포함되고, 연금 귀속 서비스 계산은 XXX의 실제 서비스 기간과 일치하지 않을 수 있습니다.

이런 식으로 두 문단이 더 이어진다. 무슨 뜻인지 이해했는가? 우리는 도저히 해독하지 못했다. 이해하려고 애써볼 수도 있었지만 그냥 남들처럼 했다. 휴지통에 던져버리고 더 중요한 일로 관심을 돌렸다. 편지를 무시한 탓에 큰일이 생기지 않기만 바랄 뿐이다.

난해한 법률 용어가 난무하는 이유는 의사 결정 과정에서 지식 공동체가 어떤 역할을 하는지 이해하지 못해서다. 위와 같은 문서는 전문가가 작성한다. 전문가들은 그런 내용을 누구나 이해한다고 생각한다. 자신들은 이해하기 때문이다. 이것은 지식의 저주다. 지식 공동체에 참여한 여파다. 자기 머릿속에 든 것과 남의 머릿속에 든 것을 구별하지 못하는 것이다.

게다가 대다수 사람은 세부 정보를 숙지하지 않는다. 사람들은 설명에 적대적이다. 우리의 일상은 이처럼 제대로 이해하지도 못하는 무언가와 마주하는 상황으로 점철된다. 우리는 이해에 빈틈이 있다는 사실조차 알아채지 못할 때가 많다. 설령 알아챈다 해도 무관심하거나 창피해서 도움을 구하지 않는다.

〰●●— 벌집 경제

재무 관련 의사 결정은 지식 공동체의 관련성에 주목하기 좋은 예다. 금융자산의 가치가 근본적으로 공동체에 달렸기 때문이다. 경제는 매우 복잡하다(그래서 경제학을 "우울한 학문"이라고 부르는 것이다). 대다수 사람은 경제를 피상적으로만 이해한다. 그래도 경제는 개인이 얼마나 이해하는지에 좌우되지 않으므로 아무 문제없이 견실히 발전한다. 경제가 돌아가는 이유는 우리가 각자 맡은 작은 역할을 해내기 때문이다. 경제는 벌집 마음, 곧 수많은 개인의 마음이 협력해서 생기는 놀랍도록 복잡한 체계의 좋은 예다. 페루의 경제학자 에르난도 데 소토Hernando de Soto는 경제의 기반에 관해 이렇게 말한다. "명심하라. 특정 자산에 대한 독점적 권리를 부여하는 것은 당신의 마음이 아니라 당신의 권리를 당신이 생각하는 것처럼 봐주는 다른 사람들의 마음이다. 이런 마음들은 각자의 자산을 보호하고 통제하기 위해 반드시 서로를 필요로 한다."[9]

8장에서는 공동체의 신념이 얼마나 강력한지, 똑똑한 사람들도 터무니없는 현상을 믿게 할 만큼 강력하다는 것을 보았다. 하지만 이런 신념의 위력에는 한계가 있다. 집단이 믿는다고 해서 터무니없는 일이 사실이 되지는 않는다. 세상의 모든 사람이 지구는 평편하다고 믿는다 해서 지구가 평편해지는 것은 아니다. 하지만 경제는 다르다.

라이Rai는 미크로네시아의 작은 섬 얍에서 화폐로 통용되는 거대한 도넛 모양의 석회석이다. 직경이 3.5미터 이상이고 무게가 몇 톤까지 나갈 만큼 거대하다. 돌이 워낙 커서 주인이 바뀌어도 새 주인이 가져가지 않을 때도 있다. 같은 자리에 있어도 모두가 그 돌이 이제 새 주인의 것이라고 인정하기 때문이다. 거대한 라이가 카누에서 떨어져 바닷속에 가라앉은 적이 있다. 그 돌을 건져내지는 못했지만 돈의 가치는 여전했다. 얍 사람들은 그 돌을 보지 못했지만 계속 그 자리에 있을 것이라고 추론했다.

서양인들에게는 이상하게 들리는 이야기다. 바다 밑바닥에 가라앉은 돌이 어떻게 가치를 지닐 수 있을까? 하지만 얍 사람들의 경제는 이상하지 않다. 이것이 경제학의 일반적인 특성이다. 1930년대까지는 서양의 경제도 보이지 않는 돌을 중심으로 돌아갔다. 다만 서양의 돌은 석회석이 아니라 금이고, 바닷속이 아니라 포트 녹스(미국 켄터키주 북부 루이스빌 근처의 군용지로 연방 금괴 저장소가 있다-역주)에 숨겨져 있었을 뿐이다.

이제는 금본위제가 아니지만 우리가 주머니에 지폐를 넣고 다니는 이유는 그때와 같은 논리다. 그 돈이 가치가 있다고 다른 사람들이 믿어주기 때문이다. 하루아침에 모두가 1달러 지폐의 의미를 잊어버린다면 그 돈은 그만한 가치를 지니지 못하고 불쏘시개로 쓰일 것이다. 사실 불쏘시개로도 썩 좋은 재료는 아니다. 돈의 가치는 그 돈이 가치 있다는 공동체의 믿음에서 나온다. 돈의 가치는 사회 계약을 따른다. 누군가는 1달러를 받고 초콜릿을 주는 데 동의할 수 있다. 그 사람이 그렇게 하는 이유는 남들이 1달러 대신 유형의 무언가를 줄 것이라고 믿기 때문이다. 다른 제3자 역시 마찬가지 이유로 기꺼이 1달러를 받고 물건을 내준다. 돈이 가치 있는 이유는 공동체가 기꺼이 돈을 거래하기 때문이다. 돈처럼 근본적으로 개인주의적인 개념도 지식 공동체를 기반으로 존재한다.

비단 경제학만의 이야기가 아니다. 경제의 상태는 사람들이 무엇을 믿는지에 따라 좌우된다. 17세기 네덜란드에서는 사람들이 튤립 구근으로 큰 돈을 벌 수 있다고 믿자 튤립 구근 한 개가 견실한 중산층 가정의 연간 수

입 몇 배에 달하는 금액에 팔렸다. 그리고 사람들의 믿음이 깨지자 시장은 폭락했다.

거품경제가 대개 이와 비슷한 특징을 보인다. 2008년 금융위기에 이르기까지 주택 가격이 치솟은 이유는 사람들이 주택 공급의 가치가 계속 상승할 것이라고 믿고 그 시장에 뛰어들고 싶어 했기 때문이다. 설상가상으로 사람들은 변동 금리 주택 담보 대출과 같은 복잡한 방식을 사용해서 감당하지도 못할 주택을 사들였다. 주택 담보 대출을 받는 것은 사람들에게 가장 중요한 재무 결정일 수 있지만 앞서 보았듯이 사람들은 대체로 새로운 유형은 고사하고 단순한 주택 담보 대출의 개념마저 이해하지 못한다. 지식 공동체에서 대신 알아봐 줄 테니 세세한 부분은 몰라도 된다고 생각하는 것이다. 구체적인 정보가 필요하면 따로 조언을 구할 사람이 있고, 남들이 이미 조사를 마쳤기에 최상의 금융 상품이 떠오르는 시장이 있으며, 우리처럼 금융의 대가가 아닌 사람들을 보호해주는 법률도 있다고 믿는다. 지식 공동체는 우리가 실제보다 깊이 이해한다고 느끼게 해주고 복잡한 결정을 내리는 데 필요한 자신감을 불어넣는다.

경제가 인지 노동의 분배에 의존하듯이 각 가정에서도 재무와 관련된 인지 노동을 분배한다. 사람들은 평생 사는 동안 이왕이면 금융 정보를 모르고 싶어 한다. 텍사스 대학교의 에이드리언 워드가 부부 사이에 금융 관련 의사 결정의 책임을 어떻게 분담하는지 살펴본 연구에서 흥미로운 예를 볼 수 있다. 워드는 일반적인 금융 주제에 관한 질문지로 부부들의 금융 지식을 평가했다. 함께 오래 산 부부일수록 재정 문제를 맡은 사람이 금융을 더 많이 안다는 당연한 결과가 나왔다. 누구나 학습하고 연습할수록 완벽해진다. 놀랍게도 재정 문제를 책임지지 않는 배우자는 실제로 금융 지식이 <u>낮다</u>는 결과도 나왔다. "쓰지 않으면 잃어버린다"는 말의 실례다. 워드가 이 연구에서 가장 주목한 부분은 인지 노동의 분배가 학습의 내용에 영향을 미치는 방식과 그로 인해 각자의 역할이 더 굳어지는 현상이다. "내게는 남에게 의존하는 태도가 주의력에 어떤 영향을 미치고 나아가 학습과 지식에 어떤 영향을 미치며 더 나아가 의사 결정과 그 결과에 어떤 영향을 미치는지에 관한 이야기로 보인다. 금융을 모르는데도 재무 책임을 져야 한다면 주변 환경에서 재무 문제에 관심을 갖게 되고, 그러다 보면 일을 더 잘해낼 수 있다. 재무 책임에서 벗어나면 재무 관련 정보를 알아채지도 못한다."

사람들이 깊이 이해하지 못한 채 아주 중대한 결정을 내리는 것은 앞으로도 불가피한 일이다. 어떻게 해야 사람들이 더 현명한 선택을 하도록 도울 수 있을까?

〰─◆─◆─ 넛지 효과, 더 나은 결정으로 유도하기

시카고 대학교의 경제학자 리처드 탈러^{Richard Thaler}와 하버드 대학교의 법학자 캐스 선스타인Cass Sunstein은 "자유주의적 개입주의libertarian paternalism"라는 철학을 선보였다. 이름은 어렵지만 단순하고 흥미로운 개념이다. 핵심은 사람들이 항상 최선의 결정을 내리지는 않는다는 데 있다. 다시 말해 사람들이 항상 목표를 성취할 가능성이 가장 높은 선택을 하는 것은 아니다. 예는 얼마든지 들 수 있다. 가령 우리는 샐러드가 아니라 커다란 피자를 주문하고 식당을 나서는 순간 바로 후회한다. 또 외모는 매력적이지만 유머 감각은 없는 사람과 데이트하기로 결정하기도 한다. 이럴 때는 식당을 나서기 전부터 후회한다. 또 살이 얼마나 붙었는지 받아들일 마음의 준비가 되지 않아서 10년 전에나 맞았을 법한 바지를 사기도 한다. 술을 꽤 마셨는데도 운전할 수 있다고 믿고 택시를 부르지 않는다. 혹은 장기 기증을 신뢰하고 그렇게 하고 싶으면서도 운전 면허증 뒷면에 서명하지 않아서 비극적인 사고 후에 장기를 기증하지 못한다. 모두 인간이기 때문에 벌어지는 일이다. 나중에 후회하거나 다시 생각해보면 후회할 일을 선택한다.

자유주의적 개입주의자들은 행동과학을 좋은 방향으로, 가령 의사 결정을 개선하는 데 활용할 수 있다고 믿는다. 행동과학을 통해 우리가 후회할 결정을 내리는 이유를 이해하고 의사 결정 과정에 변화를 주어 앞으로 더 나은 결정을 내릴 수 있다는 것이다. 이런 변화를 넛지(nudge, 부드러운 개입으로 더 좋은 선택을 하도록 유도하는 방법-역주)라고 부른다. 한마디로 행동과학을 활용해서 의사 결정 당사자가 실제로 원하는 결과와 좀 더 일치하는 방향으로 결정하도록 유도한다는 개념이다.

앞서 과식을 예로 들자면 넛지는 선택의 순서를 바꿔서 샐러드부터 고른 다음에 피자를 주문할지 말지 생각하게 한다. 음식을 고르는 순서는 선택에 큰 변화를 준다. 사람들이 음식을 직접 골라 담는 방식의 카페테리아에서는 같은 음식이라도 앞쪽에 나와 있으면 뒤에 있을 때보다 그 음식을 가져갈 가능성이 높다.[10] 장기 기증 문제에서 넛지의 방식은 모두가 기본적으로 장기 기증을 서약하는 쪽으로 법을 바꾸는 것이다.[11] 장기 기증을 하지 않기로 선택할 수도 있지만 그러려면 약간의 행동이 필요하다. 가장 간단한 방법은 제도를 바꿔서 운전 면허증 뒷면에 장기 기증을 하기로 서명하는 것이 아니라 장기 기증을 하지 않기로 서명하게 하는 것이다. 이런 간단한 변화는 엄청난 결과로 이어져 장기 기증자의 수를 크게 늘릴 것이다. 참여를 선택하는 것이 아니라 참여하지 않는 것을 선택하게 하는 방법은 여러 가지 계획에서 참가율을 높인다. 미국 노동부에서는 퇴직연금을 늘리기 위해 중소기업이 직원들을 위해 자동 가입 방식의 퇴직연금 제도를 시행하도록 장려한다.[12]

넛지는 사람들이 스스로 선택하는 능력을 축소하지 않는다는 점에서 자유주의적이다. 커다란 피자를 먹지 못하게 하거나 장기 기증에 동의하거나 동의하지 않도록 강요하지 않는다. 다만 어떤 선택을 장려할지 다른 누군가가 결정한다는 점에서 개입주의적이다. 카페테리아에서 샐러드를 고를 가능성을 높이기 위해 다른 누군가가 피자를 뒤쪽에 놓을 수 있다. 이런 개입주의의 주된 논거는 어느 쪽으로든 선택해야 한다는 점이다. 카페테리아에서는 어떤 메뉴든 앞쪽에 나와야 한다. 사람들이 흥분하지 않는 순간에, 최선의 선택이 무엇일지 냉정하게 고민할 수 있는 순간에 사람들이 가장 좋아할 만한 메뉴를 놓으면 어떨까?

넛지를 통해 우리는 사람을 바꾸기보다 환경을 바꾸는 편이 더 수월하고 효과적이라는 것을 알 수 있다. 그리고 인지의 어떤 특징이 행동을 끌어내는지 이해하기만 한다면 그런 특징을 이용해 해를 끼치기보다 도움을 주도록 환경을 설계하는 것이 가능하다.

넛지의 교훈을 우리가 지식 공동체의 일원으로서 결정하는 방식에 적용할 수 있다. 물론 그에 앞서 사람들이 설명을 싫어하는 성향을 인정해야 한다. 사람들은 모든 결정의 세세한 부분까지 숙지하고 싶어 하지도 않고 그럴 능력도 없다. 그러나 우리는 개인의 이해가 부족해도 좋은 결정을 내리도록 돕는 환경을 조성할 수 있다.

⋙⬥━⬤━ 1과: 복잡성 줄이기

금융 지식은 주로 공동체가 소유하지 개인이 소유하는 것이 아니므로 사람들이 복잡성을 어디까지 감당할 수 있는지에 대한 기대치를 크게 낮춰야 한다. 사람들에게 상품을 이해하고 평가할 기회를 준 다음에 스스로 결정하게 해야 한다. 의사 결정 환경에서 정보를 습득할 방법이 있을 때만 가능한 방법이다. 레딧에는 "다섯 살 아이를 상대하듯 설명하기"라는 토론 포럼이 있다. 사람들이 입자물리학이나 금융 같은 난해한 주제에 관한 질문을 올리면 포럼 회원들이 알아듣기 쉬우면서도 충실하게 설명하려 한다. 이 포럼이 인기 있는 것을 보면 사람들이 납득할 만한 설명을 읽는 것을 얼마나 좋아하는지 알 수 있다. 또 일상에서 이런 설명이 얼마나 드문지도 알게 된다.

᭡᭣᭩᭡—●—●— 2과: 단순한 결정 법칙

자유주의적 개입주의 방식을 선보인 리처드 탈러는 금융 관련 의사 결정에 관해 진지하게 고찰했다. 탈러는 사람들에게 금융을 이해시키려는 시도가 성과를 거두지 못한다는 데 동의한다. 금융의 세계는 매우 복잡하고 사람들의 능력에는 한계가 있다. 탈러는 사람들을 교육하는 데 힘쓰기보다는 별다른 지식이나 노력 없이도 쉽게 적용할 수 있는 단순한 법칙을 알려주어야 한다고 제안한다.[13] 가령 "401(K) 계획에서 가능한 한 많이 투자하라", "수입의 15퍼센트를 저축하라", "50세 이상이면 15년 주택 담보 대출을 받아라" 같은 법칙이다.

이런 방법이 좋은 출발점이기는 하지만 사람들은 법칙을 잘 지키지 못한다. 예를 들어 50세인 사람이 탈러의 법칙을 따라 주택 담보 대출을 받기로 결심했지만 30년짜리 중에서 꽤 괜찮아 보이는 조건이 눈에 들어온다고 해보자. 이때 중개업자가 아주 괜찮은 조건이라면서 한 세대에 한 번 나올까 말까 한 절호의 기회라고 설득하면 결정 법칙을 무시할 가능성이 높다.

결정 법칙은 사람들에게 왜 괜찮은 법칙인지 이해시키는 짧고 명료한 설명을 덧붙일 때보다 효과적일 수 있다. 다각화의 장점이나 복리의 위력 혹은 기타 중요한 금융 원리에 관해 정확한 직관을 제시하면 법칙을 올바르게 적용하고 고수할 가능성이 높아진다.

⋀⋀⋀—●─●— 3과: 직시 교육

제안이 하나 더 있다. 콜로라도 대학교 소비자금융의사결정연구센터의 책임자 존 린치John G. Lynch Jr.는 "적시"의 금융 교육이라는 방법을 주장한다. 사람들이 필요로 하기 직전에 정보를 제공한다는 개념이다. 고등학교에서 채무와 저축 관리에 관한 기초 교육을 실시해봐야 그다지 도움이 되지 않는다. 이 책 전반에서 주장했듯이 사람들은 세세한 부분을 잘 기억하지 못한다. 고등학생이 자라서 나중에 중대한 재무 결정을 내릴 즈음에는 복리의 위력이나 자산 다각화의 혜택을 잊은 지 오래일 것이다. 하지만 이것이 필요한 순간 직전에 교육하면 정보가 아직 생생한 데다 배운 것을 연습할 기회가 생겨서 오래 기억할 가능성이 커진다.

린치는 이런 방법이 실제로 유용한 예를 소개한다. 해고는 끔찍한 경험이다. 그래서 사람들은 해고에 대한 두려움 때문에 나쁜 재무 결정을 내리기 쉽다. 가령 해고당하면 퇴직 계좌에 손을 대는 사람들이 많다. 실직 기간에 필요할 것으로 예상되는 비용을 충당할 수도 있고 다른 투자 계좌와 합칠 수도 있다. 문제는 이것이 사람들이 제대로 이해하지 못하는 복잡한 결정이라는 데 있다. 퇴직 계좌에서 돈을 인출하고 상환하지 않으면 위약금을 물고 골치 아픈 세금 문제가 발생한다. 설상가상으로 누군가가 실직하면 금융 서비스 업체(린치는 "독수리들"이라고 부른다)가 접근해서 수수료가 높은 나쁜 투자 상품을 팔려고 한다. 린치는 해고당하는 순간 선택지를 펼쳐놓고 각 선택의 장단점을 이해시키는 교육이 해결책이라고 말한다.

적시 교육은 수많은 복잡한 결정에 적용된다. 예를 들어 아기를 낳은 부모는 아기의 건강을 위한 갖가지 복잡한 결정을 해야 한다. 저자들 중 하나는 아내가 진통을 겪는 동안 제대혈 은행에 제대혈 보관 비용을 지불할지 말지 결정해야 했던 경험이 있다. 아직 아기를 낳아본 적이 없다면(있다고 해도) 제대혈이 무엇이고 제대혈 은행에 왜 관심을 갖는지 이유를 모를 수 있다. 예비 부모라면 신생아 건강의 다양한 측면에 관한 적시 교육으로 혜택을 볼 수 있다.

⌇⌇⌇◆─●─ 4과: 이해를 확인하기

지금까지 소개한 방법은 모두 사회가 개인에게 해줄 수 있는 것들이다. 그렇다면 개인이 스스로 할 수 있는 노력은 무엇일까? 우선 우리에게는 설명을 싫어하는 성향이 있다는 사실을 인정하자. 모든 결정의 세세한 부분까지 아는 것이 실질적으로 도움이 되지 않지만 적어도 이해에 빈틈이 있다는 것을 인지하면 도움이 된다. 중요한 결정을 내릴 때는 나중에 후회할 선택으로 뛰어들기 전에 일단 멈추고 정보를 충분히 습득해야 한다.

앞 장에서는 진실로 이해하려면 스스로 무엇을 모르는지 알아야 한다고 설명했다. 내가 무엇을 모르는지 알면 필요한 순간에 도움을 구해서 빈틈을 메울 수 있다. 그러면 현실을 파악하고 지적 자만에 빠져서 나중에 후회할지 모를 중대한 결정을 내리지 않는다. 내 신용과 새 집 장만과 장래의 배우자와 작은 빨간색 스포츠카에 관해 스스로 무엇을 모르는지 파악하자. 이렇게 하면 나의 나쁜 결정으로 이득을 보려고 달라붙지 않을 만한 사람에게서 확실한 조언을 구할 수 있다.

금융에서는 스스로 무엇을 모르는지 이해할수록 더욱 훌륭한 투자자가 된다. 이것은 헤지펀드 회사인 브릿지워터 어소시어츠 Bridgewater Associates 의 설립자이자 공동최고투자책임자 레이 댈리오 Ray Dalio 의 조언이다. "내가 성공한 이유는 (⋯⋯) 내가 모르는 것을 다루는 방식 때문이다. (⋯⋯) 내가 틀릴 수도 있는 지점을 찾아내는 방식 때문이다. (⋯⋯) 나는 내게 반박할 수 있는 사람들을 발견하는 것을 좋아한다. (……) 그 사람들의 눈으로 내 행동을 보고 옳은지 그른지 고민할 수 있다. 이런 배움의 경험을 토대로 나는 더 나은 결정을 내린다. 그러니 아는 것보다 모르는 것을 다루어야 더 효과적이다."[14] 댈리오는 자기가 무엇을 모르는지 알고 지식 공동체를 이용하는 법을 배웠다. 그의 방법은 매우 성공적인 전략으로 입증되었다. 브릿지워터는 현재 세계 최대의 헤지펀드 회사다. 어떤 결정을 내릴 때 누구에게나 도움이 되는 조언이다.

THE   KNOWLEDGE   ILLUSION

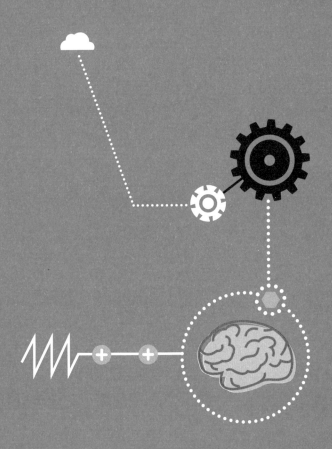

Why We Never Think Alone

conclusion

무지와 착각을 평가하기

학자들은 예상을 벗어난 새로운 개념을 접하면 대체로 세 가지 연쇄 반응을 보인다. 처음에는 외면하고 그다음으로 부정하고 마지막에는 명백한 사실이라고 선언한다. 학자들은 학계의 세계관을 거스르는 새로운 개념을 접하면 처음에는 무시하면서 시간과 관심을 쏟을 가치가 없다고 생각한다. 그래도 안 된다면, 가령 공동체의 압력으로 그 개념에 직면해야 한다면 그 개념을 부정할 근거를 내놓는다. 마지막으로 좋은 개념이라서 더 이상 부정하지 못한다면, 말하자면 그 개념이 공동체에서 계속 버틴다면 아주 명백한 사실이라서 처음부터 줄곧 알았다고 주장할 근거를 찾는다.

우리는 독자 여러분이 이 책의 개념이 명백하다는 결론으로 넘어가기를 바란다. 개인은 어떤 것에 대해 조금밖에 모른다는 점에서 무지한 것이 당연하지 않은가? 세상은 복잡하고 알아야 할 것은 너무나 많다. 우리가 실제로 아는 것보다 더 많이 안다고 착각한다는 것이 다소 놀랍기는 하지만 각자 자신을 돌아보고 눈치챘을 것이다. 질문의 답을 안다고 생각했지만 착각이었다는 것을 깨달을 때마다 스스로 알아챌 수밖에 없다. 생각이 행동의 연장선에 있다는 주장은 당연한 사실이고, 추론이 기본적으로 인과적이라는 우리의 제안도 어느 한 범주가 얼마나 넓은지 생각하면 그리 놀랍지 않을 것이다. 우리가 지식 공동체에서 산다는 것도 그리 새로울 것 없는 이야기다. 또 사람들이 누군가에게 질문하는 것은 타인에게 의존해서 지식을 얻는다는 사실을 믿는다는 의미다. 이 책의 세세한 내용이 물론 명백한 것은 아니다. 다만 이 책의 주요 개념은 사람들이 이미 믿는 것과 어긋나지 않는다. 우리는 이 책에서 소개하는 개념이 오래전부터 존재했다는 것을 보여주었다. 게다가 어느 하나도 상식에 어긋나지 않는다는 것까지 보여주었다.

그렇다면 왜 이미 자명한 개념을 다시 늘어놓는 것일까? 왜 사람들이 신선하게 받아들이리라 기대하지도 않는 개념을 소개할까?

이 책에서 소개하는 개념은 가만히 생각해야 자명해지기 때문이다. 생각하지 않으면, 다시 말해서 일상에서 의식하지 않고 지내면 전혀 다르게 보인다. 사람들은 이해의 착각 속에 살면서 스스로 지식 공동체에 속한다는 사실을 인정하지 않고 개인—개인의 힘, 재능, 기술, 업적—에게만 주목한다. 나아가 자신의 지식을 과대평가하고 남들에게 얼마나 의지하는지 모른 채 결정을─삶의 크고 작은 결정만이 아니라 사회를 구성하는 방식에 관한 결정까지─내린다. 이런 예는 얼마든지 있다. 이것은 무엇을 먹을지 선택하고, 퇴직소득을 어딘가에 투자하고, 누구에게 투표하고, 어떤 정치적 입장을 지지하고, 기술과 어떻게 소통하고, 직원을 어떤 방식으로 선발하고, 자녀에게 무엇을 가르칠지에 관한 일들이다. 명백한 사실을 그냥 알기만 하는 것이 아니라 인식하는 것이 중요하다. 명백한 사실을 활용해서 개인과 사회 모두와 관련된 결정을 내려야 한다.

이 책의 중요한 주제는 세 가지다. 무지, 이해의 착각, 지식 공동체. 우리가 이 책에서 끌어낸 교훈이 단순하다는 데는 이견이 없을 것이다. 물론 이런 교훈을 얻었다고 해서 당장 무지가 줄어들고 공동체에서 행복하게 살게 되고 모든 착각을 떨쳐낼 수 있는 것은 아니다. 무지는 불가피하고 행복은 사람마다 다르게 느끼며 착각은 사라지지 않는다.

⋙━●━●━ 무지는 어떻게든 피해야 하는가?

무지가 축복은 아니지만 꼭 불행인 것도 아니다. 인간에게 무지는 불가피하다. 타고난 조건이다. 세상은 매우 복잡해서 누구도 세상을 다 알 수 없다. 무지 때문에 좌절감이 들기는 해도 문제는 무지 그 자체가 아니다.

무지하다는 사실을 인지하지 못하는 데 문제가 있다.

　데이비드 더닝David Dunning은 코넬 대학교에서 거의 평생을 보낸 심리학자다. 그는 일상생활과 과학 연구에서 무수한 무지를 발견하고 놀라 다양한 사례를 기록했다.[1] 더닝이 놀란 이유는 인간의 무지가 심각해서가 아니라 무지한 인간이 스스로 얼마나 무지한지 모른다는 사실 때문이었다. 그는 "우리는 스스로 무엇을 모르는지 잘 모른다"[2]고 지적한다.

　더닝은 자기가 얼마나 아는지 평가하는 기준이 자신의 지식밖에 없을 때 문제가 생긴다고 말했다. 운전을 얼마나 잘하는가? 운전 기술을 잘 알면 자신의 실력을 합리적으로 판단할 것이다. 어떤 기술들이 있고 그중에 몇 개나 제대로 습득했는지 적절히 평가할 수 있다. 하지만 운전을 못하는 편이라면 기술도 없을 뿐 아니라 운전 기술의 범위가 어디까지인지도 모른다. 그래서 자기 실력보다 운전을 잘한다고 생각한다. 교외에서 20년 정도 운전을 했다고 해보자. 사고를 잘 내지 않는 사람이라면 스스로 운전을 꽤 잘한다고 생각할 수 있다. 남들은 복잡한 시내에서 운전을 하고, 온갖 궂은 날씨의 긴급 상황에서도 운전하며, 진창과 빙판과 심지어 해변의 모래밭에서도 운전할 수 있다는 사실을 모르기 때문이다. 운전 경험이 다양한 사람에 비하면 이런 사람의 운전 실력에는 한계가 있을 것이다. 전문 지식이란 기술만 있는 것이 아니라 실력을 이루는 요소가 무엇인지 아는 것도 의미한다. 무지는 둘 다 없다는 뜻이다.

　이 조합은 더닝 크루거 효과Dunning-Kruger effect[3]라는 현상을 설명해준다.

가장 좋지 않은 성과를 내는 사람이 자기 실력을 가장 높게 평가하는 현상이다. 이 현상은 사람들에게 과제를 내주고 스스로 과제를 얼마나 잘했다고 생각하는지 물어본 실험에서 발견되었다. 실력이 모자란 사람은 자신의 성과를 과대평가하고 실력이 뛰어난 사람은 자신의 성과를 과소평가하는 경향이 있다. 이 효과는 심리학 실험실과 현실의 다양한 환경에서도(학생이나 직장인이나 의사 사이에서도) 자주 나타났다. 더닝은 이런 효과가 나타나는 이유는 실력이 부족한 사람이 자신에게 무엇이 부족한지 제대로 파악하지 못하기 때문이라고 보여주는 증거를 다수 수집했다. 스스로를 제대로 모르니 그저 잘한다고만 생각하는 것이다. 실력이 좋은 사람은 해당 분야를 충분히 파악한다. 그래서 어떤 능력을 더 키워야 하는지 이해한다. 그러나 실력이 부족한 사람은 자기가 무엇을 모르는지 모른다. 더닝에 따르면 이것은 누구나 삶의 대부분의 영역에서 실력이 부족하기 때문에 더욱 중요한 현상이다.

무지는 대개 우리가 모르는 방식으로 우리 삶에 영향을 미친다. 간단히 말해서 사람들은 자기가 아는 것을 하고 전혀 모르는 것은 하지 못하는 경향이 있다. 이런 식으로 무지는 우리 삶의 행로를 크게 바꿔놓는다. (……) 사람들이 전문가와 여인과 부모 그리고 한 인간으로서 잠재력을 제대로 발휘하지 못하는 이유는 스스로 가능성을 깨닫지 못하기 때문이다.[4]

이것은 불가피한 현실이다. 모르는 것을 선택할 수는 없다. 그래도 대개는 문제가 되지 않는다. 디즈니랜드의 존재를 모르면 그곳에 가보고 싶어하지 않는다. 가능성을 아쉬워하는 것은 그 가능성을 알기 때문이다. 그래서 복권에 당첨되어도 기쁘기보다 부담스러울 수 있다. 일단 원하는 것을 얻어본 경험이 생기면 무지의 상태로 돌아가지 못한다. 중독성 물질이나―주머니 사정이 좋지 않은 사람들에게는―값비싼 물건에 손대지 않기 위한 가장 그럴듯한 주장이기도 하다. 아는 것이 적을수록 덜 아쉽고 더 행복해진다.

그러나 무지에는 대가가 따른다. 피임을 모르면 피임을 하지 않을 것이다. 옆집에서 일어난 참혹한 사건을 모르면 그런 일을 막는 데 필요한 조치를 취하지 못한다. 자녀가 위험한 상황에 처한 줄 모르면 끔찍한 결과로 이어진다.

⋀⋁⋀⋯●⋯●⋯ 더 지각 있는 공동체

동양의 일부 철학자들은 제자들에게 무지를 고맙게 여기라고 가르쳤다. 실제로 철학의 일부 전통에서는 여기서 더 나아가 타인의 지식에 고마워하라고 가르친다. 우리는 이런 가르침을 인지과학에 수용한다. 개인이 학습하고 이해할 수 있는 양은 제한적이다. 가장 근본적인 면에서―생각하는 방식의 측면에서―우리는 모두 같은 처지다.

지성은 공동체에 있지 어느 한 개인에게 있지 않다. 따라서 공동체의 지혜를 모으는 의사 결정 방식이 상대적으로 무지한 개인에게 의지하는 것보다 더 바람직한 결과를 끌어낸다. 강력한 지도자란 공동체에 영감을 불어넣고 공동체의 지식을 활용할 줄 알고 가장 뛰어난 전문가에게 책임을 맡기는 사람이다.

하지만 우리는 공동체에 살면서도 스스로 결정을 책임져야 한다. 남들이 틀릴 수도 있고 때로는 공동체가 극단주의와 잘못된 관점에 치우칠 수 있다. 사람들이 스스로를 기만하고 집단이 서로를 속일 수 있다. 그렇지 않다면 짐 존스Jim Jones의 인민사원이 1978년에 가이아나의 존스타운에서 벌인 참극과 같은 괴이한 비극은 벌어지지 않았을 것이다. 인민사원 일파는 리오 라이언Leo Ryan 의원의 수행단을 공격하고 의원을 살해한 후 집단으로 자살을 시도했다. 어른과 아이 909명이 시신으로 발견되었는데 대부분 청산가리 중독 상태였다. 이런 사건은 극히 드물지만 절대로 일어나지 않는 일은 아니다. 데이비드 코레시David Koresh는 1993년에 다윗파라는 사교 집단을 이끌고 FBI와 충돌했다. 결국 화재로 코레시와 신도 78명이 사망했다. 1997년에는 천국의 문이라는 사이비 종교 신도 39명이 자살해야만 우주선까지 가서 헤일 봅 혜성을 따라갈 수 있다고 믿고 스스로 목숨을 끊었다. 이들 집단은 광기 어린 신념을 만들어 스스로 파멸의 길을 걸었다. 공동체는 이렇듯 사람들의 믿음과 결정과 행동에 커다란 영향을 미친다.

그래서 우리는 공동체가 무엇을 믿든 권위 있는 전문가가 무슨 말을 하든 무조건 옹호하지 않는다. 믿음과 함께 건강한 회의주의, 사기꾼, 잘못된 믿음에 사로잡힌 사람들을 예리하게 알아보는 눈을 가져야 한다. 공동체가 나쁜 조언을 한다면 그 조언을 받아들이지 않는 것은 각자의 몫이다. 나치 수용소의 경비원들은 명령을 따랐다는 이유로 용서받지 못하고 테러리스트들은 이념 공동체의 구성원이라는 이유로 용서받지 못한다.

하지만 대다수 사람은 허위와 거짓을 피하기 위해 최선을 다하는 공동체를 자유로이 선택할 수 있다. 사회가 이렇게 발전한 것도 사람들이 대체로 협조적이기 때문이다. 우리는 자기가 아는 것만 말하고 잘 모르면 모른다고 말하는 사람들을 주위에 두려고 한다. 대개는 성공적이다. 우리는 함께 소통하는 사람들을 믿고, 그렇기 때문에 공동체로서 살아간다.

⋀⋁⋀⋁—◆—◆— 착각을 평가하기

우리는 실제보다 세상을 더 많이 이해한다는 착각 속에 산다. 굳이 이런 착각을 버려야 할까? 항상 최대한 현실적으로 신념과 목표를 정해야 할까? 영화 〈매트릭스The Matrix〉에서 키아누 리브스Keanu Reeves가 연기한 주인공 네오가 직면한 선택이다. 빨간 약을 먹고 현실 세계에서 살 것인가, 파란 약을 먹고 안락한 착각 속에 살 것인가? 빨간 약을 선택하면 세계를 있는 그대로, 그러니까 현실이 동반하는 고통과 슬픔 그리고 로봇 지배자를 마주해야 한다. 파란 약을 선택하면 인간 실존에 대한 집단적 망상으로 다시 돌아가야 한다.

착각을 피하면 정확성이 높아진다. 자기가 무엇을 알고 무엇을 모르는지 알기 때문에 목표를 달성하는 데 도움이 된다. 자기 능력을 넘어서는 프로젝트는 시작하지 않으므로 남들을 실망시킬 가능성이 줄어든다. 약속을 잘 지킬 가능성은 높아진다.

하지만 착각하면 즐거워진다. 많은 사람이 인생의 상당한 시간 동안 일부러 착각 속에 살아간다. 사람들은 허구의 세계를 즐긴다. 공상에 빠져 즐거움을 찾고 창조성을 발휘한다. 착각은 우리가 대안 세계와 목표 그리고 결과를 상상할 수 있도록 영감을 불어넣어 창조적인 결과물을 끌어낸다. 또한 시도해볼 생각조차 못할 일에 도전하도록 동기를 부여한다. 이것이 문제일까? 착각을 최소로 줄여야 할까?

우리 저자들 중 스티브에게는 딸이 둘 있다. S와 L이라고 하자. L은 많이 아는 사람이다. 자기가 무엇을 아는지 정확히 안다. 또 무엇을 모르는지도 잘 안다. 자기가 아는 수준과 꼭 알아야 할 것의 수준을 비교해서 파악하기 때문에 **정확히 조정된** 사람이라고 할 수 있다. 정확히 조정되었다는 의미는 우리의 체중이 얼마인지 저울이 정확히 알려주는 것과 같다. 반면에 S는 L만큼 정확히 조정된 사람이 아니다. S는 모든 것을 이해하려고 애

쓴다. 많이 알기는 하지만 더 많이 안다고 믿는다. 보통 사람들처럼 이해의 착각 속에 산다.

L은 행복하고 환경에 잘 적응하는 사람으로서 말할 때 자신감이 넘친다. 아는 것을 자세히 말할 수 있고 멈춰야 할 때를 알고 "모른다"고 말할 때를 안다. 현실적인 목표를 정하고 목표를 대체로 달성하는 편이다. 차분하고 여유가 있어 보인다(속은 어떨지 아무도 모르지만). L은 흥미로운 책을 읽고 몇 가지 취미를 즐기면서 자신의 전문 영역에 몰두한다.

S도 환경에 잘 적응하지만 마냥 행복하고 태평한 사람은 아니다. 자신의 전문 영역과 여타의 영역을 명확히 구분하지 않는다. 자신이 가진 한정된 지식의 영역 너머를 생각한다. S에게는 큰 꿈이 있다. 자기가 잘 아는 것만이 아니라 중요한 문제를 해결하고 싶어 하고 꿈을 실현하기 위해 최선의 노력을 다한다. 아주 열심히 일하고 엄청나게 성취한다. 하지만 큰 그림을 보느라 결과에 실망할 때가 많다. 현실은 S의 높은 기대에 거의 미치지 못한다. S는 L보다 좌절할 때가 많다. S도 다양한 분야의 책을 읽고 어떤 주제든 논의하고 싶어 한다. 어떤 주제든 배우는 것을 좋아한다. 열정적으로 즐기는 취미도 몇 가지 있다.

누가 더 나은 역할 모델일까? 정확히 조정된 L일까, 덜 정확한 S일까? 아버지의 입장에서 답은 명확하다. 둘 다 완벽하다. 아마 맞을 것이다. 이해의 착각 속에 살면 물론 위험이 따른다. 우리는 이 책에서 이해의 착각이 전쟁과 핵사고, 당파적 교착상태, 과학의 부정, 불공정함을 비롯한 온갖 불행한 사태로 이어지는 과정을 살펴보았다. 동시에 착각이란 본래 마음의 놀라운 특성이라는 것도 살펴보았다. 지식의 착각은 지식 공동체에서 살아서 나타나는 결과다. 자기 머릿속의 지식과 남들의 머릿속에 든 지식을 구별하지 못해서 착각이 일어나는 것이다. 인지적으로 말하자면 우리가 한 팀이기 때문에 착각이 일어난다. 착각에 빠져야 팀의 일원이 되는 것은 아니지만 착각에 빠지는 것은 팀의 일원이라는 징표다.

지식의 착각 속에 사는 사람들은 스스로 많이 안다고 자만한다. 이런 태도에는 어느 정도의 이점이 있다. 우선 문이 열린다. 과감하게 말하고 과감하게 행동할 힘이 생긴다. 1961년에 존 F. 케네디에게는 1960년대 말에 미국인이 달에 안전하게 착륙할 것이라고 예측할 권리가 없었다. 그의 예측은 착각이라고밖에 볼 수 없는 자만심에서 나왔다. 그런데 놀라운 일이 벌어졌다. 미국이 그의 말대로 해낸 것이다. JFK가 대담하게 선언하지 않았다면 미국은 아마 시도조차 하지 않았을 것이다.

지식의 착각은 사람들에게 새로운 땅에 들어설 자신감을 불어넣는다. 위대한 탐험가들은 스스로 많이 안다고 믿어 새로운 모험을 감행했을 것이다. 물론 때로는 로버트 스콧Robert Scott의 남극 탐험과 같은 대참사도 일어난다. 그는 자기가 탐험에 필요한 지식을 잘 안다고 확신해서 개를 데려가지 않기로 했다. 결국 모든 대원들이 죽고 그들이 데려간 조랑말들도 전부 죽었다. 그러나 지식의 착각은 위대한 성공에도 필요하다. 신대륙을 탐험한 최초의 유럽인들인 마르코 폴로Marco Polo, 크리스토퍼 콜럼버스

Christopher Columbus, 바스코 다 가마Vasco da Gama가 이끌던 팀은 용기와 인내를 발휘하여 역사의 영웅으로 남았다. 이들을 직접 만난 적은 없지만 아마도 자신의 무지가 얼마나 거대한지 몰라서 그토록 자신감이 넘쳤을 것이다. 위대한 인간의 업적은 대부분 자신의 이해에 대한 잘못된 믿음 위에 세워진다. 따라서 착각은 인류 문명의 발전에 반드시 필요했을 것이다.

우리는 실제보다 잘 안다고 착각하면서 자전거와 전기 기차 세트를 고치고 현관 앞 베란다를 직접 만든다(아니면 만들려고 시도한다). 우리가 이렇듯 갖가지 일들을 벌이는 이유는 어떻게 될지 모르기 때문이다. 자전거를 조각조각 분해하거나 필요한 공구를 여기저기에서 다 사고 나서야 자기가 무엇을 하려는 것인지 좀 더 알았더라면 좋았겠다는 생각이 들 수 있다. 그럴 때 깨끗이 단념하고 자전거를 수리점에 맡길 때도 있지만 가끔은 끝까지 인내심을 발휘하기도 한다. 인내심으로 상황을 극복하자고 결심했다면 애초에 시작할 동기를 얻기 위해 지식의 착각에 의지해야 한다.

인간관계에도 같은 논리가 적용된다. 인간관계에 문제가 불거지면 어떤 상황인지 이해한다는 믿음이 문제 해결을 위해 노력하기 위한 동기가 될 수 있다. 대체로 생각보다 상황이 복잡한 것으로 드러나겠지만 적어도 시도는 한다.

착각은 즐거울 수 있지만 무지와 마찬가지로 축복은 아니다. 인간관계를 이해한다는 착각을 파헤쳐보면 무슨 일이 일어나는지 안다고 믿어 관계를 바꾸려고 노력하지 않을 때가 많다. 우리는 남들이 실패한 이유를 정확히 안다는 자만심이나 두려움 때문에 관계를 차단한다. 당연히 우리는 사회 역동을 온전히 이해하지 못한다. 그리고 우리 자신이 문제의 일부다. 이 책에서는 지식의 착각에서 기인한 인간의 온갖 약점과 불행을 설명했다.

역할 모델로서 L의 장점은 일을 제대로 해낸다는 점이다. L은 이해의 영역 안에 있는 것과 밖에 있는 것, 다시 말해 자기가 책임지지 못하는 영역의 것을 인지하므로 차분하고 확신에 차 있다. 전문성의 한계를 판단할 수 있어서 남들과 일할 때 자신감이 넘친다.

S도 역할 모델로서 장점이 있다. 마주하는 모든 것에 열정을 투사해서 끊임없이 새로운 지평을 열고 새로운 개념의 연관성을 발견하며 미지의 길을 탐색한다(간혹 부모의 원망을 사기도 하지만). S는 아이디어가 넘치고 모든 주제에 관여하고 싶어 해서 항상 즐거운 대화 상대다. 스스로 아는 것이 많다고 믿고 싶어 하기 때문에 전투적이며 확실히 진을 빼는 면이 있다. S는 약간의 착각 속에 산다. 그래도 부모는 이런 착각을 일으키는 것이 무엇이든 딸이 원하는 대단한 과업을 이루게 해줄 것이라고 믿는다. 그래서 우리는 작은 착각에 감사한다.

감사의 말

　이 책은 프랭크 케일의 연구에서 시작한다. 우리는 그저 인지의 본질에 대한 케일의 통찰을 이어받을 뿐이다. 일단 책을 시작하자 이 원고를 편집한 새비나 슬로먼이 계속 진행하도록 밀어주며 우리가 보지 못한 연결을 발견하고 의견을 내어 우리의 모순을 밝혀주었다. 린다 코빙턴도 중요한 편집을 맡아서 이 책을 두 번 이상 꼼꼼히 읽으며 더 나은 글로 고쳐주고 우리의 생각에 주목해주었다. 제사민 호프와 닉 라인홀츠 또한 이 책의 가독성을 높이는 데 일조했다. 서맨서 스타이너는 서론과 4장의 시작 부분에 나오는 그림을 맡아주었다. 너그러운 마음과 뛰어난 솜씨에 진심으로 감사드린다.

이 책의 개념은 스라이브 인간 발달 연구소와 존 템플턴 재단의 지원으로 크레이그 폭스, 대니얼 월터스, 토드 로저스와 함께 연구를 진행하면서 착안했다. 이 책은 또한 포드햄 대학교의 이해의 다양성 프로젝트와 존 템플턴 재단의 지원 덕분에 출간될 수 있었다.

중요한 개념에 기여하고 지적 나침반이 되어준 동료들이 있다. 마이클 샤이너, 너새니얼 라브, 빌 워런, 마크 존슨, 유리엘 코헨 프리바, 앤디 호르위츠, 데이비드 오버, 패트릭 뮬리건, 리처드 플로레스트, 수전 우드워드, 에이드리언 워드, 존 린치, 피트 맥그로, 바르 드 랑에, 도니 리히텐슈타인에게 감사한다.

스티븐은 아내 레일라 슬로먼에게 그동안 성심껏 도와주고 기꺼이 공명판이 되어준 데 고마워한다. 스티븐의 부모님, 발레리와 리온 슬로먼은 아주 중요한 용기와 통찰과 거처를 주셨다.

필립은 열심히 지지해준 가족에게 고마운 마음을 전하고 싶다. 조앤과 조, 브루스와 조이스, 레이첼, 알렉스, 급속히 커나가는 개저스와 에델스타인 집안에 감사드린다. 필은 삶의 두 불빛인 안드레아와 제임스가 곧 글을 배워서 이 책에서 오류를 찾아내 일러주기를 고대한다. 누구보다도 평생지기 애나가 없었다면 아무것도 못했을 것이다.

끝으로 에이전트 크리스티 플레처의 신뢰가 없었다면 이 책을 쓰지 못했을 것이다. 편집자 커트니 영의 인내와 전문성이 없었다면 이 책은 아마 읽기 힘든 책이 되었을 것이다.

들어가며. 무지와 지식 공동체

1 캐슬 브라보 사건을 완벽하게 기술한 책. C. Hansen, ed. (2007). *The Swords of Armageddon*. Chukelea Publications; B. J. O'Keefe (1983). *Nuclear Hostages*. Boston: Houghton Mifflin.

2 원자탄이 개발되고 2차 세계대전이 종식되기까지를 기술한 훌륭한 역사서. R. Rhodes (1986). *Making of the Atomic Bomb*. New York: Simon & Schuster.

3 P. Kitcher (1990). "The Division of Cognitive Labor." *The Journal of Philosophy* 87(1): pp. 5~22.

1장. 우리는 무엇을 아는가?

1 M. Zeilig (1995). "Louis Slotin and 'The Invisible Killer.'" *The Beaver* 75(4): pp. 20~27에 실린 이야기.

2 L. Rozenblit and F. Keil (2002). "The Misunderstood Limits of Folk Science: An Illusion of Explanatory Depth." *Cognitive Science* 26(5): pp. 521~562.

3 Ibid., p. 10.

4 R. Lawson (2006). "The Science of Cycology: Failures to Understand How Everyday Objects Work." *Memory & Cognition* 34(8), pp. 1667~1675.

5 A. M. Turing (1950). "Computing Machinery and Intelligence." *Mind* 59: pp. 433~460.

6 T. K. Landauer (1986). "How Much Do People Remember? Some E stimates of the Quantity of Learned Information in Long-term Memory." *Cognitive Science* 10(4): pp. 477~493.

7 랜다우어가 추정한 습득 속도는 초당 2비트 정도였다.

8 일반 지식 질문에 신속히 대답하는 능력을 테스트하는 미국의 유명한 게임쇼.

9 인터넷과 강력한 그래픽 엔진의 시대에는 병렬, 분산 계산 방식이 표준이 되고 있다.

10 www.toyota.co.jp/en/kids/faq/d/01/04.

11 S. Mukherjee (2010). *The Emperor of All Maladies: A Biography of Cancer*. New York: Scribner에 소개된 이야기. [한국어판:《암: 만병의 황제의 역사》, 이한음 옮김, 까치글방, 2011]

12 www.bbc.com/news/business-29256322.

13 www.scholastic.com/teachers/article/weather.

14 Nassim Nicholas Taleb (2007). *The Black Swan*. New York: Random House에서 논의한 문제.

15 S. J. Gould (1989). *Wonderful Life: The Burgess Shale and the Nature of History*, 1st ed. New York: W. W. Norton, pp. 320~321. [한국어판:《생명, 그 경이로움에 대하여》, 김동광 옮김, 경문사, 2004]

2장. 우리는 왜 생각하는가?

1 J. L. Borges (1964). "Funes the Memorious." *Labyrinths: Selected Stories and Other Writings*. trans. James E. Irby. ed. Donald A. Yates and James E. Irby. New York: New Directions, pp. 59~66. 인용문은 pp. 63~64. 초판 출간 1942.

2   E. S. Parker, L. Cahill, and J. L. McGaugh (2006). "A Case of Unusual Autobiographical Remembering." *Neurocase* 12(1): pp. 35~49.

3   aimblog.uoregon.edu/2014/07/08/a-terabyte-of-storage-space-how-much-is-too-much.

4   www.npr.org/sections/health-shots/2013/12/18/255285479/when-memories-never-fade-the-past-can-poison-the-present.

5   J. Pellicer, M. F. Fay, and I. J. Leitch (2010). "The Largest Eukaryotic Genome of Them All?" *Botanical Journal of the Linnean Society* 164(1): pp. 10~15.

6   A. G. Volkov, T. Adesina, V. S. Markin, and E. Jovanov (2008). "Kinetics and Mechanism of Dionaea muscipula Trap Closing." *Plant Physiology* 146(2): pp. 694~702.

7   T. Katsuki and R. J. Greenspan (2013). "Jellyfish Nervous Systems." *Current Biology* 23(14): R592~R594.

8   news.nationalgeographic.com/news/2014/06/140617-horseshoe-crab-mating-delaware-bay-eastern-seaboard.

9   H. K. Hartline, H. G. Wagner, and F. Ratliff (1956). "Inhibition in the Eye of Limulus." *The Journal of General Physiology* 39(5): pp. 651~673.

10 R. B. Barlow, L. C. Ireland, and L. Kass (1982). "Vision Has a Role in Limulus Mating Behavior." *Nature* 296(5852): pp. 65~66.

11 i.imgur.com/njXUFGa.jpg.

12 D. Maurer, R. L. Grand, and C. J. Mondloch (2002). "The Many Faces of Configural Processing." *Trends in Cognitive Sciences* 6(6): pp. 255~260.

13 N. D. Haig (1984). "The Effect of Feature Displacement on Face Recognition." *Perception* 13(5): pp. 505~512.

3장. 우리는 어떻게 생각하는가?

1 파블로프가 실제로 종을 사용했는지 여부에 관한 논란이 있었다. 이 논란은 그에게 유리하게 풀리는 듯 보였다. R. Thomas (1994). "Pavlov's Dogs 'Dripped Saliva at the Sound of a Bell.'" *Psycoloquy* 5(80).

2 J. Garcia and R. A. Koelling (1966). "Relation of Cue to Consequence in Avoidance Learning." *Psychonomic Science* 4(1): pp. 123~124.

3 D. D. Cummins, T. Lubart, O. Alksnis, and R. Rist (1991). "Conditional Reasoning and Causation." *Memory & Cognition* 19(3): pp. 274~282.

4 이 문헌의 서문. B. F. Malle and J. Korman (2013). "Attribution Theory." In ed. D. S. Dunn, *Oxford Bibliographies in Psychology*. New York: Oxford University Press.

5 A. Tversky and D. Kahneman (1978). "Causal Schemata in Judgments Under Uncertainty." *Progress in Social Psychology*. Hillsdale, NJ: Lawrence Erlbaum.

6 P. M. Fernbach, A. Darlow, and S. A. Sloman (2011). "Asymmetries in Predictive and Diagnostic Reasoning." *Journal of Experimental Psychology: General* 140(2): pp. 168~185; P. M. Fernbach, A. Darlow, and S. A. Sloman (2010). "Neglect of Alternative Causes in Predictive but Not Diagnostic Reasoning." *Psychological Science* 21(3): pp. 329~336.

7 D. C. Penn, K. J. Holyoak, and D. J. Povinelli (2008). "Darwin's Mistake: Explaining the Discontinuity Between Human and Nonhuman Minds." *Behavioral and Brain Sciences* 31(2): pp. 109~130.

8 A. H. Taylor, G. R. Hunt, F. S. Medina, and R. D. Gray (2009). "Do New Caledonian Crows Solve Physical Problems Through Causal Reasoning?" *Proceedings of the Royal Society B: Biological Sciences* 276 (1655): pp. 247~254.

9 R. Hastie and N. Pennington (1995). "The Big Picture: Is It a Story?" *Knowledge and Memory: The Real Story*. ed. R. S. Wyer Jr. and J. K. Srull. Hillsdale, NJ: Lawrence Erlbaum, pp. 133~138.

10 www.youtube.com/watch?v=76p64j3H1Ng.

11 이 관점을 옹호하는 주요 인물은 제롬 브루너(Jerome Bruner)다.

4장. 우리는 왜 사실과 다르게 생각하는가?

1 M. McCloskey (1983). "Intuitive Physics." *Scientific American* 248(4): pp. 122~130.

2 A. A. diSessa (1983). "Phenomenology and the Evolution of Intuition." In ed. D. Gentner and A. L. Stevens. *Mental Models*. Hillsdale, NJ: Lawrence Erlbaum.

3 D. Gentner and D. R. Gentner (1983). "Flowing Waters or Teeming Crowds: Mental Models of Electricity." *Mental Models*.

4 W. Kempton (1986). "Two Theories of Home Heat Control." *Cognitive Science* 10: pp. 75~90.

5 D. Kahneman (2011). *Thinking, Fast and Slow*. New York: Farrar, Straus. [한국어판: 《생각에 관한 생각》, 이진원 옮김, 김영사, 2012]

6 S. A. Sloman (1996). "The Empirical Case for Two Systems of Reasoning." *Psychological Bulletin* 119(1): pp. 3~22.

7 K. E. Stanovich and R. F. West (2000). "Individual Differences in Reasoning: Implications for the Rationality Debate." *Behavioral and Brain Sciences* 23(5): pp. 645~726.

8 아리스토텔레스와 플라톤의 인용문에 대해서는 타마르 젠들러(Tamar Gendler)에게 감사한다.

9 S. Frederick (2005). "Cognitive Reflection and Decision Making." *Journal of Economic Perspectives* 19(4): pp. 25~42.

10 K. Stanovich (2011). *Rationality and the Reflective Mind*. New York: Oxford University Press.

11 G. Pennycook, J. A. Cheyne, N. Barr, D. J. Koehler, and J. A. Fugelsang (2015). "On the Reception and Detection of Pseudo-profound Bullshit." *Judgment and Decision Making* 10(6): pp. 549~563.

12 S. Frederick (2005). "Cognitive Reflection and Decision Making." *Journal of Economic Perspectives* 19(4): pp. 25~42.

13 셰인 프레더릭(Shane Frederick), 사적인 대화.

14 A. Shenhav, D. G. Rand, and J. D. Greene (2012). "Divine Intuition: Cognitive Style Influences Belief in God." *Journal of Experimental Psychology: General* 141(3): pp. 423~428. 검토할 자료, G. Pennycook (2014). "Evidence That Analytic Cognitive Style Influences Religious Belief: Comment On." *Intelligence* 43: pp. 21~26.

15 P. M. Fernbach, S. A. Sloman, R. St. Louis, and J. N. Shube (2013). "Explanation Fiends and Foes: How Mechanistic Detail Determines Understanding and Preference." *Journal of Consumer Research* 39(5): pp. 1115~1131.

5장. 우리의 몸과 세계로 생각하기

1 Wired Magazine, Issue 11:08, August 2003. archive.wired.com/wired/archive/11.08/view.html?pg=3.

2 J. Haugeland (1989). *Artificial Intelligence: The Very Idea*. Cambridge, MA: MIT Press.

3 철학적 분석에 관한 참고 자료. H. L. Dreyfus (2007). "Why Heideggerian AI Failed and How Fixing It Would Require Making It More Heideggerian." *Philosophical Psychology* 20(2): pp. 247-268.

4 www.bostonmagazine.com/news/article/2014/10/28/rodney-brooks-robotics.

5 P. S. Churchland, V. S. Ramachandran, and T. J. Sejnowski (1994). "A Critique of Pure Vision." In ed. C. Koch and J. L. Davis, *Large-Scale Neuronal Theories of the Brain*.

Cambridge, MA: MIT Press, pp. 23~60.

6 J. K. O'Regan (1992), "Solving the 'Real' Mysteries of Visual Perception: The World as an Outside Memory," *Canadian Journal of Psychology/Revue canadienne de psychologie* 46(3): pp. 461~488.

7 E. S. Parker, L. Cahill, and J. L. McGaugh(2006), "A Case of Unusual Autobiographical Remembering," *Neurocase* 12(1): pp. 35~49.

8 공을 잡기 위한 이런 전략(시각 연구자들이 외야수 문제라고 부르는 문제를 풀기 위한 전략)에 관한 자료. B. V. H. Saxberg (1987), "Projected Free Fall Trajectories. I. Theory and Simulation," *Biological Cybernetics*: 56(2~3): pp. 159~175.

9 S. Chapman (1968), "Catching a Baseball," *American Journal of Physics* 36(10): pp. 868~870.

10 P. W. Fink, P. S. Foo, and W. H. Warren (2009), "Catching Fly Balls in Virtual Reality: A Critical Test of the Outfielder Problem," *Journal of Vision* 9(13): p. 14.

11 P. McLeod and Z. Dienes (1993), "Running to Catch the Ball," *Nature* 362(6415): p. 23; P. McLeod and Z. Dienes (1996), "Do Fielders Know Where to Go to Catch the Ball or Only How to Get There?" *Journal of Experimental Psychology: Human Perception and Performance* 22(3): pp. 531~543.

12 A. P. Duchon and W. H. Warren Jr. (2002), "A Visual Equalization Strategy for Locomotor Control: Of Honeybees, Robots, and Humans," *Psychological Science* 13(3): pp. 272~278.

13 M. V. Srinivasan, M. Lehrer, W. H. Kirchner, and S. W. Zhang (1991), "Range Perception Through Apparent Image Speed in Freely Flying Honeybees," *Visual Neuroscience* 6(5): pp. 519~535.

14 이처럼 질문을 던지고 자료를 제시하는 방법은 2003년 보스턴에서 열린 인지과학회에서 에드윈 허친스의 "인지적 민족지학"이라는 강연을 듣고 영감을 얻었다. 인지와 문화와 환경의 관계에 관한 허친스의 관점은 다음을 참고하라. E. Hutchins (2014), "The Cultural

Ecosystem of Human Cognition." *Philosophical Psychology* 27(1): pp. 34~49.

15 M. Tucker and R. Ellis (1998). "On the Relations Between Seen Objects and Components of Potential Actions." *Journal of Experimental Psychology: Human Perception and Performance* 24(3): pp. 830~846.

16 C. L. Scott, R. J. Harris, and A. R. Rothe (2001). "Embodied Cognition Through Improvisation Improves Memory for a Dramatic Monologue." *Discourse Processes* 31(3): pp. 293~305.

17 이 개념은 로런스 바살로우(Lawrence Barsalou)와 아서 글렌버그(Arthur Glenberg)를 비롯한 수많은 사람의 연구 덕분에 유명해졌다.

18 G. B. Saxe (1981). "Body Parts as Numerals: A Developmental Analysis of Numeration Among the Oksapmin in Papua New Guinea." *Child Development* 52(1): pp. 306~316.

19 이 개념을 더욱 풍부하게 소개한 자료는 다음과 같다. M. Wilson (2002). "Six Views of Embodied Cognition." *Psychonomic Bulletin & Review* 9(4): pp. 625~636.

20 이 개념을 자세히 다룬 자료는 다음과 같다. A. R. Damasio (1994). *Descartes' Error: Emotion, Reason and the Human Brain*. New York: G. P. Putnam's.

21 이 개념이 유명해진 자료는 다음과 같다. J. Haidt (2001). "The Emotional Dog and Its Rational Tail: A Social Intuitionist Approach to Moral Judgment." *Psychological Review* 108(4): pp. 814~834.

6장. 사람들로 생각하기

1 J. D. Speth (1997). "Communal Bison Hunting in Western North America: Background for the Study of Paleolithic Bison Hunting in Europe." *L'Alimentation des Hommes du Paléolitique* 83: pp. 23~57, ERAUL, Liége.

2 S. Shultz, E. Nelson, and R. I. Dunbar (2012). "Hominin Cognitive Evolution: Identifying

Patterns and Processes in the Fossil and Archeological Record." *Philosophical Transactions of the Royal Society B: Biological Sciences* 367(1599): pp. 2130~2140.

3 www.nytimes.com/2014/05/28/science/ stronger-brains-weaker-bodies.html?_r=0.

4 A. Whiten and D. Erdal (2012). "The Human Socio-Cognitive Niche and Its Evolutionary Origins." *Philosophical Transactions of the Royal Society of London B: Biological Sciences* 367(1599): pp. 2119~2129.

5 R. Ardrey (1976). *The Hunting Hypothesis: A Personal Conclusion Concerning the Evolutionary Nature of Man*. New York: Atheneum.

6 R. I. Dunbar (1992). "Neocortex Size as a Constraint on Group Size in Primates." *Journal of Human Evolution* 22(6): pp. 469~493.

7 이런 유형의 추론에 필요한 요소를 날카롭게 분석한 자료. B. F. Malle and J. Knobe (1997). "The Folk Concept of Intentionality." *Journal of Experimental Social Psychology* 33(2): pp. 101~121.

8 공유된 의도에 관한 자료. M. Tomasello and M. Carpenter (2007). "Shared Intentionality." *Developmental Science* 10(1): pp. 121~125.

9 Ibid., p. 123

10 그런데도 지능 검사 수행력은 점점 더 좋아진다. J. R. Flynn (2007). *What Is Intelligence? Beyond the Flynn Effect*. New York: Cambridge University Press.

11 D. M. Wegner (1987). "Transactive Memory: A Contemporary Analysis of the Group Mind." In ed. B. Mullen and George Goethals, *Theories of Group Behavior*. New York: Springer, pp. 185~208.

12 M. R. Leary and D. R. Forsyth (1987). "Attributions of Responsibility for Collective Endeavors." In ed. C. Hendrick, *Review of Personality and Social Psychology*, vol. 8. Newbury Park, CA: Sage, pp. 167~188.

13 M. Ross and F. Sicoly (1979). "Egocentric Biases in Availability and Attribution," *Journal of Personality and Social Psychology* 37(3): pp. 322~336.

14 Sloman and Rabb. 이런 결과가 단지 과제의 부담이나 현상에 대한 이해도에 관한 판단을 반영한다고 우려할 수도 있다. 슬로먼과 랩은 이 두 가지 설명 모두 통제해서 연구했다.

15 이것은 언어의 특정 측면에 적용된다고 주장하는 철학의 한 관점이다. "의미는 머릿속에 있지 않다"는 이런 관점을 "본질주의"라고 하고, 힐러리 퍼트넘(Hilary Putnam)의 훌륭한 통찰과 솔 크립키(Saul Kripke)의 견해에서 자세히 다뤘다.

16 프랭크 케일이 이 주제로 많은 연구를 진행했다. F. C. Keil and J. Kominsky (2013). "Missing Links in Middle School: Developing Use of Disciplinary Relatedness in Evaluating Internet Search Results," *PloS ONE* 8(6), e67777.

17 gutenberg.net.au/ebooks02/0200811h.html.

18 C. Camerer, G. Loewenstein, and M. Weber (1989). "The Curse of Knowledge in Economic Settings: An Experimental Analysis," *Journal of Political Economy* 97(5): pp. 1232~1254.

19 C. Heath and D. Heath (2007). *Made to Stick: Why Some Ideas Survive and Others Die*. New York: Random House, 2007.

20 B. Fischhoff and R. Beyth (1975). "'I Knew It Would Happen': Remembered Probabilities of Once-Future Things," *Organizational Behavior and Human Performance* 13(1): pp. 1~16.

21 오늘날 《이상한 나라의 앨리스》를 읽은 사람은 드물다: Anthony Lane. "Go Ask Alice," *The New Yorker*, June 8 and 15, 2015.

7장. 기술과 함께 생각하기

1 www.governing.com/topics/transportation-infrastructure/how-america-stopped-commuting.html.

2 www.slashfilm.com/box-office-attendance-hits-lowest-level-five-years.

3 V. Vinge (1993). "The Coming Technological Singularity." *Whole Earth Review*, Winter.

4 R. Kurzweil (2005). *The Singularity Is Near: When Humans Transcend Biology*. New York: Penguin Books. [한국어판:《특이점이 온다》, 장시형·김명남 옮김, 김영사, 2007]

5 N. Bostrom (2014). *Superintelligence: Paths, Dangers, Strategies*. Oxford, UK: Oxford University Press. [한국어판:《슈퍼인텔리전스》, 조성진 옮김, 까치, 2017]

6 온라인 매거진 "eon"에서 댄 포크에게 한 말. http://eon.co/magazine/science/was-human-evolution-inevitable-or-a-matter-of-luck.

7 A. Clark (2004). *Natural-Born Cyborgs: Minds, Technologies, and the Future of Human Intelligence*. New York: Oxford University Press; J. H. Siegle and W. H. Warren (2010). "Distal Attribution and Distance Perception in Sensory Substitution." *Perception* 39(2): pp. 208~223; R. Volcic, C. Fantoni, C. Caudek, J. A. Assad, and F. Domini (2013). "Visuomotor Adaptation Changes Stereoscopic Depth Perception and Tactile Discrimination." *The Journal of Neuroscience* 33(43): pp. 17081~17088.

8 D. M. Wegner and A. F. Ward (2013). "How Google Is Changing Your Brain." *Scientific American* 309(6): pp. 58~61; M. Fisher, M. K. Goddu, and F. C. Keil (2015). "Searching for Explanations: How the Internet Inflates Estimates of Internal Knowledge." *Journal of Experimental Psychology: General* 144(3): pp. 674~687; A. F. Ward (2013). "Supernormal: How the Internet Is Changing Our Memories and Our Minds." *Psychological Inquiry* 24(4): pp. 341~348.

9 Adrian F. Ward (May 2015), "Blurred Boundaries: Internet Search, Cognitive Self-Esteem, and Confidence in Decision-Making." 심리과학협회 연례회의 강연, New York.

10 auto.howstuffworks.com/under-the-hood/trends- innovations/car-computer.htm.

11 fortune.com/2015/12/21/elon-musk-interview.

12 S. Greengard (2009). "Making Automation Work." *Communications of the ACM* 52(12): pp. 18~19.

13 www.popularmechanics.com/technology/aviation/crashes/what-really-happened-aboard-airfrance-447-6611877.

14 www.straightdope.com/columns/read/3119/has-anyone-gotten-hurt-or-killed-following-bad-gps-directions.

15 이 이야기는 A. Degani (2004). *Taming HAL: Designing Interfaces Beyond* 2001. New York: Palgrave Macm, 8장에서 자세히 소개한다.

16 E. Bonabeau (2009). "Decisions 2.0: The Power of Collective Intelligence." *MIT Sloan Management Review* 50(2): pp. 45~52.

17 《옥스퍼드 영어사전》의 흥미로운 역사. S. Winchester (1998). *The Professor and the Madman: A Tale of Murder, Insanity, and the Making of the Oxford English Dictionary.* New York: HarperCollins.

18 E. Bonabeau (2009). "Decisions 2.0: The Power of Collective Intelligence." *MIT Sloan Management Review* 50(2): pp. 45~52.

19 B. De Langhe, P. M. Fernbach, and D. R. Lichtenstein (2015). "Navigating by the Stars: Investigating the Actual and Perceived Validity of Online User Ratings." *Journal of Consumer Research* 42: pp. 817~830.

20 F. Galton (1907). *Vox Populi (the Wisdom of Crowds). Nature* 75(1949): pp. 450~451; J. Surowiecki (2005). *The Wisdom of Crowds.* New York: Doubleday Anchor. [한국어판:《대중의 지혜》, 홍대운·이창근 옮김, 랜덤하우스코리아, 2005]

21 자주 보고되는 것과 달리 골턴은 평균 중량이 소의 실제 중량을 기준으로 1퍼센트 이내라는 것을 발견하지 못했다. 평균 추측이 개인들의 추측보다 낫다는 결과도 발견하지 못했다.

22 K. J. Arrow, R. Forsythe, M. Gorham, R. Hahn, R. Hanson, J. O. Ledyard, S. Levmore et al.

(2008). "The Promise of Prediction Markets." *Science* 320(5878): pp. 877~878.

8장. 과학을 생각하기

1 smithsonianmag.com/history/what-the-luddites-really-fought-against-264412/?all.

2 Ibid.

3 www.washingtonpost.com/news/the-fix/wp/2015/02/26/jiminhofes-snowball-has-disproven-climate-change-once-and-for-all.

4 www.nytimes.com/2003/08/05/science/politics-reasserts-itself-in-thedebate-over-climate-change-and-its-hazards.html.

5 cdc.gov/measles/cases-outbreaks.html.

6 dailycamera.com/news/ci_19848081.

7 www.thehealthyhomeeconomist.com/six-reasons-to-say-no-to-vaccination.

8 이 결과는 2014년도 〈과학과 공학〉 지표 보고서에 요약되어 있다.

9 B. Nyhan, J. Reifler, S. Richey, and G. L. Freed (2014). "Effective Messages in Vaccine Promotion: A Randomized Trial." *Pediatrics* 133(4): pp. e835~e842.

10 kernelmag.dailydot.com/issue-sections/headline-story/14304/science-mike-mystical-experience-podcast.

11 mikemchargue.com/blog/2015/1/11/new-podcast-ask-science-mike.

12 www.techtimes.com/articles/3493/20140216/dumb-101-1-in-4-americans-is-ignorant-that-earth-revolves-around-the-sun.htm.

13 V. Ilyuk, L. Block, and D. Faro (2014). "Is It Still Working? Task Difficulty Promotes a Rapid Wear-Off Bias in Judgments of Pharmacological Products." *Journal of Consumer Research* 41(3): pp. 775~793.

14 유전자 조작 식품의 상품 표기에 관한 AAAS 이사회의 성명. American Association for the Advancement of Science, October 20, 2012. www.aaas.org/sites/default/files/AAAS_GM_statement.pdf.

15 EU-자금 GMO 연구 10년, 2001~2010. European Commission: Food, Agriculture and Fisheries, Biotechnology. ec.europa.eu/research/biosociety/pdf/a_decade_of_eu-funded_gmo_research.pdf.

16 www.nytimes.com/2013/07/28/science/a-race-to-save-the-orange-by-altering-its-dna.html?pagewanted=all&_r=0.

17 Y. Zheng, L. E. Bolton, and J. W. Alba (조사 보고서). "How Things Work: Production Matters in Technology Acceptance."

18 www.health.harvard.edu/staying-healthy/how-to-boost-your-immune-system.

19 www.biologymad.com/resources/Immunity%20Revision.pdf.

20 전반적인 보호 기제와 구체적인 감염에 대한 개념은 조애너 아치(Joanna Arch)와의 대화에서 영감을 얻었다.

21 www.howglobalwarmingworks.org.

9장. 정치를 생각하기

1 kff.org/health-reform/poll-finding/kaiser-health-tracking-poll-april-2013/.

2 www.washingtonpost.com/blogs/monkey-cage/wp/2014/04/07/the-less-americans-know-about-ukraines-location-the-more-they-want-u-s-to-intervene.

3 Food Demand Survey, Oklahoma State Department of Agricultural Economics, 2(9), 2015. www.washingtonpost.com/news/volokh-conspiracy/wp/2015/01/17/over-80-percent-of-americans-support-mandatory-labels-on-foods-containing-dna.

4 인터뷰, *Time*, February 20, 2005.

5 I. L. Janis (1983). *Groupthink: Psychological Studies of Policy Decisions and Fiascoes*, 2nd ed. Boston: Houghton Mifflin, p. 349.

6 D. Pruitt (1971). "Choice Shifts in Group Discussion: An Introductory Review." *Journal of Personality and Social Psychology* 20(3): pp. 339~360. 이 연구를 검토한 논문. D. J. Isenberg (1986). "Group Polarization: A Critical Review and Meta-Analysis." *Journal of Personality and Social Psychology* 50(6): pp. 1141~1151.

7 P. M. Fernbach, T. Rogers, C. Fox, and S. A. Sloman (2013). "Political Extremism Is Supported by an Illusion of Understanding." *Psychological Science* 24(6): pp. 939~946.

8 A. Tesser, L. Martin, and M. Mendolia (1995). "The Impact of Thought on Attitude Extremity and Attitude-Behavior Consistency." In ed. R. E. Petty and J. A. Krosnick, *Attitude Strength: Antecedents and Consequences*. Mahwah, NJ: Lawrence Erlbaum, pp. 73~92.

9 J. Haidt (2001). "The Emotional Dog and Its Rational Tail: A Social Intuitionist Approach to Moral Judgment." *Psychological Review* 108(4): pp. 814~834.

10 Ibid., p. 814.

11 J. Greene (2014). *Moral Tribes: Emotion, Reason, and the Gap Between Us and Them*. New York: Penguin Books. [한국어판:《옳고 그름》, 최호영 옮김, 시공사, 2017]

12 M. Dehghani, R. Iliev, S. Sachdeva, S. Atran, J. Ginges, and D. Medin (2009). "Emerging Sacred Values: Iran's Nuclear Program." *Judgment and Decision Making* 4(7): pp. 930~933.

13 동성 결혼에 대한 달라진 태도, Pew Research Center, July 29, 2015. www.pewforum.

org/2015/07/29/graphics-slideshow-changing-attitudes-on-gay-marriage.

14 J. Ginges, S. Atran, D. Medin, and K. Shikaki (2007). "Sacred Bounds on Rational Resolution of Violent Political Conflict." *Proceedings of the National Academy of Sciences* 104(18): pp. 7357~7360.

15 2014년 브라운 대학교에서 줄리아 슈브(Julia Shube)의 연구 프로젝트에 영예를 주다.

10장. 똑똑함의 새로운 정의

1 버펄로 대학교의 도시 및 지역 계획 교수인 헨리 루이스 테일러 주니어(Henry Louise Taylor Jr.)는 이렇게 말한다. "누구나, 아주 어린 아이조차 마틴 루서 킹을 알고 그의 가장 유명한 순간은 '나에겐 꿈이 있습니다' 연설을 한 순간이라고 말할 수 있다. 우리가 아는 것이라고 는 이 사람에게 꿈이 있다는 것이다. 그 꿈이 뭔지는 모른다." Reported by Deepti Hajela, Associated Press, January 21, 2008.

2 역사는 그리 단순하지 않다. B. Hughes (2011). *The Hemlock Cup: Socrates, Athens, and the Search for the Good Life*. New York: Alfred A. Knopf. [한국어판: 《아테네의 변명》, 강경 이 옮김, 옥당, 2012]; M. Singham (2007). "The Copernican Myths." *Physics Today* 60(12): pp. 48~52.

3 D. J. Boorstin (1985). *The Discoverers*. New York: Vintage Books.

4 G. Holton (1981). "Einstein's Search for the 'Weltbild.'" *Proceedings of the American Philosophical Society* 125(1): pp. 1~15.

5 D. Lamb and S. M. Easton (1984). *Multiple Discovery: The Pattern of Scientific Progress*. Amersham: Avebury Publishing Company, p. 70. 저자들은 "중복된 발견은 과학의 일반적은 특징"이라고 결론짓는다.

6 E. Scerri (2015). "The Discovery of the Periodic Table as a Case of Simultaneous Discovery." *Philosophical Transactions of the Royal Society A* 373(2097): 20140172.

7 www.wired.com/2015/10/battle-genome-editing-gets-science-wrong.

8 R. R. Cattell (1943). "The Measurement of Adult Intelligence." *Psychological Bulletin* 40: pp. 153~193; J. L. Horn (1976). "Human Abilities: A Review of Research and Theory in the Early 1970's." *Annual Review of Psychology* 27(1): pp. 437~485.

9 W. Johnson and T. J. Bouchard (2005). "The Structure of Human Intelligence: It Is Verbal, Perceptual, and Image Rotation (VPR), Not Fluid and Crystallized." *Intelligence* 33(4): pp. 393~416.

10 H. Gardner (1999). *Intelligence Reframed: Multiple Intelligences for the 21st Century*. New York: Basic Books.

11 ed. R. J. Sternberg and S.B. Kaufman (2011). *The Cambridge Handbook of Intelligence*. New York: Cambridge University Press.

12 조작 정의라고 부른다.

13 T. Holden, and A. Conway (in press). "Intelligence, Race, and Psychological Testing." *Oxford Handbook of Philosophy and Race*.

14 C. Spearman (1904). "'General Intelligence,' Objectively Determined and Measured." *The American Journal of Psychology* 15(2): pp. 201~292. 최신 증거의 출처. J. B. Carroll (1993). *Human Cognitive Abilities: A Survey of Factor-Analytic Studies*. New York: Cambridge University Press.

15 I. J. Deary (2001). "Human Intelligence Differences: A Recent History." *Trends in Cognitive Sciences* 5(3): pp. 127~130.

16 N. R. Kuncel, S. A. Hezlett, and D. S. Ones (2004). "Academic Performance, Career Potential, Creativity, and Job Performance: Can One Construct Predict Them All?" *Journal of Personality and Social Psychology* 86(1): pp. 148~161.

17 S. J. Ceci and J. K. Liker (1986). "A Day at the Races: A Study of IQ, Expertise, and

Cognitive Complexity." *Journal of Experimental Psychology: General* 115(3): pp. 255~266.

18 A. W. Woolley, C. F. Chabris, A. Pentland, N. Hashmi, and T. W. Malone (2010). "Evidence for a Collective Intelligence Factor in the Performance of Human Groups." *Science* 330(6004): pp. 686~688.

19 J. Salminen (2012). "Collective Intelligence in Humans: A Literature Review." arxiv.org/pdf/1204.3401.pdf.

20 www.theguardian.com/media-network/media-network-blog/2014/jun/05/good-ideas-overrated-investor-entrepreneur.

21 www.paulgraham.com/startupmistakes.html.

11장. 똑똑한 사람 만들기

1 www.inflation.eu/inflation-rates/brazil/historic-inflation/cpi-inflation-brazil.aspx.

2 G. B. Saxe (1988). "The Mathematics of Child Street Vendors." *Child Development* 59(5): pp. 1415~1425.

3 J. Dewey (1938). *Education and Experience*. New York: Macmillan, p. 63. [한국어판:《경험과 교육》, 강윤중 옮김, 배영사, 2004]

4 D. Perkins (1995). *Smart Schools: Better Thinking and Learning for Every Child*. New York: The Free Press.

5 W. Epstein, A. M. Glenberg, and M. M. Bradley (1984). "Coactivation and Comprehension: Contribution of Text Variables to the Illusion of Knowing." *Memory & Cognition* 12(4): pp. 355~360; A. M. Glenberg, A. C. Wilkinson, and W. Epstein (1982). "The Illusion of Knowing: Failure in the Self-Assessment of Comprehension." *Memory & Cognition* 10(6): pp. 597~602.

6 P. A. Kolers (1976). "Reading a Year Later." *Journal of Experimental Psychology: Human Learning and Memory* 2(5): pp. 554~565.

7 www.kissthisguy.com.

8 Dewey, *Education and Experience*, p. 56.

9 철학자 롬 하레(Rom Harré)와 존 하드윅(John Hardwig), 교육이론가 스티븐 노리스(Stephen Norris), 데이비드 퍼킨스(David Perkins), 닐 포스트먼(Neil Postman)이 제기한 개념. S. Norris (1995). "Learning to Live with Scientific Expertise: Toward a Theory of Intellectual Communalism for Guiding Science Teaching." *Science Education*, 79(2): pp. 201~217.

10 S. Firestein (2012). *Ignorance*. New York: Oxford University Press.

11 *National Curriculum Standards for Social Studies: A Framework for Teaching, Learning and Assessment*. National Council for the Social Studies, 2010.

12 National Research Council (1996). *National Science Education Standards*. Washington, D.C: National Academies Press. [한국어판: 《국가 과학교육 기준》, 서혜애 옮김, 교육과학사, 2000]; H. A. Schweingruber, R. A. Duschl, and A. W. Shouse, ed. (2007). *Taking Science to School: Learning and Teaching Science in Grades K-8*. Washington, D.C: National Academies Press.

13 B. Alberts (2009). "Redefining Science Education." *Science* 323(5913): p. 437. 이런 불만을 지지하는 한 연구에서는 대학 수준의 다양한 입문 생물학 과정에 사용된 시험과 퀴즈를 살펴보고 "입문 생물학 과정에서는 고차원적 사고보다는 사실을 강조한다"고 결론짓는다. J. L. Momsen, T. M. Long, S. A. Wyse, and D. Ebert-May (2010). "Just the Facts? Introductory Undergraduate Biology Courses Focus on Low-Level Cognitive Skills." *CBE Life Sciences Education* 9(4): pp. 435~440.

14 N. G. Lederman (2007). "Nature of Science: Past, Present, and Future." ed. S. K. Abell and N. G. Lederman. *Handbook of Research on Science Education*. New York: Routledge, pp. 831~879.

15 Perkins, *Smart Schools*, p. 33.

16 철학자들은 이것을 인식 의존이라고 부른다.

17 U.S. National Library of Medicine. www.nlm.nih.gov/bsd/authors1.html.

18 이것은 Stephen Norris (1995), p. 211에서 강조한 또 하나의 논점이다.

19 Perkins, *Smart Schools*, p. 132에서 사회적 학습에 참여하는 방법을 옹호하기 위해 사용한 개념으로 교실에서 분산된 인지를 가리킨다.

20 이 관점을 주장한 논문. R. Pea (1993). "Practices of Distributed Intelligence and Designs for Education." In ed. G. Salomon, *Distributed Cognitions: Psychological and Educational Considerations*. New York: Cambridge University Press, pp. 47~87.

21 A. L. Brown (1997). "Transforming Schools into Communities of Thinking and Learning About Serious Matters." *American Psychologist* 52(4): pp. 399~413.

22 A. L. Brown and J. C. Campione (1994). "Guided Discovery in a Community of Learners." In ed. Kate McGilly, *Classroom Lessons: Integrating Cognitive Theory and Classroom Practice*. Cambridge, MA: MIT Press, pp. 229~270.

23 E. Phelps and W. Damon (1989). "Problem Solving with Equals: Peer Collaboration as a Context for Learning Mathematics and Spatial Concepts." *Journal of Educational Psychology* 81(4): pp. 639~646.

24 Perkins, *Smart Schools*.

25 J. J. Williams and T. Lombrozo (2013). "Explanation and Prior Knowledge Interact to Guide Learning." *Cognitive Psychology* 66(1): pp. 55~84.

26 F. Zakaria (2015). *In Defense of a Liberal Education*. New York: W. W. Norton. [한국어 판:《하버드 학생들은 더 이상 인문학을 공부하지 않는다》, 강주헌 옮김, 사회평론, 2015]; N. Postman (1995). *The End of Education*. New York: Alfred A. Knopf.

27 A. Chen, "The Agency." *New York Times Magazine*, June 2, 2015.

12장. 더 똑똑하게 결정하기

1 C. R. M. McKenzie and M. J. Liersch (2011). "Misunderstanding Savings Growth: Implications for Retirement Savings Behavior." *Journal of Marketing Research* 48: pp. S1~S13.

2 J. B. Soll, R. L. Keeney, and R. P. Larrick (2013). "Consumer Misunderstanding of Credit Card Use, Payments, and Debt: Causes and Solutions." *Journal of Public Policy & Marketing* 32(1): pp. 66~81.

3 www.creditcards.com/credit-card-news/minimum-credit-card-payments-1267.php.

4 P. M. Fernbach, S. A. Sloman, R. St. Louis, and J. N. Shube (2013). "Explanation Fiends and Foes: How Mechanistic Detail Determines Understanding and Preference." *Journal of Consumer Research* 39(5): pp. 1115~1131.

5 T. Caulfield (2015). "The Pseudoscience of Beauty Products." *The Atlantic*. www.theatlantic.com/health/archive/2015/05/the-pseudoscience-of-beauty-products/392201/; Z. Liu (2014). "How Cosmetic Companies Get Away with Pseudoscience." *Pacific Standard*. www.psmag.com/nature-and-technology/cosmetic-companies-get-away-pseudoscience-placebo-week-92455.

6 A. Lusardi, D. J. Schneider, and P. Tufano (2011). *Financially Fragile Households: Evidence and Implications*. National Bureau of Economic Research Working Paper No. 17072.

7 D. Rosnick and D. Baker (2014). *The Wealth of Households: An Analysis of the 2013 Survey of Consumer Finances*. Center for Economic and Policy Research. www.scribd.com/doc/245746907/The-Wealth-of-Households.

8 D. Fernandes, J. G. Lynch Jr., and R. G. Netemeyer (2014). "Financial Literacy, Financial Education, and Downstream Financial Behaviors." *Management Science* 60: pp. 1861~1883.

9 H. de Soto (2001). *The Mystery of Capital: Why Capitalism Triumphs in the West and Fails Everywhere Else*. London: Bantam Press, p. 186. [한국어판: 《자본의 미스터리》, 윤영호 옮김, 세종서적, 2003]

10 B. Wansink (2007). *Mindless Eating: Why We Eat More Than We Think*. New York: Bantam. [한국어판: 《나는 왜 과식하는가》, 강대은 옮김, 황금가지, 2008]

11 E. J. Johnson and D. G. Goldstein (2003). "Do Defaults Save Lives?" *Science* 302: pp. 1338~1339.

12 www.dol.gov/ebsa/publications/auto-maticenrollment401kplans.html.

13 R. H. Thaler. "Financial Literacy, Beyond the Classroom." *New York Times*, October 5, 2013.

14 패리드 자카리아(Fareed Zakaria)와의 인터뷰, April 27, 2015.

결론. 무지와 착각을 평가하기

1 D. Dunning (2011). "The Dunning-Kruger Effect: On Being Ignorant of One's Own Ignorance." ed. J. M. Olson and M. P. Zanna, *Advances in Experimental Social Psychology* 44: pp. 247~296.

2 데이비드 더닝(David Dunning)이 에롤 모리스(Errol Morris)와 한 인터뷰, *New York Times* Opinionator, June 20, 2010..

3 J. Kruger and D. Dunning (1999). "Unskilled and Unaware of It: How Difficulties in Recognizing One's Own Incompetence Lead to Inflated Self-Assessments." *Journal of Personality and Social Psychology* 77(6): pp. 1121~1134.

4 데이비드 더닝이 에롤 모리스와 한 인터뷰, *New York Times* Opinionator, June 20, 2010.

찾아보기

기타

지식의 착각

초판 1쇄 발행 2018년 3월 2일
　　6쇄 발행 2022년 11월 10일

지은이 스티븐 슬로먼·필립 페른백 ｜ 옮긴이 문희경
펴낸이 정원영 ｜ 펴낸곳 세종서적(주)

편집 김하얀 ｜ 디자인 전성연
마케팅 임종호 ｜ 경영지원 홍성우

출판등록 1992년 3월 4일 제4-172호
주소 　　서울시 광진구 천호대로132길 15, 세종 SMS 빌딩 3층
전화 　　경영지원 (02)778-4179, 마케팅 (02)775-7011 ｜ 팩스 (02)776-4013
홈페이지 www.sejongbooks.co.kr ｜ 네이버 포스트 post.naver.com/sejongbook
페이스북 www.facebook.com/sejongbooks ｜ 원고모집 sejong.edit@gmail.com

ISBN 978-89-8407-687-7 03180